W0267863

Le secret de la reine soldat

Du même auteur

Championnes. Elles ont conquis l'or, l'argent, le bronze, avec Clémentine Portier-Kaltenbach, Arthaud, 2015.

La Famille Chibret, une saga auvergnate 1875-2015, J.-C. Lattès, 2016.

Filles à papa, Flammarion, 2017.

Lorraine Kaltenbach

Le secret de la reine soldat

L'extraordinaire sœur de Sissi

éditions du
ROCHER

Éditions du Rocher
28, rue Comte Félix-Gastaldi – BP 521 – 98015 Monaco

www.editionsdurocher.fr

ISBN : 978-2-268-10482-9
EAN Epub : 9782268104942

À Odette Kaltenbach, mon Plésiosaure.

Au Québécois Bernard Landry de Verchère
et au Mossi Noaga Ouédraogo de Tenziengo
à l'ombre desquels j'ai grandi…

Prologue

« Les souvenirs des aïeux sont les archives des peuples et la généalogie du monde. Que chacun ait donc la sienne, conserve le nom et l'histoire de ses pères. Il doit les léguer aux siens pour première fortune. »

Opinion de M. Cristophe, Jacques Boucher de Perthes[1]

« On doit des égards aux vivants ; on ne doit aux morts que la vérité. »

Œdipe, Voltaire

À l'origine était Garrevaques

Hélène, mon arrière-grand-mère, a longtemps ignoré que Daisy était la nièce cachée de Sissi. Enfant, elle regardait sa cousine sans étonnement, sans chercher à deviner son secret. Tout ce qu'elle voulait savoir, c'était la date et l'heure de son arrivée à la gare, toute proche, de Revel. À ses yeux, il n'y avait pas de bonne promenade, pas de séjour qui vaille, pas de soleil à Garrevaques sans celle qui était sa plus intime et sa meilleure amie.

---

1. Jacques Boucher de Perthes, *Opinion de M. Cristophe. Sur les prohibitions et la liberté du commerce,* partie 1, Treuttel et Wurtz, 1831.

Garrevaques, c'est un vieux château de famille dans le midi de la France, assis au milieu d'une plaine qui frôle les collines de Puylaurens et s'enfuit vers la Montagne Noire; une contrée où souffle le torrent chaud du vent d'autan, un pays de cocagne où l'on vit à souhait et où l'on jouit de tous les plaisirs gourmets. Aujourd'hui encore, dans ce coin du Sud-Ouest, on s'acharne à mettre du foie gras dans tout, dans le hors-d'œuvre, dans les timbales, dans le hachis, comme dans les volailles truffées. J'entends encore mes tantes, avec leur faconde et leur accent charnu, prétendre que tout cela n'avait jamais nui ni à la ligne ni à la santé. Quant au château, avec ses façades roses et ses toits aigus, il n'a pas changé. Il est tel qu'Hélène et Daisy l'ont connu. Certes, il n'a plus grand-chose à voir avec la place forte des guerres de religions. Toutefois, sous son coquet parement se cachent les murs d'une forteresse du XVe siècle et les traces des combats du vicomte de Turenne. Sa carcasse est aussi vieille que le chêne majestueux qui lui fait face, et jouit d'une juste prééminence sur les autres arbres du parc. Voilà un demi-millénaire que ces deux-là s'observent en chiens de faïence sur cette terre du Lauraguais.

Par le jeu des héritages et les hasards de l'amour, cette maison est « tombée » entre des mains catholiques. Pourtant, dans les veines de mes cousines coule encore le vieux sang des hérétiques. Notre famille, une lignée albigeoise depuis la nuit des temps, a embrassé la Réforme dès 1550. Bientôt, elle devait prendre possession des terres de Garrevaques. Chaque province, chaque diocèse, était encore un foyer de guerre civile. Et comme on l'oublie trop souvent, ces années d'affrontements religieux plongèrent la France dans le chaos et l'irrémédiable gâchis décrit par Alain Peyrefitte dans son *Mal français*.

Mes cousines soignent ce château comme elles dorloteraient un robuste vieillard, avec d'autant plus d'amour que sa longue histoire se confond à la leur. C'est une lourde tâche : une maison âgée de cinq siècles exige des réparations constantes. Il y a trois hivers, pour s'assurer du soutien des pouvoirs publics et des amis des vieilles pierres, elles ont créé une association et m'ont demandé d'en prendre la tête. Du haut du ciel, mes chers disparus semblaient vouloir se rappeler à moi. Ils m'avaient inculqué l'esprit de famille, ce lien qui unit et solidarise, par-delà les générations, les destinées, les joies et les malheurs. Et puis, cette proposition de mes chères apostates fleurait bon le repentir. Cette présidence huguenote allait rasséréner nos ancêtres qui reposent au fond du parc, à l'abri d'un enclos feuillu.

Notre association a l'ambition d'inventorier les parchemins décolorés qui retracent leur histoire et croupissent depuis trop longtemps dans une tour du château. Au XIXe et au XXe siècle, la piété de nos aïeux s'est bornée à descendre aux salons quelques décorations signées par un secrétaire ayant la main du roi. Pour le reste, nos prédécesseurs semblent avoir manifesté une certaine indifférence à l'égard de ces témoignages de notre passé familial. Sans doute les écritures anciennes ne sont-elles accessibles qu'aux paléographes. Reste que, lorsqu'on a la chance de posséder des documents d'ancêtres sur plus de vingt générations, c'est un devoir sacré que de leur rendre vie avant qu'ils ne tombent à la merci des moisissures ou des souris. C'est aussi une envie, convaincues que nous sommes que toutes ces mémoires accumulées constituent, au fond de nous, un domaine latent qui reste à découvrir.

C'est lors de la signature des statuts de notre « 1901 » et sous l'exaltation de quelques verres de chardonnay que je me suis mis en tête d'extirper Daisy de sa gangue d'oubli. Après tout, elle aussi faisait partie de l'histoire du château. Si nos aïeux avaient pieusement gardé son secret, l'ébruiter cent cinquante ans plus tard ne me semblait plus menacer les droits sacrés de la morale publique. Au contraire, j'allais contribuer à l'absolution des morts et apaiser d'un baume bienfaisant quelques âmes pénitentes ensevelies dans l'oubli.

Des souvenirs lointains

C'est la fille d'Hélène, ma grand-mère paternelle, qui m'avait appris l'existence de cette mystérieuse nièce cachée de Sissi. Et à la vérité, c'est en son hommage que j'allais me lancer dans cette enquête.

Mamy avait quatre-vingt-dix-sept ans lorsqu'elle m'en a parlé dans le détail pour la première fois. Les protestants sont ainsi faits – chacun sa coquetterie –, ils aiment à se hausser du col avec leurs galériens et leurs pasteurs brûlés sur le bûcher. Vous les surprendrez moins souvent à se pourlécher la vanité avec des mondanités. Si ma grand-mère m'avait tout dit de nos martyrs du temps des dragonnades, je ne savais rien des mille souvenirs de sa vie de privilégiée. Elle était née en 1900, avait traversé le siècle tambour battant, avant de s'éteindre comme une bougie, la veille de sa centième année.

Deux ans avant sa mort, j'eus la bonne idée d'interviewer mon « Plésiosaure ». Nous nous retrouvions au Rostand, un café parisien situé en face des jardins du Luxembourg. J'arrivais la première et je guettais l'effluve de son *Calèche*, ce parfum d'Hermès si capiteux et si lourd que je me demandais s'il n'allait pas un jour faire s'effondrer ce charmant vestige d'un monde englouti. Soudain elle apparaissait, toujours impeccable, le nez poudré, une canne Derby dans une main et dans l'autre, son sac à main vernis qui contenait en toute saison un poudrier et une paire de gants de soie ou de chevreau. Mamy était un petit chef-d'œuvre de civilisation. Elle avait un esprit vif et enjoué, un penchant inné pour la malice, l'horreur du pédantisme et surtout cette simplicité des femmes du monde dont parlait Barbey d'Aurevilly, celle qu'on a par privilège d'hérédité et qui est une simplicité très savante, très profonde, où l'art et le naturel se mêlent et se réconcilient. Cela ne l'empêchait nullement de donner carte blanche à ses instincts dominateurs. Elle savait foudroyer du regard ceux qui ne lui montraient pas promptement leurs civilités. Les serveurs de la brasserie l'avaient bien compris. Ils étaient au garde-à-vous et lui fournissaient à volonté les sets de table en papier nécessaires à mon travail de mémorialiste.

Quatre-vingts ans auparavant, cette vieille dame ridée comme une pomme d'hiver avait connu l'ambiance frénétique du Montparnasse des Années folles. Elle portait alors du *Mitsouko*, des colliers jusqu'au nombril et un chapeau « cloche » enfoncé sur ses yeux pâles. Elle passait ses après-midi à dessiner des nus à l'atelier de la Grande Chaumière ou à croquer au fusain les clients du Dôme ou de La Coupole. C'était au lendemain de la Première Guerre mondiale; sa mère, Hélène, la cousine de Daisy, venait de s'éteindre des suites d'une longue maladie au château de Garrevaques. Ne sachant plus comment la consoler, son père l'avait laissée s'inscrire à l'académie Julian, rue de Berry, puis rue du Dragon. Et c'est ainsi que, dans ce monde de convenances en tous genres et de tous ordres, dans un Paris encore engoncé dans le XIXe siècle, cette jeune calviniste avait eu la liberté de fréquenter les lieux de perdition où flânaient les Fitzgerald, les Foujita, les Kisling et les Man Ray.

Ses récits étaient d'autant plus attrayants qu'elle était dotée d'une mémoire exceptionnelle, d'un esprit ordonné qui classait méthodiquement les souvenirs, les noms, les prénoms et les dates : la mort le 28 janvier 1910, lors de la grande crue, des concierges de sa grand-mère, quai Voltaire à Paris ; sa grippe espagnole en 1918 ; le *Te Deum* à Notre-Dame, six jours après l'Armistice ; sa visite de condoléances à Londres chez les Dickens[2], en souvenir du jeune Cédric mort au combat du bois de Leuze ; son voyage aux États-Unis pour offrir aux Américains une copie de la statue du Conscrit de l'École polytechnique ; sa descente sur le Potomac, à bord du *Sylph*, le yacht de Woodrow Wilson, en route vers West Point, pour un dîner chez MacArthur, où elle fut placée à côté du général Pershing[3] ; son retour improvisé sur un bâtiment de marine en compagnie du roi et de la reine des Belges ; ses cours d'aquarelle avec la future duchesse de Kent ; ses soirées à l'hôtel Lambert chez le prince Czartoryski ; les bonnes œuvres de son père avec Coco Chanel et la princesse Ghika, alias Liane de Pougy ; son évanouissement dans les bras de Simenon à Delfzijl, à bord de l'*Ostrogoth*, etc. Et dire qu'elle s'apprêtait à me quitter sans m'avoir raconté tout cela

Au milieu de ce feu d'artifice digne d'un sommaire de *L'Illustration*, il fut question de la fille cachée de la sœur de Sissi. En dépit de l'éclat de sa naissance, cette petite catholique mi-française mi-bavaroise n'avait guère retenu mon attention. Daisy, c'était le XIXe siècle, c'était la génération de mon arrière-grand-mère, Hélène : cela n'avait pas la saveur des souvenirs de ma rescapée des Années folles, assise là,

2. Chez sir Henry Fielding Dickens et son épouse Marie.

3. Commandant en chef du corps expéditionnaire américain.

en chair et en os, en face de moi. Je m'étais donc contentée de résumer la vie de cette mystérieuse enfant sur quelques feuilles volantes. Elles se sont perdues depuis, dans mes déménagements. Peu importe, pensais-je alors, car j'étais certaine d'avoir gardé l'essentiel en mémoire. Daisy était le fruit des amours entre la reine de Naples et notre cousin, Emmanuel de Lavaÿsse (prononcer Lava-ï-sse), un Français enrôlé dans les zouaves pontificaux à Rome, au début des années 1860. Au lendemain de sa naissance, la petite avait été confiée à son géniteur. Pour autant, le lien n'avait jamais été rompu avec l'auguste maman, puisque mère et fille se retrouvaient chaque année clandestinement à Possenhofen, en Bavière. Hélas, Daisy était morte prématurément de la tuberculose. Autant que je m'en souvienne, la presse parisienne s'était d'ailleurs étonnée de la présence de la souveraine aux obsèques d'une jeune inconnue en l'église de la Madeleine. Dernière réminiscence, à la Toussaint, Hélène, mon arrière-grand-mère, puis plus tard Mamy n'avaient jamais manqué d'aller fleurir la tombe de leur cousine. Telle était la teneur de mes souvenirs…

Ces informations, je les avais partagées dix ans plus tard sur un site dédié aux Habsbourg. Nous prenions l'avion pour Toulouse avec mon frère et ses filles pour un anniversaire familial à Garrevaques. Pour attacher mes nièces à cette maison, j'avais brandi avec une parfaite démagogie l'histoire de Daisy, convaincue que cela aurait plus d'impact sur leurs charmantes cervelles que l'austère récit de la révocation de l'édit de Nantes. En vérifiant sur la Toile le prénom de la reine de Naples, je m'étais rendu compte que j'avais plus d'informations sur l'enfant cachée que les passionnés des princesses de Bavière qui en étaient encore à s'interroger sur son existence ou à la croire « rejetonne » de je ne sais quel comte belge (un improbable Armand de Lavayss !). J'ai donc déposé un message qui est monté en graine puisque, près de quinze ans plus tard, on en trouve la trace sur plusieurs sites francophones consacrés aux Wittelsbach. Il m'a valu quelques lettres d'inconnus fébriles, comme si j'avais détenu l'identité du Masque de fer ou la preuve définitive de l'existence de Nessie, le monstre du Loch Ness.

L'énigme des amours interdites de la reine de Naples, mise à l'écart plus d'un siècle, semblait pouvoir renaître plus vivante que jamais. Car Daisy n'était ni une chimère historique ni un personnage de pure légende. Elle avait existé. Son histoire s'était écrite dans le silence de sa vie clandestine. Elle avait été abritée, accueillie par des parents charitables qui s'étaient interdits de mentionner à quiconque ses origines. D'elle, on ne savait rien ou presque. L'obscurité qui avait entouré son berceau s'était étendue sur toute sa vie, puis sur son cercueil. Elle n'avait jamais été dissipée qu'à demi. Au début du XXe siècle, la comtesse Marie-Louise von Wallersee Larisch, une autre nièce de la grande impératrice Élisabeth, avait certes divulgué son existence, mais ce témoin trouble, mêlé au drame de Mayerling, n'avait hasardé sur cette affaire que des aperçus ou des renseignements imparfaits.

La « reine soldat » de Marcel Proust

Avant de pouvoir dire à propos de Daisy : « Il était une fois… », me hausser jusqu'à ce merveilleux des contes de fées, il allait me falloir remonter aux sources, tirer des archives, partout là où elles dormaient, les documents de l'époque, et d'abord tendre la main par-dessus un siècle et demi à ses parents, pour ressusciter une passion dont ils ne purent jamais faire l'aveu public.

Sur ce chemin, j'allais faire la rencontre de mon personnage principal, Marie-Sophie en Bavière, qu'il convenait de remettre à son rang. Aujourd'hui oubliée par la foule, la mère de Daisy avait connu jadis une gloire et une célébrité retentissantes. Princesse par la naissance, reine par le mariage et héroïne de roman par le caractère, elle avait hanté les œuvres d'Alexandre Dumas, d'Alphonse Daudet, de Gabriele d'Annunzio, mais aussi de Marcel Proust qui en avait fait un personnage de *La Recherche* et l'avait baptisée « la reine soldat ».

Si le temps l'avait ravalée à une figure de la pénombre, de celles qu'on rencontre à l'arrière-plan d'autres biographies plus illustres, c'est que la vérité de cette femme ne pouvait surgir que d'une œuvre de collaboration avec la France. Les Allemands avaient cerné son enfance bavaroise ; les Italiens, ses années et ses fidélités transalpines – chacun livrant sa parcelle de chronologie et de révélation. L'ajustage de ces pans de vie, de ces événements de provenances diverses, rappelant le travail d'un puzzle, ne pouvait cependant se faire sans les personnages capitaux qu'étaient Emmanuel et Daisy. Dépouillée de ses passions et de ses années françaises, le destin de la reine de Naples était condamné à demeurer un clair-obscur où il y a plus d'ombre que de lumière, un sol incertain où les biographes se sont peu risqués.

Mon enquête allait donc avant tout compléter et éclairer le portrait de cette sœur de l'illustre Sissi, celui d'une femme ébouriffante, courageuse, indocile qui fut toute sa vie enchaînée au souvenir de ses deux grands amours. Plus modestement, elle devait me permettre de retrouver sa fille, notre cousine. Avec quelques données éparses, quelques lueurs semées de loin en loin, j'espérais parvenir à approcher le visage oublié de Daisy, localiser la sépulture et, à mon tour, aller fleurir sa tombe.

Bien sûr, je ne pouvais anticiper le résultat. Il me fallait d'abord entreprendre un long voyage, partir aux racines de cette histoire en me plongeant dans les années 1840-1860, dans cette Europe mesquine, vieillotte, issue du congrès de Vienne, dans laquelle certaines nations, dépecées et comprimées, commençaient à affirmer leur droit à la vie.

I
L'héroïne de Gaète

« Cette femme héroïque qui, reine soldat, avait fait elle-même le coup de feu sur les remparts de Gaète, toujours prête à aller chevaleresquement du côté des faibles. »

À la recherche du temps perdu, Marcel Proust

« Elle avançait d'un pas audacieux, avec la souple grâce de ses dix-neuf ans, serrée dans un corsage splendide comme un corselet, souriante sous les plumes de son feutre. Sans battre des cils au sifflement des balles, elle fixait sur les soldats son regard, aussi enivrant que l'ondulation des drapeaux. »

Les Vierges aux Rochers, Gabriele d'Annunzio

« Que de fois autour des glacis de Gaète assiégée, notre inoubliable Tancrède m'a parlé de vous. »

Le Guépard, Giuseppe Tomasi di Lampedusa

La glorieuse catastrophe

Automne 1860, sur la côte tyrrhénienne.

Marie-Sophie a fait seller son cheval. Dressée sur sa monture, elle suit du regard le sillon lumineux des bombes qui tombent sur les masures, faisant jaillir des tourbillons enflammés. Sans perdre de sa belle assurance, elle cingle la croupe de son coursier d'un coup de cravache. Qu'importe le danger! Elle va sortir de la forteresse royale et traverser la ville à découvert. Elle a promis d'apporter du linge et de la charpie aux religieuses françaises qui soignent les blessés dans l'église de l'Annonciation[1].

Depuis quelques jours, l'artillerie ennemie ne se borne plus à foudroyer les murailles de la citadelle, elle s'acharne aussi sur les maisons. Dans la ville assiégée, une boue noirâtre, causée par des pluies persistantes, ajoute à l'horreur des explosions et au fracas des murs et des charpentes qui s'écroulent. Les habitants courent çà et là, terrifiés par les bombardements. Pourtant, leurs forces agonisantes se ravivent en voyant passer cette cavalière intrépide, cette déesse guerrière qui se fraie un chemin au grand trot. Cette femme est leur souveraine!

Chassés de Naples par les Chemises rouges de Garibaldi, le roi et la reine des Deux-Siciles se sont réfugiés avec leur cour dans la forteresse maritime de Gaète. Ils défendent leur dernière ville dans une lutte désespérée. Un mois après leur arrivée dans ce dernier rempart ont commencé les cent deux jours d'un siège terrible, dont soixante-quinze passés sous le feu ennemi. Des Italiens ont pour adversaires des Italiens! Les assiégeants – seize mille Piémontais commandés par l'impitoyable général Enrico Cialdini – ont installé leurs batteries sur les positions formidables des Capucins et de Santa Agata, pour déloger les onze mille hommes des dernières armées royales[2].

1. La duchesse de Gallo et la princesse de Scylla, qui demeurent à Paris, ont en effet créé une œuvre qui récolte ce linge pour secourir les blessés de la garnison de Gaète. Cf. *Le Chroniqueur de Fribourg* du 10 janvier 1861.

2. Les chiffres varient de 11 000 à 20 000.

Ce matin, François II de Bourbon n'a pas accompagné son épouse aux remparts pour saluer les troupes et inspecter les travaux de renforcement du front de mer[3]. Ni au physique ni au moral, le roi ne se sent taillé pour la guerre. Il n'a pas fermé l'œil. Toute la nuit, les vagues se sont jetées contre les falaises avec l'acharnement d'une bête féroce. Surtout, son suprême appel aux souverains d'Europe n'a eu aucun effet. Personne ne viendra à la rescousse de sa royauté aux abois. Pour toute réponse, les chancelleries ont renvoyé des vœux stériles ou de froides sympathies. Une seule voix s'est élevée aux Tuileries pour lui venir en aide, celle de l'impératrice Eugénie. Elle trouve odieux qu'on refuse un bout de corde au noyé qui s'enfonce sous l'eau[4]. Elle n'a pas été écoutée…

Le courage du monarque l'abandonne, il tremble de tous ses membres, les mains crispées sur sa tête. Il ne supporte plus le cri des mouettes, ni les bourrasques qui rendent leurs sons plaintifs en s'engouffrant dans les corridors du vieux château. Il maudit la destinée, cette vie perdue qu'il a si mal dirigée. Le voilà pris comme dans une souricière alors qu'il aurait pu fuir en Espagne, à Séville, si sa femme, la reine, ne l'en avait dissuadé : « Si vous devez tomber, alors tombez grandement, comme un seigneur qui se sacrifie ! » avait-elle intimé.

À Gaète, c'est elle, l'âme de la résistance et le vrai mâle des deux, une véritable centauresse ! Ici, elle s'est transformée en soldat, abandonnant ses somptueuses crinolines

3. La défense de la place est partagée en deux commandements. Le front de terre, pourvu de 179 bouches à feu, est confié au lieutenant-général de Riedmatten ; le front de mer, avec ses 142 bouches à feu, est placé sous les ordres du lieutenant-général Sigrist.

4. Une expression qu'emploiera le duc de Gramont, ambassadeur auprès du Saint-Siège, à propos des souverains de Naples enfermés dans Gaète (cf. *Le Gaulois* du 3 juillet 1899).

pour revêtir une amazone, couverte par un grand manteau calabrais. Son image ainsi vêtue fait le tour du monde! La presse internationale suit au jour le jour l'agonie du royaume des Deux-Siciles[5]. Fascinée par cette jeune femme au courage insensé, l'épouse de Louis-Napoléon Bonaparte a fait part de son vif désir d'en apprendre davantage sur la physionomie de cette étonnante souveraine de Naples. Les photographes ayant fui Gaète, on a dépêché sur place l'un de ces artistes. L'héroïne a pu ainsi envoyer à Sa Majesté impériale un portrait où on la voit dans le costume semi-militaire qu'elle a adopté pour passer la revue des soldats et des batteries : chapeau hongrois à plumes, robe-blouse avec ceinture de cuir, pantalon bouffant à la turque et bottes molles[6].

Loin des côtes italiennes, au beau milieu de l'Atlantique, une autre impératrice qui a fui à Madère les tyrannies de la cour de Vienne, parle sans trêve de sa sœur aux dames qui l'ont accompagnée dans sa vie de sanatorium[7]. Depuis que les Piémontais bombardent Gaète, Sissi ne jouit plus des choses qui l'entourent. L'océan couleur de jacinthe, la nuance douce et pâle des bananiers, les tombereaux de glycines et de magnolias, toutes les beautés de cette Terre promise ne réussissent plus à lui alléger le cœur. Elle guette les aides de camp envoyés par l'empereur François-Joseph qui apportent des nouvelles de la captive. Marie-Sophie devait la rejoindre sur l'île portugaise[8]. Pourquoi s'entête-t-elle à rester prise au

5. Charles GARNIER, *Journal du siège de Gaète*, Édouard Dentu Éditeur, 1861. Charles Garnier est alors correspondant de l'agence Havas et le seul représentant de la presse européenne dans Gaète. Patronné par le général Pietro Ulloa, il a été installé près de la batterie Philipstadt, dans les casemates, où on lui a arrangé tant bien que mal une sorte de cachot, à l'abri des bombes.

6. *Le Confédéré* du 2 janvier 1861.

7. Sissi est à Madère de novembre 1860 à mai 1861.

8. *Le Monde illustré* du 24 novembre 1860.

piège avec son pitoyable époux? Pourquoi refuse-t-elle de capituler? Perdre sa couronne! Pour l'impératrice, c'est là un mince malheur. Risquer sa vie pour un homme que l'on n'a jamais aimé lui paraît autrement cruel[9] : « Le courrier est-il arrivé? Il n'y a jamais assez de courrier! Pourquoi ma sœur n'écrit-elle pas? »

Cette attente tourne à la torture… Mais Marie-Sophie n'a guère le temps d'écrire. De l'aube à la nuit, elle est sur les remparts, excitant la valeur des troupes par sa présence, s'associant à leurs fatigues et presque à leurs combats. On la voit avec son chapeau à plume verte se faufiler entre les batteries, défier l'ennemi au milieu des bombes incendiaires, allumer la mèche des canons avec le feu de sa cigarette d'Orient, haranguer la foule avec le drapeau blanc fleurdelisé des Bourbons. Sur son passage, les canonniers quittent leur pièce et se jettent à genoux pour baiser le bas de sa robe.

« C'est la Madone des boulets! » clament les artilleurs. Tous en sa présence deviennent des lions.

Du haut de ses dix-neuf ans, elle combat avec une vaillance virile tout en restant la sœur de charité des malades et des blessés. Tantôt, elle a remplacé une religieuse tuée sous ses yeux par un éclat de bombe[10]. Depuis, elle visite tous les jours l'un des trois hôpitaux, offre elle-même à boire aux pauvres affligés, les consolant, les assistant, bandant leurs blessures de sa main royale. Le spectacle de cette boucherie humaine est effrayant. Il y a peu de médicaments, encore moins de chloroforme. Les soldats sont couchés là, pressés les uns contre les autres, certains sur des matelas, la plupart sur un lit de paille ou sur le pavé nu. Ici, un crâne fracassé;

---

9. Jean des Cars, *Sissi, impératrice d'Autriche et reine de Hongrie*, Perrin, 1983, collection « Tempus ».

10. *La Gazette du Valais* du 21 février 1861.

là, une plaie qui n'est même plus une plaie, mais quelque chose d'informe et sans nom, un mélange d'esquilles osseuses, de muscles palpitants et de lambeaux d'étoffe. La septicémie est partout, le pus germe de toutes parts, comme s'il avait été semé par les chirurgiens qui travaillent sans désemparer au bruit des canons, et coupent jambes, bras et pieds avec toute la célérité possible. Ces hommes hachés, brisés, poussent des râles, des jurons, et même des hurlements. Mais dès que la jeune femme apparaît, tous se soulèvent pour crier : « Vive la reine ! » Et tout le secret de ce grand amour des soldats, c'est qu'elle-même les aime. Marie-Sophie ne se plaît vraiment qu'avec eux.

Vers quatre heures, elle revient à cheval jusqu'à la batterie de la reine. Les artilleurs de Cialdini guettent son arrivée à la longue-vue. Dès qu'ils l'aperçoivent, la canonnade reprend de plus belle, comme pour la viser personnellement. On voit même des boulets ennemis plonger dans la mer et faire jaillir des poissons qui retombent à ses pieds[11] ! Elle les ramasse en souriant. « J'ai le devoir de faire ce que je peux pour ceux qui combattent et souffrent pour notre cause », rétorque-t-elle un jour à un soldat suisse qui l'adjurait de se mettre à l'abri.

Il y a quelque chose d'héroïque dans cette nature, quelque chose de chevaleresque dans cette femme née quatre siècles trop tard et qui, aux plus belles années du Moyen Âge, aurait bravement marché à la tête de ses hommes, l'épée

11. Cet épisode s'est produit alors qu'elle était montée sur les hauteurs de la batterie Ferdinand en compagnie du baron Felix von Schumacher. Pendant qu'elle contemplait le combat, un obus piémontais tombant dans la mer, au bas du rempart, fit monter l'eau en cascade bouillonnante, et jeta sur l'esplanade de la batterie, aux pieds même de Marie-Sophie, trois ou quatre jolis poissons argentés. Cf. Charles GARNIER, *Journal du siège de Gaète*, *op. cit.*

à la main, comme la pucelle d'Orléans[12]. Le courage est rare, cela dit, et devant le danger certain, beaucoup d'âmes défaillent. La plupart des habitants, hommes, femmes et enfants, évacuent leur maison pour s'embarquer sur le *Dahome*, le dernier vapeur qui fait des rotations hebdomadaires. Plusieurs plénipotentiaires étrangers qui avaient suivi les souverains dans leur exil[13] abandonnent la place. Le 20 novembre, la belle-mère de Marie-Sophie, la reine douairière Marie-Thérèse, accompagnée de sept enfants dont le comte de Caltagirone qui n'a pas quatre ans, s'embarque, elle aussi, pour aller se réfugier à Rome sous la protection du pape. François II presse son épouse de les accompagner. Peine perdue, la jeune femme promène dans ses veines le sang fameux des Wittelsbach. Elle restera pour donner à tous l'exemple de la fermeté et du courage. À tous ceux qui veulent la soustraire aux périls et la mettre en sûreté, elle répond : « Soyez tranquille ! Puisque les hommes manquent de courage, il faut bien que les femmes en montrent un peu[14] ! »

Les Piémontais ont jeté des charognes d'animaux dans les puits pour les contaminer. Début décembre, le typhus, la dysenterie et la disette commencent leurs ravages[15]. Plus de huit cents malades luttent, languissant de toute part. Il meurt journellement des dizaines de personnes.

12. *Le Gaulois* du 20 octobre 1868.

13. Les souverains avaient été notamment suivis par le nonce apostolique Pietro Gianelli, le ministre de la Russie, le prince et ministre Volkonski, le ministre de l'Autriche et le personnel diplomatique du Brésil, de la Russie et de la Prusse.

14. *L'Ami de la religion et du Roi : journal ecclésiastique, politique et littéraire*, A. Le Clère, octobre 1860.

15. Selon *Le Chroniqueur de Fribourg* du 2 mars 1861, le couple royal se contentera, du moins jusqu'à épuisement des provisions, de l'ordinaire des hommes, c'est-à-dire du mauvais bœuf et de pommes de terre à l'huile, assaisonnées d'oignons.

Le confesseur de Marie-Sophie est au nombre des victimes[16]. Les cimetières sont hors les murs, et l'on ne sait plus que faire des cadavres, qui sont évacués sur des tombereaux vers des charniers improvisés.

Le 7 janvier, un boulet détruit la pièce située au-dessus de la chambre de toilette de la reine pendant qu'un autre projette des débris contre les fenêtres du salon où elle se tient. Officiellement, Cialdini avait demandé à ce qu'un drapeau noir, semblable à celui des hôpitaux, soit hissé sur son toit pour lui éviter d'être la cible des bombes[17]. Dans les faits, il s'ingénie à faire viser les souverains dans l'espoir clair de les tuer.

« Votre Majesté voulait voir les obus? Vos vœux sont réalisés! » dit à la souveraine Bermudez de Castro, l'ambassadeur d'Espagne.

« J'aurais désiré une petite blessure », lui répond-elle avec ingénuité.

Elle qui a connu la munificence du palais royal de Naples avec ses escaliers de marbre, ses salles somptueuses, remplies des richesses de l'art, ses jardins en terrasses dominant le plus beau panorama du monde; elle qui est habituée aux demeures enchantées, Capodimonte, Caserte, ou la Favorite; elle va dorénavant se contenter d'une humide casemate, adossée au bastion Ferdinand! Ce nouveau logis est assez vaste, mais toutes les administrations, tous les ministres s'y sont rapatriés. Des planches et des paravents improvisés forment autant de cellules, séparées par un étroit

16. L'abbé Andreas Eicholzer.

17. Cialdini avait concédé quatre drapeaux noirs qui devaient indiquer des lieux à épargner, les trois hôpitaux et le logis de la reine. Marie-Sophie refusera cette faveur. Cf. Gigi Di Fiore, *Gli ultimi giorni di Gaeta. L'assedio che condannò l'Italia all'unità*, Rizzoli, 2012.

corridor où vont et viennent les estafettes de l'état-major, guidées par des laquais sans livrée.

Les batteries de terre et de mer ne cessent de vomir le feu, la dévastation et la mort. La flotte ennemie utilise désormais des appareils électriques pour éclairer ses cibles et continuer son massacre la nuit. Au début du siège, une escadre française avait jeté l'ancre devant la forteresse, tenant en respect la marine ennemie[18]. Elle avait protégé la ville des bombardements côté mer, et permis son ravitaillement par des felouques marseillaises qui débarquaient vivres et munitions. Mais le cabinet de Londres a obtenu le retrait des Français en rappelant à Napoléon III le sacro-saint principe de neutralité qu'il a si souvent professé[19]. Depuis, la nuit, des barques tentent de briser le blocus organisé par les croiseurs piémontais. Une sorte de vertige héroïque s'est emparé des assiégés qui ne comptent plus avec la vie. On assiste à des épisodes de sacrifice qui confinent au fanatisme, comme celui de soldats qui sortent de la forteresse pour s'offrir à l'holocauste et mourir en combattants. Les bombardements sont toujours plus intenses et violents, frappant désormais les hôpitaux et les églises pour mieux abattre le moral des assiégés[20].

---

18. Au début du siège, on dénombre sept navires de guerre français dans le port de Gaète : le *Bretagne*, le *Fontenoy*, le *Saint-Louis*, l'*Impérial*, l'*Alexandre*, le *Prony* et le *Descartes*. Napoléon III avait même obtenu un armistice entre les deux rois ennemis. Le 19 janvier 1861, cette flotte abandonne le golfe, suivie par d'autres navires étrangers. Immédiatement, les navires ennemis, sous le commandement de l'amiral Persano, les remplacent.

19. Pour la fête de l'Immaculée Conception, le 8 décembre 1860, le vice-amiral français de Tinan remet au roi une lettre de Napoléon annonçant le retrait imminent de la flotte française.

20. Le 22 janvier, le bombardement ne dure pas moins de huit heures, et plus de vingt mille coups sont échangés.

À Naples, on a créé des excursions de plaisir pour aller contempler la boucherie de Gaète. C'est une compagnie anglaise qui organise ces tours peu philanthropiques. Deux navires, le *Thames* et le *Princess*, partent alternativement chaque soir à minuit de la capitale. Et pour quatre ducats, les amateurs de sensations fortes peuvent aller admirer ce que M. Proudhon appelle « la sublime horreur de la canonnade[21] ».

À Munich, c'est l'émoi et la consternation. Le 2 février, une démonstration spontanée a lieu. Toutes les administrations et les boutiques ferment, et la population bavaroise se porte en masse dans les églises afin de prier pour Sa Majesté la reine Marie-Sophie qui est une enfant du pays[22].

Trois jours plus tard, le 5 février 1861, vers trois ou quatre heures de l'après-midi, c'est le coup de grâce… Renseigné par des traîtres, Cialdini concentre le tir de ses canons sur la plus importante poudrière de Gaète. L'entrepôt de munitions Saint-Antoine explose[23], et avec lui le bastion Dente di Sego et toutes les maisons avoisinantes, créant une brèche dans les remparts, large de trente à quarante mètres. Le bruit de la conflagration retentit jusqu'à Naples. Depuis la tour de Mola et leur quartier général de la villa Caposele, les assiégeants applaudissent en regardant le spectacle. Plus de trois cents artilleurs et civils sont tués et l'on compte quatre cents blessés. À la place du bastion, on ne voit plus qu'un immense gouffre, rempli de cadavres, de restes humains et de blessés hurlants. Bravant le danger, Marie-Sophie accourt aussitôt. Elle erre comme un fantôme parmi

21. Charles-Ferdinand Lapierre, *Deux hivers en Italie*, Collection XIX, 2016.

22. *La Gazette du Valais*, 14 février 1861.

23. Ce bastion contenait sept tonnes de munitions.

les ruines fumantes. Rien de pire. Rien de plus atroce. De ce jour, un seul sentiment l'aidera à regarder ses semblables sans exécration et le ciel sans doute, ce sera l'espoir d'une justice...

Après une courte trêve pour extraire les mutilés du désastre, Cialdini refuse d'accorder le répit qui permettrait le sauvetage d'autres victimes encore en vie. Le général sarde reprend le bombardement et fait mitrailler les brancardiers[24]. Le soir même, un vieux soldat bavarois[25], atrocement blessé, implore de voir la reine. Sur les insistances du malheureux, un de ses camarades part quérir la cameriste de Marie-Sophie. La souveraine s'habille en toute hâte et se fait conduire au chevet du moribond.

« Majesté, lui dit-il, je meurs pour votre cause, j'ai pensé que vous ne refuseriez pas ma dernière prière. J'ai laissé dans notre pays ma femme et un enfant. J'aimerais leur laisser le peu d'argent que j'ai économisé sur ma solde, mais je ne suis pas sûr qu'il leur parviendra. Je vous supplie de ne pas les abandonner.

— Je vous le promets. Ce matin, des ordres partiront à cet effet. Si vous mourez pour avoir tenu votre parole, comptez que je saurai tenir la mienne », dit-elle en plaçant sa main dans celle de l'officier.

Elle recueille l'ultime soupir du brave, lui voile le visage, et ne se retire qu'après avoir donné les ordres nécessaires pour qu'on lui rende les derniers devoirs. Combien de morts faudra-t-il encore pour assurer sa propre survie ? À cette seule pensée, elle repart accablée.

24. *Le Constitutionnel* du 11 février 1861.

25. Les journaux suisses affirment à l'époque que ce soldat ne serait pas bavarois mais helvète.

Gabriele d'Annunzio décrira, dans ses *Vierges aux rochers*, celle qu'il appellera « l'Aigle de Bavière », mais aussi ce grand désastre, ce siège de toutes les horreurs, une Gaète encombrée de soldats, de chevaux, de mulets, et la grêle de fer qui la crible, la démantèle, la renverse, l'incendie, toujours plus épaisse et plus assourdissante, interrompue seulement par les courtes trêves, conclues pour ensevelir des cadavres déjà putréfiés. À Gaète, ajoutera Lampedusa, dans son *Guépard*, on ne sauve plus rien hormis l'honneur, c'est-à-dire pas grand-chose…

Huit jours après la terrible explosion, c'est la reddition[26]. En décembre, François avait affirmé à Napoléon III vouloir mourir dans la place : « En succombant avec courage, avec honneur, je resterai digne du nom que je porte[27]. »

Mais, à quoi bon ! La ville n'est plus qu'un monceau de gravats. L'artillerie est hors de service. Il n'y a plus ni munitions ni vivres. On dénombre mille cinq cents malades du typhus. Le roi a poussé sa résistance aussi loin que l'exigeait la dignité de sa couronne. À présent, il entend agir comme souverain et comme père plutôt que comme général, en épargnant les dernières horreurs du siège à des troupes prêtes à répandre jusqu'à la dernière goutte de leur sang.

Pendant les négociations, Cialdini refuse de suspendre les hostilités. Pendant trois jours, il continue de couvrir la place d'obus et de bombes. Dans la ville assiégée, chacun continue d'accomplir son devoir. On récite le chapelet. On célèbre la messe sur des autels de fortune. On ne combat plus que pour mourir. On meurt simplement, obscurément ;

---

26. Roberto Pasca, le capitaine du *Parthénope*, un des rares navires qui avaient accepté de suivre François II à Gaète, signera la capitulation au nom du roi.

27. Cette lettre de François II du 13 décembre 1860 sera publiée *in extenso* dans *Le Figaro* du 18 juillet 1884.

les noms des victimes demeureront presque tous inconnus. Le dernier martyr de la férocité piémontaise sera un artilleur de dix-sept ans, posté sur la batterie Transilvania[28]. Ses restes ne seront jamais retrouvés.

Enfin ! Un accord est signé. Sur le golfe de Gaète, c'est de nouveau le calme et le silence. Après une défense de cinq mois et soixante-dix mille coups de canons, les souverains déposent les armes, mais à de fières conditions. Ils peuvent se retirer avec les honneurs de la guerre, emportant l'inconsable admiration de l'Europe.

Le soir de la capitulation, François remercie ses officiers jusque tard dans la nuit. Le lendemain, 14 février, c'est un matin gris. À sept heures, avant que les Piémontais du roi Victor-Emmanuel ne prennent possession de la ville, Leurs Majestés sortent de leur casemate et traversent une allée formée par une chaîne de soldats napolitains. Ces hommes en pleurs, déguenillés, exténués de fatigue, présentent une dernière fois les armes à leur souverain. François II passe en revue de ses troupes, son épouse au bras, qui arbore un sourire triste et doux. Les tambours battent aux champs, les drapeaux déchirés, maculés de sang, s'inclinent. Marie-Sophie, amaigrie, s'arrête à chaque pas pour répondre à ces braves gens qui veulent lui dire adieu et baiser ses mains. Puis, les souverains et leur suite rejoignent la mer par un chemin escarpé.

Ils embarquent sur la *Mouette*, un vapeur français détaché de l'escadre du contre-amiral Le Barbier de Tinan[29]. Féroce

28. Le nom de cet artilleur est Carlo Giordano.

29. Marié à la fille du maréchal Exelmans, A. Le Barbier de Tinan est chargé par Napoléon III de surveiller les événements d'Italie. Il est présent avec sa flotte pendant une partie du siège de Gaète. La France napoléonienne, pourtant complice des envahisseurs, sera donc la plus courtoise puisqu'à la fin du siège, elle va renvoyer *La Mouette* secourir les souverains déchus.

jusqu'au bout, Cialdini leur avait proposé de quitter la forteresse sur un navire rebaptisé le *Garibaldi* ! Il s'agissait de l'ancien *Veloce*[30], lancé quelques mois plus tôt des chantiers de Castellamare di Stabia pour l'anniversaire du monarque, et qui en juillet de l'année précédente, sous cette dernière appellation, avait été le premier navire félon de l'escadre bourbonienne[31].

La musique joue *L'Hymne au roi* de Paisiello[32]. Les derniers habitants de Gaète agitent des mouchoirs blancs aux fenêtres. Les ambassadeurs, les ministres, plusieurs généraux et officiers, les serviteurs de la maison royale et une demi-douzaine d'officiers français montent à leur tour à bord du navire qui va rester plus d'une heure en rade, avant de lever l'ancre vers 9 heures du matin.

François II s'étend sur une chaise, cigare à la bouche, avec l'air hautain du Prométhée des monarchies européennes. Pour lui, nul doute ! Du haut des rochers de Gaète, il défendait non pas seulement son trône et l'indépendance de son peuple, mais aussi la cause de tous les souverains du continent. En le laissant succomber, ces derniers ont laissé disparaître la digue qui contenait le flot révolutionnaire. Demain, il en est convaincu, ce flot submergera tout, et ce sera le signal de conflits plus formidables…

À l'autre bout du pont, le bras négligemment appuyé sur le fût d'un canon, la reine se tient près de la marquise

30. Certaines sources parlent de ce navire comme ayant été baptisé à l'origine le *Bourbon*.

31. Le 10 juillet 1860, le capitaine Amilcare Anguissola remit le *Veloce* au comte Carlo di Persano au port de Palerme comme un cadeau à Garibaldi, bien que seulement 41 des 144 officiers et membres d'équipage aient abandonné leur roi.

32. *L'Inno al Re* (*Hymne au roi*, en français), composé par Giovanni Paisiello en 1787, était l'hymne national du royaume des Deux-Siciles de 1816 à 1860.

de Rendi[33] et de la duchesse de San Cesario[34]. Elle semble bouleversée de quitter cette terre qui a été cinq mois ensoleillée par sa présence, et qui restera comme imprégnée de sa gloire et de son sacrifice.

Depuis le rivage, on entend le cri des soldats siciliens : *Viva il Re!*, dernier adieu des milliers d'hommes de l'armée royale, à présent prisonniers de guerre[35]. On les voit déchirer leurs épaulettes, briser leurs épées et les jeter à terre. Sur le monument du promontoire d'Orlando, le drapeau blanc fleurdelisé des Bourbons vient d'être abaissé et on hisse le tricolore « vert-blanc-rouge » avec la croix de Savoie. Pour la première fois, de grosses larmes coulent le long des joues de Marie-Sophie. Elle s'isole à l'arrière, appuyée au bastingage, contemplant les rochers déchiquetés de Gaète. À quoi pense-t-elle ? À sa couronne perdue ? À la sauvagerie des hommes ? Non ! Elle songe avec mélancolie aux forêts de Franconie de son enfance…

La tribu Wittelsbach

Comme sa sœur Sissi, Marie-Sophie-Amélie a été élevée en Bavière aussi simplement que si elle était destinée à vivre en bonne bourgeoise. Elle est issue de la dynastie des Wittelsbach, plus ancienne encore que celle des Capétiens

33. La marquise de Rendi Caracciolo était la fille du prince de Torella-Caracciolo, et la dame d'honneur de l'héroïque reine. Après Gaète, elle la suivra dans ses divers voyages en Europe, notamment à Paris, où elle habitera 2 avenue Bosquet, 7e. Ses quatre fils aînés avaient défendu Gaète jusqu'au bout, à côté du roi François II.

34. *La Presse* du 24 février 1861.

35. Ceux qui refuseront de prêter allégeance à Victor-Emmanuel iront croupir sur une île du golfe de Naples, dans la forteresse de Fenestrelle ou au camp de San Maurizio Canavese.

et qui, depuis 1180, fournit des ducs bavarois ; un lignage profus en artistes, en poètes, en neurasthéniques et même en déments.

Elle est la sixième enfant et la préférée des cinq filles du beau-frère du roi, le duc Maximilien-Joseph, qui passe pour le prince le moins conventionnel et le plus beau d'Europe. C'est un homme irrésistible et sympathique qui se promène largement dans ses passions comme dans sa vie. Général de cavalerie, il est plus pénétré d'art et de littérature que de science militaire. Il a parcouru le monde, traversé le désert à dos de chameau, joué de la cithare au sommet de la pyramide de Khéops. Sa table est ouverte à tout ce que la Bavière compte d'artistes et d'intellectuels. Il amasse les livres et en publie lui-même sous le pseudonyme de « Phantasus ». Au nombre de ces productions, des récits sur l'Égypte, la Syrie et la Nubie qui ont fait grand bruit en Europe, un recueil de chants et de mélodies de la Haute-Bavière ; enfin, un *Lucrèce Borgia*, imité du drame de Victor Hugo.

Père d'une famille nombreuse, il a vécu autant que possible séparé de sa femme et de sa progéniture. La ville l'ennuie, les mondanités et le protocole l'accablent[36]. Il n'est jamais aussi heureux que dans le cuir rêche et bouilli de ses culottes bavaroises, à boire de la bière, à rire, à jubiler, à chanter dans les tavernes. Enfin, comme tous les hommes qui ne dédaignent aucune joie de l'existence, on lui connaît quelques maîtresses et enfants naturels. Au vrai, Maximilien est l'un de ces individus qui enchantent par leur charisme, quand on les observe de loin, sans avoir à pâtir de leurs foucades[37]. Son épouse en a pris son parti. La modeste et

36. Jean des Cars, *Sissi, impératrice d'Autriche et reine de Hongrie*, *op. cit.*

37. Marguerite Bourcet, *Un couple de tragédie. Le destin brisé du duc et de la duchesse d'Alençon*, Perrin, 1939.

pieuse duchesse Ludovica se contente d'être cette mère toujours attentive, prudente et adroite qui veille sur leurs nombreux enfants.

Lorsqu'ils étaient petits, à l'approche du printemps, la tribu partait pour Possenhofen, au sud-ouest de la capitale bavaroise. Là, les bambins s'ébrouaient dans un cadre enchanteur, au milieu d'une charmante ménagerie. Au gré de leurs caprices, ils plongeaient avec des rires éclaboussés dans l'azur familier du lac de Starnberg; conduisaient leur barque, chantant en chœur pour rythmer les avirons. Les sœurs parcouraient à cheval les avenues sylvestres, en casse-cou, lancées au galop, cheveux en déroute, chapeaux envolés. Elles ne craignaient ni Dieu ni diable. Bientôt, ces demoiselles revenaient pour la classe, suivant leurs gouvernantes jusqu'à la salle d'étude, portant dans un coin de tablier quelques poussins frais éclos dont elles refusaient de se séparer[38]. La vie de famille baignait dans une atmosphère ouverte, amusée et facile.

L'hiver, la fratrie regagnait Munich et le grand palais de la Ludwigstraße qui résonnait, du matin au soir, des frivoles causeries des princesses. Au centre de la cour s'élevait un manège. Ces demoiselles s'y exerçaient à l'équitation. Elles conduisaient elles-mêmes leur attelage dans la métropole bavaroise et s'y promenaient parfois seules à pied. Munich était alors une cité charmante et familière. Beaucoup d'artistes, de peintres, d'étrangers y cultivaient les habitudes les plus bohèmes. Chaque personnalité, chaque mode de vie semblaient pouvoir s'y développer librement. On ne se souciait jamais plus qu'il ne sied de la vie des autres. Ni le peuple, ni les princes ne songeaient à imposer une estampille aux mœurs

38. *Ibid.*

ou aux productions de l'esprit. Quiconque avait quelque chose à faire ou à dire, trouvait l'occasion de se manifester. Munich était la ville accueillante par excellence...

Un grand mariage italien

Au lendemain des glorieuses noces d'Élisabeth, il était resté à Ludovica quatre filles à établir, une tâche facilitée par le coup d'éclat du mariage impérial de Sissi. S'il n'existait en Europe qu'un seul François-Joseph, du moins n'était-il plus question d'agréer un gendre médiocre ou inconnu, plus question de laisser aux autres filles le loisir de s'amouracher d'un insignifiant.

La duchesse avait conduit elle-même les négociations qui devaient aboutir au mariage de Marie-Sophie avec un descendant de la branche des Bourbon-Anjou, le duc de Calabre, fils aîné du roi de Naples et des Deux-Siciles, qui entendait par cette alliance, sortir de l'isolement diplomatique de sa dynastie. Sissi s'était entremise également, car l'empereur François-Joseph voyait d'un bon œil ce rapprochement familial avec l'Italie méridionale.

Ce prince était un beau parti. Le royaume de son père comprenait, outre la plus grande île de la Méditerranée, le sud de la péninsule italienne, c'est-à-dire les Pouilles, la Calabre et la Basilicate[39]. C'était un bien drôle de pays qui mêlait à l'amour de la science et du progrès un traditionalisme superstitieux et bigot. Naples, jadis regardée comme l'Athènes de l'Italie, le temple du chant lyrique et du goût,

39. Selon l'expression du roi Ferdinand II, ce royaume était situé « entre l'eau salée et l'eau bénite ». Il comprenait en effet, outre la Sicile, tout le sud de la Botte italienne, et était délimité au nord par « l'eau bénite », c'est-à-dire les États pontificaux.

le point d'orgue du « Grand Tour », avait eu la gloire de créer le premier chemin de fer italien, mais les tunnels y étaient interdits, car jugés « immoraux ». La modernité est une bien belle chose quand elle ne se met pas en tête d'attaquer la religion ! Dans chaque gare, il y avait une chapelle et les trains ne pouvaient rouler le dimanche. Partis le samedi, ils s'arrêtaient et on entendait la messe à la station, et les vêpres, et le salut. Reste qu'un avenir exceptionnel s'était ouvert à Marie-Sophie...

Elle avait regardé ses noces s'organiser avec une certaine passivité qui laissait subsister, à côté de désirs et d'espérances, une sourde inquiétude, le sentiment confus d'un péril. Le mariage avait eu lieu par procuration à Munich dans la soirée du 8 janvier 1859. À l'arrivée du roi et de la reine de Bavière dans la chapelle du palais royal, une salve d'artillerie avait annoncé au peuple l'heureux événement. Au bras du prince Louis, son frère aîné, Marie-Sophie s'était avancée jusqu'à l'autel, vêtue d'une jaquette de brocart avec une longue traîne de velours blanc, ornée de dentelles et de fleurs d'oranger. Son voile était retenu par une couronne de diamants[40]. Léopold de Bourbon-Siciles, le comte de Syracuse, avait représenté l'héritier présomptif de la couronne des Deux-Siciles, accompagné de Son Excellence le comte de Ludolf, et de M. Bianchini, attaché à la légation. Tout ce que la jeune Wittelsbach connaissait de son promis était une miniature sur ivoire que lui avait apportée le plénipotentiaire de Naples, le jour des fiançailles[41]. L'archevêque avait béni les anneaux en récitant l'oraison. On avait entonné le *Te Deum*, dit la prière finale, avant de se rendre

40. Jean-Paul Garnier, *Naissance de l'Italie. Le dernier roi de Naples*, Librairie Arthème Fayard, 1961.

41. Les fiançailles officielles de Sofia ont eu lieu le 22 décembre 1858.

dans les appartements pour une fête de famille qui s'était prolongée bien avant dans la nuit.

Pour ce jour béni entre tous, la cour napolitaine avait fait savoir qu'elle avait usé de clémence envers quatre-vingt-neuf prisonniers politiques, condamnés à la réclusion ou aux galères. Leur peine avait été commuée en exil perpétuel. Ils avaient été dirigés vers les États-Unis aux frais de l'État, avec tous les ménagements convenables.

Cinq jours plus tard, Marie-Sophie avait quitté Munich avec son frère Louis, quelques dames d'honneur, Nina Rizzo, une caméristе dépêchée par la cour de Naples en guise de cicérone, son cher canari dont elle n'avait pu se séparer, sans oublier son somptueux trousseau confectionné chez Fauvet, une des plus célèbres maisons de Paris[42]. Son train avait traversé Leipzig, Prague et bientôt Vienne, où l'on avait programmé une halte prolongée, le temps pour sa sœur Élisabeth de la préparer à cette union arrangée. Contrairement à la plupart des jeunes filles, élevées derrière les murs épais d'un château, bien à l'abri avec les autres trésors de la famille, les petites Wittelsbach avaient poussé comme des herbes folles. Personne n'avait songé à dompter leur tempérament ni à leur enseigner leur strict devoir de soumission. Avec pareilles jeunes femmes, tout était possible. Une fois mariées, suivant l'appel de la vie, elles semblaient pouvoir devenir indifféremment des amoureuses, des saintes, des dépressives ou des révoltées.

Sissi, qui suffoquait depuis cinq ans sous le protocole empesé de Vienne, l'avait longuement chapitrée sur la vie de cour, ses servitudes imbéciles et sa pompe aux minuties remplies de pièges. Elle lui avait parlé des difficultés de la vie maritale, de l'importance des concessions mutuelles et de la

42. La célèbre maison de couture Fauvet était située 4 rue Ménars, près de la Bourse de Paris.

mise en harmonie des caractères. Enfin, elle l'avait avisée que pour survivre, elle devrait s'octroyer quelques plaisirs interdits, ne serait-ce que par esprit de rébellion ou de fanfaronnade. C'est ainsi qu'elle lui avait offert sa première cigarette et qu'ensemble, les deux complices s'étaient amusées à regarder au-dessus de leurs têtes les superbes volutes de fumée qui, en se déroulant, allaient se mêler au plafond.

Le lendemain, ces dames avaient pris la route de Trieste. Élisabeth devait dire plus tard de ces journées joyeuses : « Il semblait que le destin, conscient du triste avenir de Marie, avait voulu lui offrir quelques journées de gaîté insouciante. Je savais bien que ma pauvre sœur devait s'attendre à une belle-mère comme la mienne. Et c'est pour cela que j'avais décidé de la faire jouir le plus possible de ces vacances viennoises[43]. »

Elles étaient arrivées dans la capitale du littoral autrichien sous un vent glacial qui soufflait en rafales. Une cérémonie de bienvenue avait été organisée au palais du gouverneur, conformément à l'ancienne étiquette de la cour d'Espagne, jusqu'à l'article qui prescrit le changement de toilette de la mariée. Dans la salle des audiences[44], un cordon avait été posé sur un tapis pour marquer la ligne de démarcation symbolique entre les territoires bavarois et napolitain. Marie-Sophie avait été « remise » par le comte de Rechberg, ministre plénipotentiaire munichois, au duc Maresca di Serracapriola, le commissaire extraordinaire du roi des Deux-Siciles[45]. Elle avait également été présentée à celle

43. Blog de Patrick Germain, http://blogpatrickgermain.blogspot.com.

44. Aujourd'hui siège de la préfecture et du commissaire du gouvernement de Trieste, sur la piazza dell'Unità d'Italia.

45. Nicola Maresca Donnorso, duc de Serracapriola (1790-1870), est un diplomate et homme politique qui fut notamment Premier ministre du royaume des Deux-Siciles.

qui devait devenir sa chère et précieuse dame d'honneur, la duchesse de San Cesario[46], fille d'un librettiste et gentilhomme napolitain.

À trois heures, l'impératrice et la princesse étaient montées sur le canot royal qui devait les conduire à la frégate *Fulminante*[47], ornementée pour l'occasion de fleurs et de drapés de velours violet. Sissi avait passé une heure à bord avant de s'en retourner à terre. Le bâtiment avait alors mis le cap sur Bari où le roi, la reine Marie-Thérèse, le jeune promis et ses demi-frères et sœurs s'étaient portés à la rencontre de la nouvelle duchesse de Calabre ; un voyage pénible qui avait valu au roi Ferdinand, le père du marié, la maladie dont il devait mourir peu après.

On avait dit à la princesse que son mari était fort laid. Quand elle l'avait aperçu venir au-devant d'elle, dans son bel uniforme rouge et blanc de colonel des hussards, elle en avait jugé d'autre sorte[48]. Elle lui avait tendu la main, sur l'étroit escalier du navire royal, et lui avait dit avec une charmante désinvolture :

« Bonjour, François. »

Le prince l'avait alors saisie par les deux mains, lui avait embrassé le front, avant de lui répondre avec la même simplicité :

« Bonjour, Marie. »

Et pendant qu'on mettait la dernière main aux préparatifs du débarquement, les nouveaux époux – l'une qui ne parlait pas italien et l'autre guère plus l'allemand – avaient commencé, tant bien que mal, à faire connaissance.

---

46. Francesca Marulli, duchesse de San Cesario, était la fille du marquis de Salza.

47. La *Fulminante* fera le voyage accompagnée d'un autre navire, le *Tancredi*.

48. *L'Action française* du 30 janvier 1925.

De ce jour, ils allaient prendre l'habitude de converser en français[49].

Puis ce fut la visite au roi Ferdinand, cloué sur son lit de douleur. Il l'avait étreinte, les larmes aux yeux, en lui déclarant :

« Comme tu es belle, ma fille[50] ! »

Au palais de l'Intendance, où les mariés étaient attendus, François n'avait cessé de dire, à son tour, à ceux qui l'approchaient :

« Dieu, comme elle est belle ! »

Hélas, le mariage religieux avait été troublé par l'aggravation de la maladie du roi Ferdinand dont l'état n'avait fait qu'empirer. Il s'était éteint le 22 mai 1859, léguant à son fils un héritage accablant d'impopularité. Juste avant de mourir, le même avait donné un conseil à sa bru, celui de ne jamais faire confiance à leur parent de Turin, Victor-Emmanuel, le roi du Piémont-Sardaigne.

François II avait été couronné en grande pompe à Caserte, au son d'une cantate de Saverio Mercadante. Ce jour-là, les jeunes mariés, âgés de vingt-trois et dix-huit ans, étaient montés prématurément sur un trône au bord du gouffre. Depuis quelques semaines, en effet, dans le nord de la péninsule, les armées de Napoléon III et Victor-Emmanuel affrontaient celles de l'empire d'Autriche. Après les batailles de Turbigo, Magenta, Solferino et San Martino, le conflit allait bientôt se conclure par la réunion de la Lombardie au royaume de Piémont-Sardaigne et poser ainsi le premier acte de l'unification de l'Italie.

---

49. Jean-Baptiste-Charles Paya, *Les Cachots du pape*, A. Faure, 1865.

50. Jean-Paul Garnier, *Naissance de l'Italie. Le dernier roi de Naples*, *op. cit.*

Le souffle du *Risorgimento*

Inexorablement, en effet, l'idée de l'indépendance et de l'union faisait son chemin en Italie. En 1859, ce pays qui avait connu un état pré-unitaire sous Napoléon Ier, n'existait plus. Le congrès de Vienne l'avait divisé en un magma de villes, de principautés, d'États et de duchés ; certains dominés d'une main de fer par la puissante Autriche, garante du *statu quo* de 1815.

Au sud, le royaume napolitain du jeune Bourbon était de loin le plus vaste. Au centre, les États de l'Église – qui coupaient la péninsule en deux, avec cent lieues de côtes sur l'Adriatique et cinquante sur le golfe de Gênes – avaient le pape Pie IX pour souverain temporel. Au nord-est, les Autrichiens occupaient Milan et les riches provinces de Lombardie et de Vénétie. Les duchés de Parme, de Modène et de Toscane étaient aussi sous leur emprise[51]. Au nord-ouest, la maison de Savoie avec le roi Victor-Emmanuel, surnommé le « *Galantuomo* » (« l'honnête homme »), régnait sur la Sardaigne, la Ligurie et le Piémont. Ce monarque s'était juré d'unifier l'Italie sous son sceptre.

Les vingt millions d'Italiens avaient été distribués comme des troupeaux à des princes ou petits tyrans locaux, la plupart décadents et sourds aux bouleversements du monde. Car la vague révolutionnaire qui avait secoué la France en 1848 était passée par là[52]. De Budapest à Milan, les hommes et les femmes, de toute part, avaient réclamé des réformes. Ils avaient cru venu le « Printemps des

51. Massimo Scaglione, *Les Grandes Batailles du passé. Solferino, 1859*, archives INA, 4 juin 1976.

52. Cette vague de contestation aurait d'ailleurs commencé à Palerme en Sicile par une journée de barricades, le 12 janvier 1848.

peuples », le printemps de la liberté. « Une révolution par jour ! » pouvait-on lire alors dans *Le Charivari.* À Rome, le pape Pie IX avait été déchu de son pouvoir temporel ; une république proclamée, présidée par des triumvirs, Giuseppe Mazzini notamment, le partisan le plus ancien, le plus convaincu et le plus convaincant de l'unité italienne. À Venise, les populations s'étaient également soulevées pour donner naissance à l'éphémère République de Saint-Marc. Son écrasement dans le sang par l'occupant autrichien avait marqué un tournant. Le *Risorgimento*[53], c'est ainsi qu'on allait appeler désormais la conquête de l'unification des territoires et la renaissance de l'Italie. Un jour, tout le monde se le promettait, la lumière de la liberté chasserait les ombres grimaçantes du passé. Rêve de Dante et de Machiavel, songe de Pétrarque et de Leopardi, frisson de vingt siècles, l'unité exaltait toutes les têtes[54]...

Cette unité ? Ferdinand, le défunt beau-père de Marie-Sophie, aurait-il pu en être l'âme, le pivot, la cheville ouvrière ? À en croire certains, il avait ruiné ses chances pour n'avoir point vu de salut pour sa monarchie en dehors de l'absolutisme, de la terreur et de la délation. Lors des troubles de 1848, il avait ordonné le bombardement de la ville de Messine qui s'était révoltée. À compter de cette date, on l'avait surnommé « *bombardatore* », le « roi Bomba » et même le « Néron catholique » pour fustiger sa croisade contre ses sujets. À sa mort, il restait, dans le royaume de Naples, cent quatre-vingt mille suspects soumis à la surveillance, internés dans leur province ou exclus des professions libérales. Les cachots regorgeaient de prisonniers qui pourrissaient sur

53. Çe terme, apparu vers 1775, est popularisé en 1847 dans le premier numéro du journal de Cesar Balbo et Camillo Benzo di Cavour : *Il Risorgimento.*

54. Frederic De Roberto, *Les Princes de Francalanza*, Stock, 1993.

la paille, torturés, tenaillés. C'était du moins l'opinion de ses opposants, et parmi eux de M. Gladstone, le chancelier de l'Échiquier de Sa Majesté la reine Victoria, qui n'avait pas hésité à décrire ce régime napolitain, devant les Communes, comme « la négation absolue de Dieu[55] ». Pour d'autres esprits, haut placés dans l'estime du monde, tout cela n'était que dénonciation calomnieuse. Le père de François était le plus digne et le meilleur des rois. L'Angleterre anglicane ne le traînait sur la claie que pour mieux ébranler le plus dévoué soutien du pouvoir temporel de la papauté.

Quoi qu'il en fût, c'est donc un autre monarque, un homme subtil et délié sous son enveloppe bourrue, qui avait tissé sa toile : Victor-Emmanuel en Piémont-Sardaigne, avec l'aide de son conseiller Cavour, l'Européen le plus habile de son temps. Ce roi se plaisait à dire que l'Italie était un artichaut destiné à être mangé feuille par feuille. Et c'est en effet par des annexions successives que, partant de son petit royaume aux pieds des Alpes, il allait arriver à régner sur toute la péninsule ; le tout, grâce à une étrange combinaison de « guerres des rois » au nord, et de « guerre du peuple » au sud.

Dans le Nord, pour faire reculer la domination autrichienne, Victor-Emmanuel s'était appuyé sur Napoléon III. Ancien compagnon de route des *carbonari*, l'empereur des Français nourrissait un vieux rêve : tourner la page du congrès de Vienne et changer la carte de l'Europe. Son pays était coincé entre les trois grandes puissances qui avaient vaincu son oncle, Napoléon Ier. À l'est, la Prusse de Bismarck s'employait à faire de la fédération germanique un nouvel

55. Jules Gondon, *La Terreur dans le royaume de Naples. Lettre à l'honorable M. Gladstone, membre du Parlement britannique, en réponse à ses deux lettres à Lord Aberdeen*, Librairie Auguste Vaton, 1851.

empire allemand. À l'ouest, la reine Victoria plastronnait à la tête de la première puissance industrielle du monde. Au sud, l'immense empire des Habsbourg n'en finissait pas de s'étendre de Milan à Prague. Louis-Napoléon espérait ravir la place prédominante de l'Autriche dans la péninsule, et consacrer ainsi la renaissance française.

Pour mettre au pas le sud de l'Italie du jeune François, la « carte » du roi piémontais avait été Garibaldi. Seul un homme jaloux jusqu'au délire de la liberté de son pays, seul un défenseur de la réforme agraire et de la redistribution des terres, pouvait agréger les forces populaires du *Mezzogiorno*. Pour donner à la cause italienne une solution monarchique, Victor-Emmanuel s'était résolu à pactiser avec ce révolutionnaire pour mieux s'approprier ultérieurement ses victoires. Il serait bien temps de contenir la révolution après l'avoir déchaînée. Le moment venu, il lui suffirait de se poser en pacificateur qui vient rétablir l'ordre.

C'est ainsi que Garibaldi, un chef d'aventuriers, un simple *condottiere,* avait chassé nos jeunes mariés de Naples. François et Marie-Sophie n'étaient pas sur le trône depuis treize mois que le *Piemonte* et le *Lombardo,* les deux navires de l'expédition des « Mille », avaient débarqué dans leur royaume, à Marsala en Sicile, sous la protection de la flotte anglaise. Pour sauver les apparences, le « héros des Deux Mondes » qui s'était enrôlé dans le corps des chasseurs des Alpes piémontais, avait au préalable donné sa démission. La première étape de la spoliation s'était opérée par un acte de piraterie, une violation de territoire, sans ultimatum, sans déclaration de guerre.

L'arrivée des Chemises rouges en Sicile avait été le signal d'une débandade inouïe, immédiate. De la victoire de Calatafimi à la conquête de Palerme, partout, les hommes du chef de bande avaient multiplié les exploits et été accueillis en libérateurs. Des escouades d'insurgés, les *picciotti*, avaient été amalgamées avec enthousiasme pour grossir ses bataillons. Craignant les saccages, les aristocrates avaient ouvert les palais de leurs aïeux aux envahisseurs. De bévues en erreurs stratégiques, les troupes royales avaient été dépassées. Il s'était même dit que certains généraux du roi des Deux-Siciles, au lieu de se mettre à la tête de leurs soldats pour écraser les rebelles, s'étaient vendus pour quelques milliers de ducats[56]. Et en effet, la disproportion des forces était telle que seule la trahison générale de l'armée paraissait expliquer cet effondrement.

Dès le mois de mai, Garibaldi avait décrété la déchéance du roi de Naples et s'était autoproclamé dictateur de la Sicile, puis avait annoncé vouloir traverser le détroit, et poursuivre son chemin jusqu'à Rome ! Le 21 juin, il avait pris la capitale de l'île. Les Palermitains avaient alors aspiré à pleins poumons l'air de la liberté, hurlant : « À bas François ! À bas les Napolitains ! » et attaquant à grands coups de cailloux et de marteaux les statues du jeune monarque et de son père, que la ville avait fait élever sur la promenade de la Marine. En moins d'une heure, elles avaient été réduites en morceaux, et leurs débris jetés à la mer[57].

La nouvelle de ce triomphe s'était diffusée dans le monde, suscitant l'enthousiasme universel pour le coup de force de l'aventurier. George Sand, Victor Hugo, Edgar Quinet, Charles Dickens, Karl Marx et Friedrich Engels avaient pris fait et cause pour l'expédition de celui qu'ils regardaient

56. Ainsi, par exemple, le général Francesco Landi (1792-1861) lors de la bataille de Calatafimi. Il sera ultérieurement blanchi de cette accusation.

57. Henri Durand-Brager, *Quatre mois de l'expédition de Garibaldi en Sicile et en Italie*, Édouard Dentu Éditeur, 1861.

comme le chevalier de l'humanité, l'homme intégral. Partout, jusqu'à Irkoutsk dans la lointaine Sibérie, les humbles avaient fêté l'exploit du général libérateur et prié qu'un « Garibaldoff » vienne les aider à conquérir, à leur tour, la terre et la liberté[58]. Quant à Alexandre Dumas, il s'était précipité à Palerme pour organiser la propagande de son nouvel ami.

L'épopée du *Guépard* de Giuseppe Tomasi di Lampedusa, adaptée au cinéma par Luchino Visconti, offrirait un jour une fresque magistrale de ces bouleversements : le cadavre d'un partisan des Bourbons[59] en putréfaction sous un citronnier qui plane sur toute l'évocation ; les coups de boutoirs des Chemises rouges, fanées par le soleil de Sicile ; l'Église se sentant menacée dans son pouvoir temporel ; un jeune aristocrate, plein d'allant et d'opportunisme, qui rejoint les garibaldiens ; et enfin, la rêverie d'un prince lucide contemplant le déclin de sa caste, à la fois suprêmement désintéressé et prêt à transiger pour sauvegarder sa tranquillité[60].

Le royaume de François de Bourbon était prêt à tomber comme un fruit mûr.

Les dernières heures napolitaines

La Sicile conquise, Garibaldi avait traversé la mer, et débarqué en Calabre pour marcher sur Naples[61]. Les hommes, l'argent et les armes que Cavour lui avait envoyés,

58. René-Marie Berthier, *Bakounine. De la révolution démocratique à la révolution sociale*, Éditions du Cercle d'études libertaires Gaston Leval, 1991.

59. Dans le roman de Giuseppe Tomasi di Lampedusa, le roi Ferdinand II est donné comme étant le parrain de Concetta, la fille aînée du prince de Salina.

60. Centre d'études et de recherches marxistes/Fondation Gabriel Péri, *La Pensée : revue du rationalisme moderne*, Éditions sociales internationales, janvier 1961.

61. Ses troupes traversent le détroit de Messine dans la nuit du 19 au 20 août, et poursuivent leur marche le long du littoral.

lui avaient permis de former, en quelques semaines, un corps d'armée de quatre divisions.

La sœur de Sissi avait assisté, furieuse et impuissante, à l'irrésistible poussée du *condottiere*. Les maisons brûlées, les meurtres commis[62], l'anarchie et toutes les calamités qui l'accompagnent ? Comment la presse pouvait-elle présenter ce forban comme l'ami des hommes, le rédempteur de l'Italie ? À ses yeux, cela dit, ce flibustier, tout en cheveux et en barbe, avait au moins la franchise et le désintéressement du fanatisme. Pour elle, le vrai scélérat avait été d'emblée Victor-Emmanuel, le cousin de Turin. Le « *Galantuomo* » – l'honnête homme ! – avait déclaré « désapprouver l'expédition des Mille, et avoir cherché à l'empêcher[63] ». Mensonge ! Ce traître à sa caste était en train de rallier le drapeau de la révolution et de soulever un peuple contre son roi. Or, Marie-Sophie en était convaincue, ce peuple en colère ne demandait qu'à être bien gouverné et non à gouverner lui-même. Et cette lubie d'unité nationale n'était qu'une idée littéraire conçue par ceux-là seuls qui connaissaient les livres, et avant tout la langue de Dante et de Machiavel. Les Napolitains n'entendaient rien à tout cela. En soulevant des bas-fonds les idées et les hommes, ce monarque piémontais servait sa seule cause et celle d'une bourgeoisie poussée par son orgueil vers les ambitions du pouvoir. La reine s'était juré qu'un jour, lui et toute sa dynastie subiraient sur cette terre le châtiment qu'ils avaient mérité.

D'ici là, elle avait senti une sourde agitation dans la ville. Lors de ses dernières sorties en calèche, la rue napolitaine, d'habitude si démonstrative, s'était montrée réservée.

---

62. Notamment la répression contre des paysans siciliens de Bronte par Nino Bixio, le bras droit de Garibaldi, en août 1860.

63. Dans une note publiée au *Journal officiel* le 18 mai 1860.

Sur une échelle dressée contre la pharmacie royale[64], elle avait même surpris deux ouvriers, sifflotant et joyeux, en train d'effacer consciencieusement les lys des Bourbons qui ornaient jusque-là l'officine[65]. Les factieux semblaient partout en embuscade. Les *lazzaroni*, faune spéciale, indéfinissable de la capitale, adorateurs de saint Janvier, patron de Naples, étaient capables d'héroïsme, mais aussi de mauvais coups...

Profitant de son pavillon français, Alexandre Dumas, l'auteur des *Trois Mousquetaires* et du *Comte de Monte-Cristo*, avait amarré sa goélette dans la rade pour distribuer armes et chemises rouges à la rébellion. Le romancier exultait ; ces événements le rajeunissaient, le reportaient à trente ans en arrière, aux journées de juillet 1830, pendant lesquelles il avait combattu les Bourbons de France. À présent, sa vendetta d'orphelin inconsolable devait s'accomplir contre les souverains de Naples. Jadis, de retour de la campagne d'Égypte, son père avait connu les geôles bourboniennes de Tarente. Il en était sorti estropié, sourd d'une oreille, un œil presque perdu, avant de mourir des sévices qu'il avait endurés. Cette Naples haïe, son écrivain de fils s'était promis de l'adorer avec Garibaldi qui lui semblait aussi vaillant qu'Aramis, Porthos ou d'Artagnan.

Marie-Sophie avait attendu des décisions viriles. Pour elle, l'instinct des peuples leur faisait désirer ceux qui les protègent contre le désordre en les dirigeant avec fermeté. Il fallait que François sévisse contre les insurgés et qu'à Dieu ne plaise, il les dépasse en violence. La « racaille » était là, à

64. Cette pharmacie s'appelait la « *Real Formacia Ignone* ».

65. Jean-Paul Garnier, *Naissance de l'Italie. Le dernier roi de Naples, op. cit.*

attendre les premiers signes d'affaiblissement du pouvoir pour hisser le tricolore sur la ville! Mais que signifiait cet emblème géométrique, cette « singerie des Français »? Et que diable pouvait faire espérer ce « ramassis de couleurs criardes[66] »?

Face au danger qui grondait, son mari l'avait rapidement horripilé avec ses airs de séminariste habillé en général, tantôt parlant de sa chute avec une sorte de dégagement ou, au contraire, d'amertume, tantôt se reprenant à l'espoir et alors paraissant disposé à tenter un effort de défense. Le spectacle de cet homme irrésolu, indéterminé en toute chose, avait été pour Marie-Sophie à la fois le comble de l'horreur et l'aube d'une pitié. Un an auparavant[67], François lui avait déjà offert un aperçu de sa couardise. Au palais de Capodimonte, le couple avait dû affronter les foudres d'un régiment de la Garde suisse, au service de Naples, qui craignait d'être dissous. Le jeune Bourbon, pris d'une peur panique, était parti implorer le ciel dans la chambre de sa défunte mère. La reine douairière Marie-Thérèse, seconde épouse et veuve de Ferdinand II, s'était mise à fuir comme on fuit l'échafaud. Marie-Sophie s'était retrouvée seule à défier trois cents hommes ivres, vociférants, assiégeant les grilles du palais. Décidément, son époux n'était pas de taille à affronter l'Histoire...

Et voilà que le 5 septembre 1860, il avait appris que, volant de victoire en victoire, Garibaldi était aux abords de Salerne, à moins de dix lieues de son palais. Salerne, c'était l'un des trois points où François croyait encore concentrer quelques troupes. Autour de lui, tout avait été confusion. Une fois encore, l'armée bourbonienne s'était rendue de toute part. Plus de deux cents généraux, fonctionnaires et

66. Les expressions « singerie des Français » et « ramassis de couleurs criardes » sont utilisées par Giuseppe Tomasi di Lampedusa dans *Le Guépard*, Feltrinelli, 1958.

67. Le 7 juillet 1859.

grands dignitaires avaient donné leur démission pour se vendre aux envahisseurs.

En butte à toutes les trahisons, le roi avait demandé du secours aux escadres françaises et anglaises qui mouillaient dans le golfe. En vain. Napoléon III, qui condamnait Garibaldi en public, avait en sous-main donné à Cavour son approbation à ce coup de force en échange de Nice et de la Savoie. Les Anglais ne comptaient pas le secourir davantage. Ils étaient favorables à l'unification de l'Italie, y voyant le moyen le plus sûr d'y faire du commerce et de minimiser l'influence de la France sur les petits États de la péninsule. François-Joseph avait lui aussi refusé de défendre le trône de son beau-frère. Ses finances ne lui permettaient pas de jeter son pays dans l'aventure.

Marie-Sophie avait proposé de rester à Naples et de se retirer dans le château Sant'Elmo sur la colline du Vomero, pour résister en mitraillant la ville, à la manière de son défunt beau-père, le « roi Bomba ». Hélas, son époux n'avait écouté que Liborio Romano, son ministre de l'Intérieur, qui préparait déjà le passage du *Mezzogiorno* des Bourbons aux Savoie. La nuit, ce Judas se rendait clandestinement sur la goélette d'Alexandre Dumas qui lui servait d'intermédiaire avec Garibaldi. C'est ce Romano qui les avait éloignés, elle et son époux, prétextant la nécessité d'éviter le bain de sang et les horreurs de la guerre à la capitale. Il avait convaincu François II d'aller trouver refuge au nord, dans la forteresse de Gaète où il concentrait quelques gardes suisses et le peu de troupes qui lui restaient fidèles. À l'entendre, cette place forte, juchée sur son éperon rocheux, était imprenable. Elle avait résisté aux Barbares, aux Lombards et aux Sarrasins. Prise par les Français en 1799, et par Joseph Bonaparte en 1806, elle avait été depuis agrandie et renforcée.

Le 6 septembre 1860, les courtisans, les laquais chamarrés et enrubannés avaient tous déserté la cour[68]. Le jeune Bourbon avait reçu une dernière fois ses ministres, réservant à chacun quelques mots courtois, puis vers quatre heures de l'après-midi, il avait abandonné son palais, par un escalier secret, avec Marie-Sophie et sa suite[69], pour rejoindre la mer par la darse royale. Il était parti en uniforme militaire, et n'avait emporté que de la vaisselle d'argent, quelques tableaux, objets précieux, ainsi qu'une série de reliquaires. La reine, quant à elle, portait une simple toilette de voyage, avec un grand chapeau de paille orné de fleurs. Elle avait laissé sa garde-robe derrière elle. En prenant congé des dames de la cour, elle leur avait lancé :

« *Torneremo, torneremo presto*[70] ! »

Ils s'étaient embarqués sur le *Messagero*, une petite canonnière commandée par un vieux fidèle de feu le roi Ferdinand. Le souverain avait donné l'ordre aux autres frégates de le suivre. N'était-ce le *Parthénope*, commandé par le capitaine Roberto Pasca, qui avait déployé sur le pont un détachement de fusiliers marins, les autres navires avaient refusé d'obéir[71]. Leurs hommes avaient mis le pied

68. Alexandre Dumas, *Mémoires de Garibaldi. L'Inventaire*, NFC, 1994.

69. François II quitte Naples accompagné de sa suite composée du prince Nicola Brancaccio di Ruffano, le comte Francesco de la Tour, le marquis Imperiali, la duchesse de San Cesario, le duc de San Vito, Emanuele Caracciolo, le maréchal Riccardo de Sangro, prince de San Severo, l'amiral Leopoldo del Re, le maréchal Giuseppe Statella, le maréchal Francesco Ferrari, ainsi que dix-sept nobles qui constituent ses gardes du corps.

70. « Nous reviendrons, nous reviendrons bientôt ! »

71. On compta, cela dit, également le *Delfino* qui transportait les archives personnelles du roi et les bagages de la famille royale et de la cour, mais aussi le *Procida* et le navire espagnol *Colón* qui transportait le diplomate Salvador Bermúdez Castro.

à terre, leurs officiers ayant eu l'assurance qu'ils seraient intégrés dans la marine sarde.

À six heures, le bâtiment était parti, emportant vers Gaète le dernier fils régnant d'Henri IV et de saint Louis. Le voyage avait été lugubre. Les fugitifs n'avaient rien à manger. Marie-Sophie s'était retirée dans une cabine et endormie sur un sofa. François, après avoir arpenté anxieusement le pont, était venu jeter son manteau sur elle, puis il était retourné guetter les tours élancées de la forteresse qui déjà paraissaient dans le lointain, comme une citadelle bâtie au milieu des flots.

Bientôt, toute la famille royale avait été enfermée derrière ce dernier rempart de Gaète[72]. Et tandis que le seul roi légal des États napolitains avait commencé à organiser sa défense, laissant tomber Naples aux mains du hardi *condottiere*, Victor-Emmanuel était entré lui-même dans la ville, au milieu des drapeaux à la croix de Savoie, des écharpes tricolores, des cris, des chants et de toutes les exubérances d'une multitude méridionale. Il avait aussitôt demandé au suffrage universel, le droit de consacrer le fait accompli, quoique inachevé, de l'unité italienne.

---

72. À leur arrivée, le lendemain à 7 heures du matin, François et Marie-Sophie avaient été accueillis par la reine mère Marie-Thérèse avec ses enfants, les comtes de Trapani et de Caserte et par le père Borrelli, tous arrivés à la forteresse depuis un certain temps.

II
L'exil romain

« L'immortalité a été promise à la Sainte Église ; à nous en tant que classe sociale, non ! »

Le Guépard, Giuseppe Tomasi di Lampedusa

« La Rome chrétienne redescend peu à peu dans les catacombes d'où elle est sortie. »

Voyage en Italie, René de Chateaubriand

Une simple halte ?

Cinq mois se sont écoulés. Abandonné par les souverains d'Europe, l'antique royaume méridional est tombé[1]. François et Marie-Sophie viennent de quitter leur forteresse en ruines, mais aussi – et pour toujours ! – leur pays. Ils voguent vers les États pontificaux, glorieux éclaireurs d'une odyssée qui conduira bientôt des millions de leurs anciens sujets sur le chemin de l'exil.

---

1. À la vérité, la capitulation Gaète ne marque pas encore la défaite définitive des Bourbons. Celle-ci interviendra lors de l'épisode de la forteresse de Messine en Sicile et, dans la partie la plus septentrionale du royaume, de la forteresse perchée de Civitella del Tronto, près de l'Adriatique. Ces places fortes se rendront respectivement les 15 et 20 mars, soit plus d'un mois après le départ du roi et de la reine de Gaète.

À Naples, à la nouvelle de leur capitulation, c'est de nouveau la liesse. Tapage joyeux, coups de cymbales, tambours, tous les bruits, tous les sons envahissent la capitale du royaume des Deux-Siciles. Il faut dire que les nouvelles autorités municipales ont fait placarder un avis engageant les habitants à participer à une grande manifestation. Ceux qui oublient de crier leur enthousiasme ou n'agitent pas suffisamment leur mouchoir, sont parfois sifflés, quand ce n'est pas giflés[2].

Cette fois-ci, des manifestations révolutionnaires ont lieu également à Rome. Une foule défile toute la nuit le long du Forum et tente d'illuminer les monuments antiques avec des feux de Bengale aux trois couleurs. Les partisans de l'unité italienne vocifèrent dans les rues, avec des torches : *Viva Vittorio Emmanuel! Viva Garibaldi! Viva Italia! Viva l'indipendenza!* Les carabiniers pontificaux ont du mal à venir à bout des rixes qui ont lieu, çà et là.

Dans quatre jours, le roi piémontais va ouvrir au palais Carignan, à Turin, la session du premier parlement national[3]. Sous peu, il se fera proclamer roi d'Italie et roi de Naples « par la grâce de Dieu et la volonté de la nation », au vu et au su d'une Europe stupéfaite de le voir s'emparer d'une couronne qui n'est pas même encore tombée du front d'un autre. Les protestations officielles de la France, de la Russie, de la Prusse, de l'Autriche, de l'Espagne, de la Bavière auront beau flétrir ce coup d'éclat qui foule aux pieds les lois sacrées de la souveraineté royale, le *Galantuomo* pourra dès lors s'écrier : « *L'Italia fara da sè!* » (L'Italie se tirera d'affaire elle-même). Il n'aura plus besoin ni des menées anglaises

2. Charles Garnier, *Le Royaume des Deux-Siciles*, mémoire, Imprimerie Victor Goupy, 1866.

3. Un parlement élu par 400 000 votants sur les 21 millions d'habitants de la péninsule.

ni des faiblesses françaises pour construire l'unité de son pays. Au demeurant, la Grande-Bretagne se chargera bien vite de faire reconnaître diplomatiquement l'existence de ce nouveau royaume par une partie de l'Europe. La France lui emboîtera le pas dès le mois de juin 1861, entraînant dans son sillage la Suède, la Hollande ou encore le Portugal. L'Espagne, l'Autriche, ennemies jurées de cette nouvelle Italie, ne les suivront pas. La Russie, foncièrement opposée à tout mouvement libéral, fera de même[4].

Pressentant la faute que Napoléon III a commise en laissant la force primer sur le droit en Europe, l'impératrice Eugénie a chargé M. Réalier-Dumas[5] d'offrir de sa part, au roi et à la reine déchus, la protection de la France, sinon pour leurs États – il n'est plus temps –, du moins pour leurs personnes. Son époux, l'empereur, a confirmé cette invitation par la voix de son ambassadeur auprès du Saint-Siège dans des termes plus offensants. Il a fait dire à François II qu'il ne devait plus espérer ressaisir sa couronne, et que son maintien en Italie risquait d'envenimer le désordre dans la péninsule. Le roi napolitain a peu goûté cette ingérence et rétorqué à l'émissaire :

« [À Rome], il me reste la seule maison, le dernier refuge après le grand naufrage. Dans les affaires qui me sont personnelles et dans lesquelles il [Napoléon III] n'a pas de rôle direct, il me semble que je suis le seul juge compétent du comportement que je dois avoir[6]. »

---

4. L'Espagne et la Bavière attendirent jusqu'en 1865 pour donner leur adhésion au nouvel état de choses, et l'Autriche ne s'inclina devant la révolution triomphante qu'après le désastre de Sadowa, en 1866.

5. Pierre Paul Henri Réalier-Dumas (1834-1898) est alors chef de cabinet de Charlemagne de Maupas, ancien ministre de la Police et administrateur du département des Bouches-du-Rhône.

6. *La Civiltà cattolica anno decimoquarto*, volume II, Della Serie quarta, Roma, Coi Tippi della civiltà cattolica, 1862.

François II, en effet, n'est pas seulement le roi de Naples et des Deux-Siciles. Il possède le titre de prince romain[7] et il est propriétaire du palais Farnèse. Nul ne pourra l'empêcher d'aller se reposer dans la cité papale. Du reste, il ne compte pas s'y éterniser. Dans quinze jours, les souverains déchus sont attendus à Trieste, d'où ils doivent gagner leur résidence définitive. L'on croit savoir qu'il s'agira du château de Bans, près de Lichtenfels, au nord de la Bavière, qui appartient au duc Maximilien, le père de la reine[8].

D'ici là la *Mouette* vient d'accoster à Terracine, le port des États pontificaux qui jouxte la frontière napolitaine. Leurs Majestés et une centaine de personnes débarquent sur les quais, sous les cris hostiles de patriotes qui affichent leur joie et portent à la ronde leurs cocardes tricolores. Sa Sainteté a envoyé, au-devant des augustes proscrits, son majordome et son grand-fourrier. Plusieurs voitures les attendent, ainsi qu'une escorte de dragons qui doit veiller à leur sécurité jusqu'à Rome. C'est alors l'étrange voyage pour la Ville éternelle, où Marie-Sophie va rencontrer l'amour. Pour l'heure, tout ce qu'elle ambitionne, c'est de s'y reposer sous la protection du pape…

Pie IX, en effet, est certes l'obligé de Dieu, mais aussi celui des Bourbons. Au lendemain du Printemps des peuples de 1848 et jusqu'à l'intervention française

7. François II est aussi duc de Parme, de Plaisance, de Castro, grand prince héréditaire de Toscane.

8. À cette époque, les presses belges et suisses parlent aussi d'une éventuelle retraite au château impérial de Pau, ou encore à Lucerne, où Felix von Schumacher, l'adjudant de François II, serait en train d'acquérir une magnifique propriété, pour le compte du monarque.

du général Oudinot, c'est à Gaète qu'il avait trouvé refuge[9]. Il entend que le fils du roi qui l'avait accueilli jadis dans son infortune, reçoive chez lui une hospitalité aussi grande. Qui plus est, la révolution en cours menace son pouvoir temporel. Si certains partisans de l'unité, les néo-guelfes en particulier, identifient « l'italianité » au catholicisme et rêvent d'unifier le pays sous l'égide d'un pape libéral, le laïque Cavour, l'homme de Victor-Emmanuel, est accusé d'avoir pour seule religion la patrie. Peu républicain, son meilleur expédient pour détourner les esprits des libertés politiques serait toujours d'attaquer les libertés religieuses. Son *Risorgimento* virerait à la machine de guerre contre l'Église. Dans les territoires conquis, il spolierait le clergé, chasserait les religieux de leurs couvents et réduirait à la mendicité les vierges consacrées à Dieu. En accordant l'asile aux Bourbons, en les incitant à recouvrer leur couronne et en maintenant les puissances étrangères et les opinions publiques européennes dans un état d'esprit favorable à ce dessein, Pie IX espère consolider son propre trône.

Il a prévu d'installer les souverains au Quirinal, une demeure gigantesque avec de superbes jardins et une magnifique serre d'orangers. Il n'utilise plus guère ce palais qui lui rappelle les sanglants affrontements de 1848[10]. Depuis 1850, il a pris ses quartiers au Vatican.

---

9. Pie IX s'exile à Gaète le 24 novembre 1848. La République romaine est proclamée en février 1849. C'est l'intervention conjuguée de l'Autriche et de la France qui assurera la restauration du pouvoir temporel de Pie IX. À partir de l'été 1849, les Français prennent le contrôle de la Cité éternelle. Le pape réintègre Rome le 12 avril 1850 et retrouve enfin la plénitude de ses pouvoirs.

10. Durant les événements révolutionnaires, le 16 novembre 1848, la foule avait donné l'assaut et amené un canon qu'elle avait pointé sur le palais. Un combat s'était alors engagé avec la garde suisse pontificale. Mgr Giovanni Battista Palma, secrétaire des lettres latines, avait été tué, atteint par une balle tirée à travers une des fenêtres du palais du Quirinal.

Comme Victor-Emmanuel a fait main basse sur tous les biens du couple royal[11], le Saint-Père entend se montrer magnanime : garde personnelle, chevaux, livrée, entretien de la famille royale et de sa suite, cette hospitalité va coûter deux mille cinq cents francs par jour au trésor pontifical.

À Rome, un grand nombre de partisans des Bourbons fait le guet dans la nuit. Le convoi ayant été retardé, beaucoup ont perdu patience et sont repartis. Toutefois, le corps diplomatique et une certaine quantité de dames et de Napolitains ont tenu bon. Vers une heure du matin, trois voitures de poste arrivent enfin place du Quirinal. De la première descendent les époux royaux. La réception est émouvante. La reine-mère, le comte et la comtesse de Trapani, l'oncle et la tante du malheureux François II, sont là, à les attendre. Le cardinal Antonelli, secrétaire d'État aux Affaires étrangères de Sa Sainteté, leur fait accueil au nom du Saint-Père. François demande à passer dans la chambre du petit Gennaro, son plus jeune demi-frère. Marie-Sophie, rompue de fatigue et qui tousse sans interruption, est conduite sans tarder dans les anciens appartements du pape qui donnent sur la place Monte-Cavallo[12]. La pauvre a tant souffert, ces dernières semaines, dans sa casemate.

Le lendemain, vers quatre heures de l'après-midi, Pie IX arrive pour les saluer à son tour. Il trouve rois, reines, princes et princesses prosternés, au seuil du grand escalier. Il relève paternellement Marie-Sophie, qui porte une robe écarlate, et conduit les souverains au balcon, où ils sont acclamés par une foule immense, aux cris de : « *Viva Pio Nono! Viva*

---

11. Le roi Victor-Emmanuel a fait également main basse sur l'héritage laissé par Ferdinand II à ses enfants.

12. La cour napolitaine, pour sa part, sera logée dans l'aile de la Manica Lunga, au sud du palais.

Francesco Secondo, re delle Due Sicilie! Viva Maria-Sofia, sempre regina! »

« Je me suis réveillé un matin et j'ai découvert que j'étais célèbre », avait dit en son temps lord Byron. En ce premier jour d'exil, la jeune Wittelsbach découvre, à son tour, la sensation énorme qu'a causée son héroïsme dans le monde entier.

L'égérie du légitimisme

À Rome, en effet, elle trouve beaucoup de ses fidèles, mais aussi de nouveaux enthousiastes. Cent soixante ans ont fait du siège de Gaète une date perdue dans le flot des événements de l'unité italienne. Mais en ce printemps 1861, aux yeux du monde, il ne cède le pas qu'au siège de Sébastopol, l'épisode de la guerre de Crimée dont Léon Tolstoï a détaillé les horreurs[13]. L'héroïne de vingt ans vient d'entrer vivante dans la légende !

Tout ce qu'il y a de catholique et de conservateur en Europe lui rend hommage en récompense de son courage et de sa grandeur d'âme. Eugénie de Montijo, qui ne se console pas de n'avoir pu lui venir en aide, fait supprimer les fêtes habituelles de Compiègne et mettra du temps à reprendre toutes les pompes de sa brillante vie d'impératrice. Le tsar Alexandre II, admirateur passionné de Marie-Sophie, lui confère l'ordre impérial et militaire de Saint-Georges[14]. Le roi de Bavière ordonne que son portrait soit peint à fresque dans son palais royal. De toute part, la bonne société lance des souscriptions pour envoyer des présents

13. Léon Tolstoï, *Les Récits de Sébastopol*, 1855-1856.

14. Jusqu'à la révolution de 1917, les professeurs russes raconteront d'ailleurs à leurs élèves que les chevaliers de Saint-Georges devaient être fiers de compter dans leurs rangs la reine de Naples.

à cette jeune femme, ceinte de la triple auréole de la royauté, de la beauté et du malheur ; au premier chef, ses congénères du beau sexe qui saluent en Marie-Sophie l'exaltation d'un nouveau modèle féminin. Elle reçoit un coffret d'or, d'argent et de pierreries des dames de Paris ; un bracelet d'or, de perles et de grenats des dames de Bordeaux ; une statuette en argent de Jeanne d'Arc des dames franc-comtoises ; un triptyque représentant la sainte Vierge des dames de Lyon ; un coffret ciselé des dames de Toulouse ; un petit reliquaire en forme de lys d'or et d'argent, contenant une relique de sainte Radegonde, reine de France, des dames d'Anjou ; une couronne en feuilles d'or mat, mêlées de fleurs de lys en brillants, des dames de Naples ; une seconde couronne de laurier en or des princesses allemandes ; un diadème en forme de tour des dames d'Angleterre[15]. La sculptrice américaine Harriet Hosmer[16] fera bientôt d'elle une statue en marbre, grandeur réelle. Marie-Louise Lefèvre-Deumier modèle une figurine à son effigie qui est bientôt sur toutes les étagères, tandis que son portrait s'affiche dans les vitrines, celui d'une femme aux traits magnifiques, bottée, éperonnée, coiffée d'un feutre, la cravache à la main, avec sur son bras un pan de sa jupe d'amazone, rappelant les héroïnes de la Fronde. Marie-Sophie étincelle au firmament de la gloire. Ses photos se vendent par milliers, bien plus que celles de Garibaldi ! Son visage est exposé, marchandé et vendu comme *Birlibichon et la Madelonette*[17], s'amuse

15. La *Gazette du Valais* du 6 mars 1862.

16. Harriet Goodhue Hosmer (1830-1908) est considérée comme la sculptrice américaine la plus importante du XIXe siècle.

17. *Le Charivari* du 20 décembre 1861. *Birlichon et Madelonette* est le titre d'une série de petits volumes appartenant à la littérature industrielle et égrillarde, qui avaient l'art de piquer la curiosité par leurs titres ébouriffants.

d'ailleurs *Le Charivari* qui écrit avec malice que « trois cent cinquante-huit mille neuf cent soixante-quatre portraits de la reine de Naples, sous cinquante-deux mille angles différents » auraient été récemment… rejetés par le Vésuve[18] !

L'enthousiasme grandit chaque jour pour l'irrésistible Bavaroise. Tout le monde l'aime et lui fait accueil. Elle dispute les titres de la presse internationale à Sissi et à l'impératrice Eugénie. Il faut dire qu'elle est belle, la plus belle des Wittelsbach après sa sœur Élisabeth. C'est une grande jeune femme brune d'un mètre soixante-dix, fraîche comme un pommier en fleur et d'une distinction rare. Les hommes qui la voient passer sur son cheval noir dans les rues de Rome, avec le voile bleu dont elle aime s'envelopper la tête, en tombent tous amoureux. À les entendre, elle n'aurait qu'à parcourir les cours d'Europe pour obtenir l'intervention armée des souverains et reconquérir son royaume.

En comparaison, son époux surnommé avec irrévérence « Cicillo », « Franceschiello » ou « Lasa » – c'est ainsi que son père l'appelait en raison de son amour immodéré pour les lasagnes ! – est un petit homme falot, aux traits imprécis, à la silhouette glissante et incertaine. Ses yeux noirs, un peu voilés, comme son sourire, sont empreints de tristesse. Il a l'air fort jeune, mais d'une jeunesse maladive, prématurément vieillie de cafard et de terne. Personne ne lui a connu un flirt, même innocent, avant son mariage. Ses lectures préférées seraient la vie des saints ; son divertissement, une collection d'images sacrées. Il est vrai que depuis sa venue au monde, sa vie n'a été qu'une longue suite d'épreuves et de déboires. Sa mère Marie-Christine de Savoie est morte en lui donnant le jour. Son père Ferdinand II s'étant

18. *Le Charivari* du 16 décembre 1861.

presque aussitôt remarié à l'archiduchesse Marie-Thérèse de Habsbourg-Teschen, son enfance a été sinon délaissée, du moins privée de toute tendresse et de tous soins du cœur. Femme hautaine, absolue, jalouse, sa belle-mère, une robuste Autrichienne, l'aurait sacrifié à ses douze demi-frères et sœurs. Pour tout arranger, le petit homme a suivi dans sa jeunesse un cours complet de théologie, formation jugée indispensable pour un roi chrétien. Au lieu d'épanouir son être, les nobles préceptes de la religion auraient accentué ses hésitations et bourrelé sa conscience de scrupules[19] ; de là cette implacable morosité sur ses traits qui frappe au premier regard.

Les deux époux se montrent ensemble tous les jours dans les rues et les promenades de Rome. Hélas, ils paraissent s'ennuyer profondément l'un avec l'autre. Au Corso, on a vu François assis dans sa voiture qui se tenait droit et roide comme un piquet, sans parler ni faire attention à sa compagne, placée près de lui. Sa femme bâillait sans la moindre dissimulation. Un autre soir, c'était à la villa Borghèse, la reine était à demi couchée dans sa calèche, toute souriante, l'œil brillant et plein de jolies choses, François soupirait d'ennui. Les mauvaises langues racontent qu'il aurait remarqué une certaine jeune femme au Quirinal, peu de temps après son arrivée. Il lui aurait adressé des billets doux et donné rendez-vous à la villa Doria… sans que cela aille plus loin. Et pour cause ! Son mariage lui-même n'aurait toujours pas été consommé. Il se murmure qu'agité et confus, son premier geste à Bari, une fois dans la chambre nuptiale, aurait été de se jeter sur le prie-Dieu pour faire ses dévotions. Son épouse l'aurait attendu, en vain. Une difficulté médicale du

19. Raoul de Broglie, *Le Palais Farnèse*, Éditions Henri Lefebvre, 1953.

souverain – un phimosis à en croire la rumeur – s'opposerait à la plénitude de leur union. Quelle que soit la nature exacte de l'incommodité, ni la honte de ne pas être comme le reste des hommes, ni le besoin de jouir d'une volupté inconnue, rien ne semble décider le triste François à subir l'opération qui lui rendrait l'usage de tous ses droits.

Et puis, il y a la cohabitation avec Marie-Thérèse, la veuve de Ferdinand II, qui n'hésite pas à faire espionner, par sa camériste, non seulement Marie-Sophie, mais aussi sa sœur Mathilde. L'espiègle *Spatz* (le « moineau »), en effet, est désormais mariée au comte de Trani[20], le demi-frère de François. La reine déchue craignait de s'ennuyer, seule en Italie, si bien qu'avec Sissi, ces dames ont arrangé le mariage de leur cadette avec le prince Louis (Luigi) des Deux-Siciles, le second fils du « roi Bomba[21] ».

François II reste silencieux, ahuri, dès que sa belle-mère se fâche à la suite de quelques pieuses remontrances d'un prélat sur les cavalcades viriles des sœurs Wittelsbach, leurs trop nombreuses apparitions au Corso ou les cargaisons de mode parisienne qui leur arrivent chaque semaine, quand la reine douairière porte chaque jour la même robe noire. À Rome, les hostilités ont repris le premier jour. L'Autrichienne s'étant attribué la place d'honneur à la table du souper, la jeune reine a exigé que son repas lui soit servi dans une autre pièce.

20. Le comte de Trani part vers la fin du mois d'avril 1861 pour Marseille à bord du bateau à vapeur de guerre français le *Brandon*; de là, il se rend à Munich pour y épouser la sœur de sa belle-sœur, l'ex-reine de Naples. Cf. *La Gazette de France* du 1er mai 1861.

21. Mathilde, duchesse en Bavière, née le 30 septembre 1843, épouse le prince Louis-Marie, comte de Trani, né le 1er août 1838, le 5 juin 1861.

Tout oppose les deux reines, et d'abord la politique. La jeune Wittelsbach vient d'un pays où le roi, lors de son avènement, s'est déclaré « heureux de pouvoir se dire roi constitutionnel ». Comme le dira un jour le prince Napoléon, les Bavarois sont avant tout « une vieille nichée démocratique qui conserve ses rois comme on garde une breloque au bout de sa chaîne de montre[22] ». À la veille de l'expédition des Mille, Marie-Sophie, soutenue par Carlo Filangieri[23] et Léopold de Bourbon, l'oncle du roi, aurait œuvré pour que François concède une constitution aux Napolitains. Marie-Thérèse, qui interférait sans cesse dans la politique, se serait opposée, vindicative, à ces sages conseils. L'impérieuse marâtre, violente, obtuse, implacablement enfermée dans le cercle du droit divin, comptait gouverner le monarque, sa bru et le royaume avec ; imposer ses vues si bornées et si fausses. Toujours portée à piétiner l'autorité de son beau-fils, elle entrait dans son bureau sans se faire annoncer, le tutoyait, le traitait en petit garçon et l'appelait « Lasa » devant ses ministres. François était docile à l'excès et refusait de se rendre à l'évidence. Sa belle-mère n'avait qu'une idée en tête : le faire destituer au profit de son fils préféré, Luigi, le comte de Trani. Déjà, à l'époque de l'agonie du « roi Bomba », elle avait prétendu faire investir son aîné de la vice-royauté de Sicile. Sur ce chemin, la jeune Bavaroise aurait été son plus grand obstacle, d'où la guerre ouverte entre les deux femmes. L'Autrichienne aurait dès lors multiplié les attaques et saisi, avec une sainte adresse, toutes les occasions de mortifier et d'humilier Marie-Sophie en public. À présent, l'absence d'héritier la comble puisqu'elle rapproche du trône son cher Luigi.

22. Maurice Betz, *Portrait de l'Allemagne*, Éditions Émile-Paul Frères, 1940.

23. Carlo Filangieri (1784-1967), prince de Satriano, est le fils de Gaetani Filangieri, regardé comme le Montesquieu de l'Italie.

Au-delà de ces rivalités de pouvoir, le tempérament des deux femmes, leur âge, leur éducation, tout les dresse face à face. La douairière est intolérante à toute forme de plaisir, partageant ses journées entre une dévotion de tous les instants et des visites aux pauvres. Elle vit entourée de reliques, de Jésus en cire, d'ossements saints enchâssés dans du clinquant, de chapelets, de rameaux bénis, de fioles remplies d'eaux miraculeuses, de dents et de cheveux de missionnaires crucifiés et de tout un fatras de puérilités religieuses[24]. Sa bru, à l'inverse, veut profiter de Rome pour ressusciter la vie joyeuse et douce qui a été la sienne, jusqu'au moment où on lui a placé une couronne sur la tête. Elle aimerait remplir son nouveau palais de chiens, de canaris, de perroquets, de rires, de jeunesse et de gaîté, et goûter au tourbillon de la vie mondaine ; et pourquoi pas même, se laisser admirer par les jeunes Romains. Marie-Sophie, en effet, ne se déroberait guère aux regards masculins, ne cessant de s'étonner de ses pouvoirs sur les hommes. Elle s'adonne au sport, à l'escrime, à l'équitation et n'hésite pas à prendre des bains dans la Méditerranée, ce qui scandalise sa belle-mère. On dit même que, certains soirs, la vaisselle connaît des turbulences peu dignes du grave Quirinal.

L'insurrection de la Sicile, le siège de Gaète, avec toutes ses splendides horreurs, avait transporté la jeune Bavaroise dans un monde à la hauteur de ses rêves. Arrivée à Rome, sans couronne, elle s'est sentie régner comme jamais. Elle s'est fort bien accommodée des honneurs, des présents et des vivats. Un reste de vanité juvénile, probablement…

Hélas, le vent va tourner. Sous peu, elle va goûter toute l'amertume de son sort de reine déchue, mariée à un cadavre ambulant.

---

24. Louise Colet, *L'Italie des Italiens. Italie du Sud*, Édouard Dentu Éditeur, 1862-1864.

Un symbole à abattre

Alors que les Français, les Anglais et les Piémontais l'espéraient de passage, François II, à qui les circonstances ont offert une sorte de piédestal, n'évoque plus son départ de Rome. Cette ville est devenue son Coblence ! Il y a institué un gouvernement en exil avec des ministres sans pouvoirs, des gouverneurs sans province[25]. Il assiste mollement à des réunions où sont ébauchés les plans les plus fantastiques, notamment un débarquement de corps de volontaires de Malte et d'Autrichiens de Toscane, supposés accoster en Sicile pour reprendre le pouvoir. Les premiers mois, tous les « émigrés » sont unis derrière lui, et les moindres agitations dans leur ancien royaume leur font entrevoir une restauration prochaine. Tous ont en mémoire l'éphémère République parthénopéenne, proclamée en 1799 à Naples par le général Championnet. Les troupes françaises avaient pris Gaète, puis la capitale. Le roi Ferdinand IV, l'arrière-grand-père de François, avait dû prendre la fuite sur un navire britannique, mais avait finalement recouvré sa couronne et tout son pouvoir. Les royalistes napolitains œuvrent donc d'une même voix pour s'attirer la reconnaissance de la communauté internationale dans l'espoir de hâter l'effondrement – selon eux, inéluctable ! – de l'Italie unifiée[26].

25. Ce gouvernement sera dissous en 1866 (cf. Jean-Marc de La Sablière, *La Saga des Farnèse,* Robert Laffont, 2020).

26. Simon Sarlin, *Le Gouvernement des Bourbons de Naples en exil et la mobilisation européenne contre le* Risorgimento *entre 1861 et 1866*, mémoire de thèse sous la direction de Gilles Pécout, Luigi Mascilli Migliorini, École pratique des hautes études, section des sciences historiques et philologiques, 2010.

Petit à petit, malheureusement, les manigances commencent à se propager partout, rapides, avec la fureur des appétits et des passions. Toutes sortes de camarillas se mettent à conspirer autour du couple royal : les partisans des demi-frères de François II, avec à leur tête la reine douairière Marie-Thérèse ; sans compter les absolutistes préférant l'exil perpétuel à l'avènement d'une monarchie parlementaire, et même les « muratistes » qui se verraient bien récupérer la couronne de Naples pour la poser sur la tête de Lucien Murat, le fils de Joachim, et cousin de l'empereur français. Marie-Sophie, un brin comploteuse, n'est pas en reste, qui entretient des contacts avec tous ceux qui considèrent les Savoie comme des ennemis. Il se murmure qu'elle serait la vraie inspiratrice de la résistance. Elle dira d'ailleurs un jour :

« Si mon mari, au lieu de rester à Rome, avait franchi les frontières du royaume et s'était mis à la tête des insurgés, regroupant les bandes dispersées dans une seule armée, nous serions rentrés victorieux au palais royal de Naples[27]. »

Elle fréquente des réunions clandestines dans la pharmacie Vagnozzi sur le Campo de Fiori, à deux pas du palais Farnèse. L'arrière-boutique ferait office de bureau de recrutement pour le « brigandage légitimiste[28] ». Certaines têtes brûlées et une poignée de Don Quichotte errants, résistent par la guérilla au nouveau royaume d'Italie et rêvent de reproduire les exploits des royalistes de la Vendée, durant la Révolution française. En dépit de ses dénégations, on croit savoir que le gouvernement en exil soutient

27. Fulvio Izzo, *Maria Sofia, regina dei briganti. Dall'assedio di Gaeta all'attentato a Umberto I*, Napoli, Controcorrente Edizioni, 2012.

28. Un autre bureau de recrutement serait installé via Condotti ; des anneaux de fer et de plomb, à la devise de François de Bourbon, serviraient de signes de ralliement. Cf. Jean-Paul Garnier, *Naissance de l'Italie. Le dernier roi de Naples*, *op. cit.*

les ultras de cette chouannerie napolitaine[29], dont beaucoup vont finir sous le feu des pelotons piémontais.

Bientôt, malheureusement, l'empressement vis-à-vis du roi et de la reine s'estompe à mesure que certains États européens commencent à reconnaître l'usurpateur du royaume de Naples. Les visiteurs empressés que les vastes salons du Quirinal semblaient suffire à peine à contenir le patriotisme, espacent leurs visites.

Arrivent les attaques orchestrées par ceux qui ont un intérêt à s'en prendre à celle qui est devenue l'icône, le symbole vivant du légitimisme napolitain. Victor-Emmanuel, plus que tout autre, désire voir les souverains napolitains quitter l'Italie. Cavour, son ministre, a envoyé une note au Saint-Père pour protester contre le séjour des Bourbons à Rome. On les croyait de passage, et voilà qu'ils s'enracinent! Cette note est, dit-on, chaudement appuyée par la France et l'Angleterre. Rester là, aux portes de leur ancien royaume, c'est donner à leur protestation la signification d'une espérance; c'est fournir à leurs anciens sujets un prétexte de résistance à la maison de Savoie, dont l'œuvre est aux trois quarts achevée. Victor-Emmanuel a annexé les Deux-Siciles, dépouillé la duchesse de Parme et le duc de Toscane, enlevé au souverain pontife une partie des États de l'Église. Une seule chose lui manque, Rome et ses environs! L'usurpateur a proposé au jeune Bourbon la restitution de ses propriétés confisquées contre son renoncement à toute prétention sur le trône des Deux-Siciles et son départ d'Italie.

29. Parmi ces aventuriers, le colonel d'Equevilley qui avait communiqué à la presse, depuis Gaète, la photo de Marie-Sophie en manteau calabrais; l'Alsacien Émile-Théodule de Christen qui serait parent de l'empereur Louis-Napoléon; Edwin von Kalkreuth, Prussien obscur; Theodor Friedrich Klitsche, fils de prince, ou encore Luigi Alonzi, dit Chiavone, qui fait à lui seul couler beaucoup d'encre.

« Mon honneur n'est pas à vendre », a rétorqué dédaigneusement le roi déchu.

Alors on va se mettre à démolir la légende poétique de la résistante. On va railler les costumes d'amazone et l'allure puérilement soldatesque de l'héroïne des remparts de Gaète qui ne se montre plus, à en croire ses détracteurs, que montant à cheval, chassant, tirant au pistolet et se livrant à toutes sortes d'excentricités. Certains affirment qu'elle bat ses domestiques à coups de stylet ; d'autres qu'elle circule en voiture à grand train dans les étroites ruelles du Trastevere, sans prendre garde aux enfants qui jouent sur la chaussée. On s'indigne de ses trop nombreuses promenades ; de son comportement au bal du prince de Torlonia[30], où elle aurait dansé jusqu'à minuit ; une attitude « démocratique » bien inconvenante pour une reine chrétienne ! Des « *galantuomini*[31] » l'auraient d'ailleurs insultée dans l'église Saint-Pierre[32].

À la fin du mois d'août 1861, le *Times of London* entre dans la danse et publie un communiqué indigne de son légendaire sérieux, critiquant cette démone qui se divertirait en tuant des chats au pistolet dans les jardins du Quirinal. À en croire ce journal en effet, Marie-Sophie aurait logé une balle dans le corps d'un pauvre matou qui gambadait sur un mur. Par malheur, l'animal aurait été l'unique consolation de la sœur d'un cardinal, si bien que – toujours selon le *Times* – une plainte aurait été portée au Vatican. Pie IX ayant son franc-parler aurait alors sauté sur sa plume des jours de bataille et, séance tenante, écrit à l'ex-reine une lettre des plus courroucées.

30. Ce bal a lieu le 7 juin 1861.

31. Des partisans du roi Victor-Emmanuel.

32. *Le Chroniqueur* du 27 avril 1861.

Des photos pornographiques

Arrive l'attaque la plus vile, la plus odieuse, celle des photos pornographiques. Rien d'équivalent, jamais, n'avait été imaginé contre l'honneur d'une souveraine. Seuls les procès abjects des sans-culottes de 1793 contre Marie-Antoinette avaient dépassé cette infamie.

Antonio Diotallévi et Costanza Vaccari, un ancien soldat pontifical et son épouse, vont répandre des photos trafiquées sur lesquelles on aperçoit Marie-Sophie, sans autre costume que sa beauté, batifoler avec un zouave pontifical ou se prélasser dans un bain, en pleine séance de débauche. Il en existerait une soixantaine d'exemplaires. Quinze auraient été envoyés à Turin, dix à Paris et une trentaine dans Rome, notamment à François II et au cardinal Antonelli. Le scandale en Europe est monumental. Les coupables sont attrapés, jugés et à la surprise générale libérés !

De quelles mains sont-ils l'instrument ? Celles de Victor-Emmanuel ? C'est le plus probable. Ses Piémontais, à travers le « Comité national », ont créé à Rome un réseau dense de propagandistes, d'agitateurs et d'espions qui cultivent une même haine de la Rome catholique, des Bourbons (comme des Habsbourg, du reste), vus comme des bastions de la réaction. Ces factieux auraient même envisagé de s'en prendre physiquement aux souverains de Naples[33]. Trois tentatives d'attentat ou d'enlèvement auraient déjà été déjouées[34].

33. On prétend notamment que le soir de Pâques 1861, ce comité a voulu attenter à la vie du roi de Naples. Ses hommes auraient fait fabriquer des armes, introduit à Rome des engins incendiaires et ordonné la mise à feu du théâtre Aliberti et de plusieurs greniers à foin.

34. Ces tentatives auront lieu, outre à l'occasion des fêtes de Pâques 1861, en décembre 1860 et en janvier 1862 selon *La Gazette de France* du 10 juin 1863.

Marie-Sophie a-t-elle, au contraire, fait les frais de rivalités entre les ministres du souverain pontife[35] ? Possible...

À moins que le coupable ne soit le comte de Goyon, aide de camp de Napoléon III, qui commande la division française d'occupation à Rome? On ne connaîtra jamais la réponse avec certitude. Il sera établi, néanmoins, que ce général avait une liaison avec Costanza Vaccari et qu'il l'utilisait pour être instruit de tout ce qui se passait à la cour napolitaine du Quirinal et dans le monde bourbonien.

La reine de Naples dira un jour au général Cathelineau[36] :

« J'aime mieux mourir dans les Abruzzes au milieu des braves que de vivre à Rome. »

Il lui faut endurer la honte, l'ironie des regards, les railleries, les bons mots qui s'échappent peu à peu de toutes les bouches, mais surtout la crainte d'avoir été démasquée. Car si ces photos sont de grossiers montages, la nature de l'attaque, elle, est bien choisie. Costanza, la malveillante fouineuse, et son mari ont visé juste. À chaque nouvel article sur cette affaire, le cœur de la reine résonne de coups sourds, continus, réguliers, comme si, dans un lointain confus, une cloche funèbre sonnait le glas de ses amours. Depuis peu, en effet, Marie-Sophie aime un zouave. Cet amour, elle l'a enfoui comme un secret intime dans le plus profond de son cœur. Il s'appelle Emmanuel. Et ce prénom est devenu pour elle la joie suprême, le bonheur sans limite, tout l'avenir entrevu au milieu d'un cortège de déconvenues et de désespérances.

35. Probablement M. de Mérode et le cardinal Antonelli.

36. Henri de Cathelineau (1813-1891) était un général de brigade français. À la demande du pape Pie IX, il créa une unité militaire connue sous le nom de « Croisés de Cathelineau », qui n'eut que quelques mois d'existence et fut rattachée aux zouaves pontificaux.

Emmanuel de Lavaÿsse-Châteaubourg est l'un des nobles volontaires venus étoffer la force pontificale et pallier l'éventuelle défection du corps expéditionnaire français[37]. Depuis la fin de la guerre franco-sarde contre l'Autriche, en effet, la capitale de la catholicité est officiellement protégée par un Napoléon III qui est en même temps le principal allié du nouveau royaume d'Italie. Or, il n'en fait pas mystère, l'empereur désire évacuer cette Rome, revendiquée par le fils des ducs de Savoie et tous ceux qui portent haine au Vatican. Il y a peu, il a fait connaître ses idées sur la « question romaine » par une brochure anonyme : *Le Pape et le Congrès*[38]. À ses yeux, le pouvoir du Saint-Père devrait se limiter à un pouvoir paternel : « Plus son territoire sera petit, plus le souverain sera grand ! » Tel est son avis.

De tous côtés, le pape se sent menacé par un voisin piémontais qui lui a déjà ravi la majeure partie de son territoire[39] et qui aspire, avec une avidité fort peu dissimulée, à lui enlever violemment le reste. Partout, les agents et les troupes de Victor-Emmanuel excitent la révolte contre la légitime autorité de Pie IX. L'heure est grave pour le souverain pontife, mais aussi pour les catholiques du monde entier pour lesquels Rome demeure le siège permanent de la lumière, la ville sainte, la ville éternelle, la ville consacrée.

Depuis peu, une foule de généreux défenseurs de la religion s'est ébranlée, élancée pour aider le digne successeur de saint Pierre, comme jadis Godefroy de Bouillon et saint Louis pour la délivrance de Jérusalem. Et de toutes parts, des gentilshommes catholiques continuent d'accourir à Rome

---

37. 15 000 militaires français sont postés les rives du Tibre pour protéger le pape et ses États.

38. Elle parut le 22 décembre 1859.

39. En septembre 1860, le Piémont annexe la Romagne à son territoire.

pour s'enrôler dans une phalange sacrée : les zouaves pontificaux ! Ils appartiennent à ce que l'Europe compte de familles les plus anciennes, les plus honorées, les plus illustres. Tous auraient pu voir s'ouvrir devant eux une vie facile et riante. Pourtant, au premier appel d'un vieillard, tous vont faire le choix de quitter un vieux château, la grande vie provinciale, un brillant hôtel, les séductions de Paris ou d'une autre capitale ; leur famille, leurs amis ; parfois même le berceau d'un enfant. Et tous vont jurer de défendre l'indépendance du chef auguste de l'Église romaine si indignement attaquée, dépouillée et persécutée…

III
Un zouave parisien

« Trois gravures, l'une représentant le pape Pie IX, l'autre le cardinal Antonelli, la troisième la reine Sophie de Naples [...] étaient les seuls objets qui indiquassent l'opinion politique et religieuse de la marquise. »

Un cas de conscience, Alexandre Dumas

« Les nobles [...] se troublent ou se réjouissent pour des choses qui ne nous intéressent en rien ni vous ni moi mais qui sont pour eux vitales car elles sont en rapport avec leur patrimoine de souvenirs, d'espoirs, de craintes de classe. »

Le Guépard, Giuseppe Tomasi di Lampedusa

De la Saint-Barthélemy à l'affaire Calas

Ma cousine est venue me prendre à la gare de Toulouse. Nous regagnons Garrevaques par de petites routes sinueuses, bordées de platanes centenaires. Mon regard cherche au loin la silhouette des pins parasols. Jadis, on disait que cet arbre était le signe de reconnaissance pour les huguenots, durant les persécutions. Les pasteurs au « Désert », qui circulaient au risque de leur vie, savaient pouvoir trouver à ses abords, une maison « amie », le gîte et le couvert…

C'est bientôt le jour de l'an. Les villages que nous traversons, endormis, silencieux, donnent une impression de solitude sereine. Dehors pourtant, le temps est humide et sombre, le vent siffle, les arbres sont raides de givre. La nature entière semble grelotter.

En poussant la porte du château, je suis enveloppée par la chaleur douillette de la maison. Les maîtres en bâtiment du XVe siècle agissaient sagement, qui vous assemblaient des murs de plus d'un mètre d'épaisseur. Et puis, l'antique calorifère, qui distribue l'air chaud par ses gaines en terre cuite, aide à narguer plus sûrement les frimas de l'hiver. C'est Henry, le père d'Hélène, qui l'avait fait installer pour rassurer les frileux qu'effraie l'hiver à la campagne. Mon aïeul avait ingénieusement réuni dans cette maison toutes les douceurs du confort moderne.

En montant l'antique escalier à vis pour déposer ma valise dans ma chambre, il me vient à l'esprit qu'Emmanuel de Lavaÿsse-Châteaubourg, lui aussi, a gravi ces marches. Quant à sa fille, l'enfant cachée, elle a certainement logé avec les autres chérubins à la nurserie du troisième étage, près de la salle de classe et des appartements de l'énergique Mrs Cockri, la préceptrice sud-africaine. Mes aïeux avaient une sainte horreur de l'accent du Sud-Ouest et veillaient avec un soin tout particulier à ce que leur progéniture n'adopta, sous aucun prétexte, les intonations ensoleillées de la région. Résultat, à Garrevaques, Hélène, mon arrière-grand-mère, et ses frères et sœurs parlaient principalement l'anglais.

Avant le dîner, je passe dans le salon des grisailles « Dufour » de *Psyché et Cupidon*[1], à proximité du boudoir où mon arrière-grand-mère Hélène s'est éteinte la veille d'un réveillon, le 30 décembre 1921. Ma cousine m'a indiqué un secrétaire Empire, en palissandre et bois de rose, qui déborde de photos de famille. La récolte est abondante. Je trouve plusieurs portraits de Daisy à des âges divers, l'un où elle est en costume de bayadère, le second en tenue de bal, inspirée des hussards avec dolman et shako, un troisième que je possède déjà, où elle porte une robe à tournure en velours de soie, avec de longues manches serrées et un col soutaché d'une ganse blanche.

J'ai une courte semaine devant moi pour continuer mes recherches.

Chaque matin, en me levant, je salue le vieux chêne par la fenêtre. L'hiver peut le dépouiller, rider son écorce, ce vieillard de cinq siècles va tous nous enterrer. Après ma douche, j'enfile ma tenue de combat, un jean, un vieux pull marin et une cape de cycliste en caoutchouc kaki pour me garder de la poussière. Ainsi harnachée, je descends à la cuisine me faire un café brûlant. Puis, avec ma cousine, nous remontons avec notre lampe de chantier en haut d'une tour du château. Là-haut, point de chauffage. Elle y a installé une table branlante et deux chaises guère plus vaillantes pour consulter les archives. Nous devons faire le tri dans un chartrier aussi considérable que varié. J'ai juré de me discipliner et de snober les vieux parchemins pour me concentrer sur les courriers des années 1860 à 1890.

1. Il s'agit de Papiers peints en grisaille, dessinés par Louis Laffitte, inspirés par le conte de La Fontaine : *Les Amours de Psyché et Cupidon*, qui ont été réalisés par la manufacture de Joseph Dufour en 1815. Le château de Garrevaques est l'un des deux lieux en France qui possèdent la suite complète et originelle des douze tableaux.

Ces correspondances contiennent peut-être des allusions au zouave ou à sa fille.

Bien vite, je me rends à l'évidence. Nos aïeux étaient tous atteints par la folie épistolaire. Il y a des lettres par centaines, toutes difficiles à lire, quelques-unes touchantes mais sans intérêt pour mon enquête, n'étaient-ce celles de la grand-mère d'Hélène qui semble interroger son fils Henry, de manière récurrente et sibylline, à propos de « l'Allemande » (la défaite de Sedan est passée par là !) : « Est-elle attendue ? », « Comment se porte-t-elle ? »...

Quand nous sommes lasses de frissonner dans notre galetas, nous descendons nos documents à la cuisine ou ailleurs et poursuivons leur examen en buvant un thé devant une flambée. Ma cousine s'avère douée pour les écritures anciennes. Elle se charge de la lecture pendant que je réveille les tisons.

Après quelques jours de ce va-et-vient, la salle à manger et les salons se sont emplis d'archives de toutes les époques. Et sous ce nouvel ordre des choses, nous nous éloignons inexorablement d'Emmanuel et Daisy. Nos recherches deviennent erratiques et dérivent au gré des trouvailles. Nous passons allègrement des bombes posées par la 11e *Panzerdivision* pour faire sauter le château à une épidémie de peste au XVIe siècle ou à des lettres du duc de Rohan ; des guerres d'indépendance en Amérique à un adolescent juif caché sous l'Occupation ; d'une certaine Gauside de Melon que j'imagine, sous les traits de ma sœur, arpenter le donjon de Najac, aux geôles de la Révolution, en passant par la vieille Marguerite, aïeule huguenote qui a dissimulé un prêtre réfractaire dans son lit... Quand un beau matin, j'entends ma cousine s'exclamer :

« Ça y est ! Je l'ai.

— Tu l'as quoi ?

— Emmanuel ! Viens voir ! Regarde... »

Sur ses genoux repose un album en moire violette ayant appartenu à ma trisaïeule Mathilde, la mère d'Hélène. Elle pointe du doigt la photo d'un jeune homme jovial en uniforme de zouave pontifical. Aucun doute possible ! Ce cliché, format carte de visite, est en vis-à-vis d'un portrait de madame de Lavaÿsse « mère » réalisé par Nadar. Nous tenons l'amant de la reine. Nous triomphons !

Mamy disait qu'il était beau, elle n'avait pas tort. Notre cousin a quelque chose de bien plus séduisant, d'entreprenant, de mâle que le morne François. La vie semble lui sourire. Sa pose est détendue, relâchée ; sa mine, rayonnante, satisfaite, comme si des raisons secrètes le mettaient en joie, comme si l'amour lui faisait chérir le soleil des vivants.

Par quel mystère mes aïeux, calvinistes bon teint, ont-ils eu un cousin zouave pontifical ? Le XIXe siècle était encore un temps où catholiques et protestants ne s'alliaient guère. Pour deux époux, en particulier, il n'y avait point de salut possible sans conformité parfaite en fait d'opinions religieuses. Sauf à aimer une jeune fille à en perdre la raison, un protestant n'épousait pas une « papiste » et réciproquement. Et pourtant, Emmanuel a du sang huguenot !

« Lavaÿsse » est un patronyme important de l'affaire Calas, le procès fameux de ce protestant roué vif, en 1762, pour un crime qu'il n'avait pas commis, et réhabilité sous la pression de Voltaire. Cette histoire, dont le grand homme allait tirer son *Traité sur la Tolérance*, est restée légendaire, mais qui se souvient de ses détails ?

Jean Calas était protestant ainsi que sa femme et tous ses enfants, excepté un qui avait abjuré « l'hérésie ». Un autre des fils, nommé Marc-Antoine, ayant un jour perdu de l'argent au jeu, choisit ce jour-là même pour exécuter son dessein. Un ami protestant de sa famille et le sien, nommé Gaubert de Lavaÿsse – nous y voilà ! –, jeune homme de dix-neuf, fils d'un avocat célèbre de Toulouse, était arrivé de Bordeaux la veille[2]. Il soupa chez les Calas. Lorsqu'il voulut prendre congé, le jeune Pierre Calas et lui étant descendus, trouvèrent en bas Marc-Antoine en chemise, pendu à une porte[3]. Le capitoul, autrement dit le juge municipal, apprit que le garçon souhaitait se convertir au catholicisme. Le bruit se répandit que le père avait étranglé et pendu son fils pour cette seule raison, quand pour sauver l'honneur du jeune homme, lui et son hôte avaient seulement maquillé son suicide en meurtre. Lavaÿsse fut traîné en spectacle dans les rues de Toulouse, jeté cinq mois aux fers, puis condamné à la roue avant d'être élargi en même temps que la mère Calas, son fils Pierre et leur servante catholique[4].

Emmanuel est l'arrière-petit-fils du frère de Gaubert, Jean-Moise de Lavaÿsse, lui-même époux de Guillemette de Bouffard de la Garrigue, patronyme qui indique que ce soldat du pape et moi-même, descendons du même rescapé de la Saint-Barthélemy et de son fils, Jean de Bouffard-Madiane, le négociateur du traité de Paris entre Louis XIII, Richelieu et les huguenots qui mit fin au siège de La Rochelle[5]. L'on s'en doute, pour un zouave pontifical, ces antécédents

2. Voltaire, *Traité sur la Tolérance à l'occasion de la mort de Jean Calas*, chapitre premier.

3. *Les Annales politiques et littéraires* du 19 décembre 1897.

4. François-Alexandre Gaubert de Lavaysse. *Mémoire*, Louis Cellot, 1765.

5. Traité du 5 février 1626.

relèvent plutôt du casier judiciaire[6]. Comment notre lignée d'hérétiques a-t-elle pu enfanter d'un renégat, d'un relaps, d'un Nabuchodonosor comme ce garçon ?

L'ombre de l'émigration et de Chateaubriand

Si du côté paternel, l'amant de la reine soldat n'est pas prédisposé à considérer Rome comme le siège vivant de la lumière du Christ, du côté de sa mère, Joséphine de La Celle de Châteaubourg – qui trône en face du zouave dans l'album familial –, il en va autrement. Certes, au XVIe siècle, un seigneur de La Celle a épousé le parti huguenot et même guerroyé aux côtés de Gaspard de Coligny ; mais tout cela, c'est du passé. Par sa branche maternelle, Emmanuel est à présent un enfant de la Bretagne catholique et royaliste, terre de la tradition et de la foi, celle des calvaires, des processions et des évêques mitrés ; celle des chouans et du marquis de Charette, exécuteur testamentaire de la fidélité à son siècle. Cette même Bretagne qui va fournir des bataillons de zouaves prêts à s'immoler pour la cause du Saint-Père.

Au lendemain de la prise de la Bastille, son grand-père et son grand-oncle, pages du roi[7], avaient répondu parmi les premiers à l'appel du prince de Condé. Ils avaient rejoint l'armée des émigrés de Worms, sur les bords du Rhin. Cette troupe allait combattre aux côtés des Autrichiens qui la solderaient, avant que le tsar Paul Ier ne prenne le relais.

---

6. D'autant qu'Emmanuel de Lavaÿsse descend en droite ligne de Philippe de Lavaÿsse, ministre de la Religion réformée à Carmaing, né à la fin du XVIe siècle.

7. Emmanuel de Châteaubourg, notamment. Né à Rennes le 18 octobre 1762, il était page de la chambre du roi depuis 1773. Officier au régiment de Condé-Infanterie de 1778 à 1791, il démissionna en 1791, émigra avec le prince de Condé.

« Conscience et honneur », telle était la devise de ceux qui abandonnaient leurs biens, leurs parents et leur pays. Car, à côté de l'ivresse de ces jeunes qui se précipitaient vers l'aventure, il y avait les déchirements, les larmes des mères et la pâleur des fiancées. L'aîné de ces gentilshommes bretons, Paul-François, était marié à Bénigne, la sœur de François-René de Chateaubriand ; les Châteaubourg fourniront d'ailleurs à l'auteur des *Mémoires d'outre-tombe* ses lettres de recommandation pour le régiment de Condé[8]. Quant au cadet, Emmanuel Félicité Malo, le grand-père de notre zouave, en garnison à Abbeville, il venait de convoler avec une demoiselle Bichier des Roches[9].

Les Châteaubourg avaient quitté leurs terres de la Sécardais[10] et embrassé le parti de la Contre-Révolution pour délivrer Louis XVI et sauver la patrie, non par esprit guerrier. Le fond de leur caractère était à l'opposé. Membre de la Parfaite union, ils appartenaient à une franc-maçonnerie passionnément royaliste et aristocratique, mais acquise aux Lumières[11]. Au reste, ils étaient avant tout peintres, amis des poètes et du goût, spécialisés dans l'art de la miniature, dans la plus pure tradition du XVIIIe siècle.

8. Extraits du chapitre 4 des *Mémoires d'outre-tombe*, de François-René de Chateaubriand (Berlin, mars 1821) : « Un de mes beaux-frères, le vicomte de Châteaubourg (il avait épousé ma sœur Bénigne, restée veuve du comte de Québriac), m'avait donné des lettres de recommandation pour des officiers de mon régiment. »

9. Il avait convolé juste avant son départ, puis laissé son épouse à la Motte-Buleux, dans le nord de la sénéchaussée.

10. Les lecteurs des *Mémoires d'outre-tombe* connaissent le nom du château de La Sécardais, une terre située dans la commune de Mézières, à cinq kilomètres environ de Saint-Aubin-du-Cormier, chef-lieu de canton d'Ille-et-Vilaine.

11. Daniel KERJAN, *Annuaire 1760-1940. Rennes : les francs-maçons du Grand Orient de France. 1748-1998 : 250 ans dans la ville*, Presses universitaires de Rennes, 2005.

Loin de son épouse et afin de distraire ses regrets, le lieutenant Emmanuel Félicité Malo se livrait à la peinture autant que le permettait l'activité militaire. Dans la troupe, on le surnommait le « peintre des Français ». À peine le campement était-il établi quelque part qu'il prenait ses pinceaux, ses boîtes de couleurs et exécutait des portraits pour lesquels il n'avait que le choix des modèles : du prince de Condé au simple soldat qui cherchait un présent pour la promise tendrement aimée qu'il avait laissée au pays, on s'arrachait ses productions. Un jour, il serait considéré – avec son troisième frère, resté en France – comme un artiste de génie. Aujourd'hui encore, leurs œuvres trônent dans les plus prestigieuses collections, en particulier celle de la reine d'Angleterre[12].

La femme d'Emmanuel Félicité Malo, courageuse et fidèle, décida bientôt de partager les maux et périls de l'émigration en rejoignant son mari à Berlin. Elle y mit au monde Joséphine, la mère de notre zouave, puis voulut suivre les hommes sous le ciel glacé de la Russie. Elle s'embarqua contre l'avis de son époux et périt dans un naufrage[13], ajoutant son nom aux innombrables victimes de la Révolution.

Au lendemain de ce drame, les frères La Celle de Châteaubourg s'établirent à Saint-Pétersbourg. Rentrer en France ? Comment l'auraient-ils pu quand les lois de leur patrie n'offraient à ses fils prodigues que la guillotine ou la misère ? Ils se résolurent à devenir les portraitistes de la famille du tsar et de la noblesse russe, à la manière d'une

12. La collection d'Élisabeth II, reine d'Angleterre, mais aussi celles du Prado, du National Museum de Stockholm ou encore du Musée russe de Saint-Pétersbourg qui conserve un cahier de plus de cent soixante esquisses des frères Châteaubourg (cf. « Chronique d'histoire et de littérature de la Bretagne », in *Annales de Bretagne*, tome 42, numéro 3-4, 1935. p. 442-483).

13. Elle serait morte le 24 décembre 1800 à l'âge d'environ 28 ans.

Vigée Le Brun qui sut, elle aussi, tirer parti de ses talents auprès des grands pour vivre un séjour loin des soucis[14].

Au bord de la Baltique, sous le rapport des agréments de la société, ils auraient pu se croire en France, tant il se trouvait de compatriotes qui tentaient de vivre selon leurs anciens droits de préséance, en recréant des simulacres de vie à la française. Cependant, tous deux luttaient chaque jour pour imposer le silence à leur mal du pays. « Que j'envie le sort de ceux qui n'ont jamais quitté leur patrie, et qui n'ont d'aventures à conter à personne », écrirait un jour Chateaubriand. Habitués à l'égalité du climat breton, les deux proscrits ne purent jamais se faire ni aux chaleurs de l'été, fort court à Saint-Pétersbourg, ni aux rudes hivers et au manteau de glace qui couvre la Neva, six mois durant. L'inclémence du temps, les angoisses patriotiques, le désir de revoir le sol natal, la peur de mourir loin de leur pays, cet exil fut âpre et douloureux.

Et puis le malheur arriva. Le 14 avril 1806, une fièvre bilieuse emporta le grand-père d'Emmanuel. Il avait quarante ans. Il venait d'apprendre sa radiation de la liste des émigrés et la restitution de ses biens. Seul l'aîné, Paul-François, reprendra le chemin du retour. En Bretagne, il retrouvera son épouse, Bénigne de Chateaubriand, qui avait passé les heures les plus noires de la Révolution à batailler pour obtenir la libération de ses sœurs et belle-sœur, enfermées à Rennes à la prison du Bon Pasteur[15], un épisode que relatera l'illustre auteur d'*Atala* dans sa préface. Quant à la mère d'Emmanuel, orpheline de père et de mère, elle

14. Rémy Chamousset, *Les Émigrés français en Russie 1789-1815*, mémoire de Master 1 : « Sciences humaines et sociales », sous la direction de M. Gilles Bertrand, année universitaire 2010-2011.

15. Cf. la pétition écrite de sa main du 27 thermidor an II (14 août 1794).

sera envoyée avec ses frères et sœurs à Abbeville, dans la Somme, pour y être élevée par sa grand-mère Bichier des Roches.

Le « parent » de Jules Verne

Emmanuel, le futur amant de la reine soldat, naît trente ans plus tard, en 1837, dans une France « louis-philipparde », à l'ère du tourbillon de la vie moderne, du train, de l'urbanisme et des spéculateurs. Ses parents, Charles et Joséphine de Lavaÿsse-Châteaubourg, s'adonnent d'ailleurs à quelques profitables opérations. Ils ont loti des parcelles achetées au duc de Galliera, à l'angle des avenues Gabriel et Matignon, acquis le terrain sur lequel sera construite la salle Ventadour, où sera jouée la première du *Ruy Blas* de Victor Hugo. Eux-mêmes partagent leur existence entre le château des Camaldules, en bordure de Paris[16], des séjours dans les villes thermales de Luxeuil ou Kissingen[17] et leur appartement du 124 faubourg Saint-Honoré, non loin de leurs cousins, mes aïeux, dans ce qui deviendra un jour le 8e arrondissement de Paris ; un quartier en plein remaniement. La première gare de chemin de fer parisienne vient d'être inaugurée, près de la place de l'Europe et de la rue Saint-Lazare ; l'obélisque de Louxor a tout juste pris sa place sur la Concorde. Le chantier de l'Arc de triomphe s'est achevé plus vite que celui de la Madeleine qui n'en finit pas, comme retardé par les fantômes de Malesherbes, Tronchet,

16. La propriété des Camaldules se situe à Yerres (94).

17. *La Presse thermale et climatique*, du 3 janvier 1861.

Chauveau-Lagarde[18], et autres défenseurs de Louis XVI et de Marie-Antoinette.

Les petits Lavaÿsse[19] naviguent entre le collège Stanislas, le collège royal de Versailles[20] et les serres chaudes des jardins d'hiver. Ils évoluent parmi les belles dames et les beaux messieurs dorés sur tranche, dans un monde où l'aristocratie d'argent se substitue lentement à l'aristocratie de naissance ; une France qui n'est point malheureuse mais qui, selon le mot de Lamartine, s'ennuie. Sous ce rapport, et selon toute vraisemblance, Emmanuel se sent très jeune étranger à son époque, à cette platitude bourgeoise de la monarchie orléaniste, avec son conformisme, ses conventions, ses prudences et son moralisme qui tourne à vide. La seule foi vivante semble être le culte de l'argent et le respect des grosses fortunes, eussent-elles été conquises par les plus odieux coups de Bourse.

Les tribulations familiales durant la Révolution française l'ont marqué comme un acide sur de l'acier. Il est lié à l'Ancien Régime et aux Bourbons par sa caste, par la religion et par les drames qu'ont traversés les siens : sa mère Joséphine, orpheline ; sa grand-mère, naufragée ; et ce grand-père mythique, auquel il doit son prénom, mort sans avoir revu le sol natal. Derrière le jeune homme avenant et, en apparence, joyeux comme dans la fleur de l'enfance, on sent

18. L'église de la Madeleine est à proximité de voies qui portent les noms de ces illustres avocats.

19. Du moins les garçons, la tribu comptait *a priori* huit enfants (peut-être plus) : Charles ; Adolphe ; Édouard ; Albert ; Emmanuel ; Eugène, tué en duel ; Léon, docteur en médecine ; Laure. Cf. Jules VILLAIN, *La France moderne*, Imprimerie de Firmin, Montane et Sicardi (Montpellier). Date d'édition : 1906-1913.

20. En 1888, ce lycée sera appelé lycée Hoche, en mémoire du général révolutionnaire Lazare Hoche, né à Versailles.

une nostalgie brûlante. Il est hanté par les tourments de ce flot d'émigrés qui jadis a coulé hors des frontières de France.

Ses rêves s'épanouissent comme à rebours de ceux de Jules Verne qui extravaguera bientôt sur des aventuriers en chapeaux haut-de-forme s'envolant vers la lune, dans une fusée tendue de brocart de velours. Car Jules et Emmanuel sont parents, et se croisent à Paris ou sur les bords de la Loire, à Chantenay[21], chez Francisque de La Celle de Châteaubourg. Francisque ? C'est le fils de Charles, le frère des deux émigrés pétersbourgeois. Peintre également, ce dernier était resté en France et avait sauvé sa tête pendant la Révolution grâce à la protection de Lazare Hoche qui l'avait recruté comme secrétaire particulier. On devrait à ce troisième Châteaubourg le plus célèbre portrait de l'illustre général[22], de même que le seul pastel de Chateaubriand, jeune, que l'on peut voir au musée de Saint-Malo[23].

Né l'année de la chute de la Bastille, son fils Francisque a épousé sa cousine germaine d'Abbeville, la sœur de la mère d'Emmanuel. Elle l'a laissé veuf, trois ans plus tard.

---

21. Francisque La Celle de Châteaubourg possède une propriété au Plessis-Cellier à Chantenay. Pierre Verne va lui-même acheter à Chantenay, en 1838, une maison de campagne pour les vacances, située au 29 bis rue des Réformes, face à l'église Saint-Martin. C'est depuis cette propriété, l'été 1839, que le petit Jules Verne, âgé de onze ans, aurait fait sa fugue légendaire pour aller s'embarquer comme mousse sur un trois-mâts à destination des Indes.

22. Miniature datant de 1795. Cf. Henri Jouin, *Exposition universelle de 1878 à Paris. Notice historique et analytique des peintures, sculptures, tapisseries, miniatures, émaux, dessins, etc. exposés dans les galeries des portraits nationaux au Palais du Trocadéro*, Imprimerie nationale, 1878.

23. Ce portrait de François-René de Chateaubriand qui date de 1786 appartient au musée d'histoire de la ville de Saint-Malo. Par ailleurs, la première miniature connue de Charles est datée de 1795 à Nantes. Il exposa au Salon de Paris en 1804, 1808 et 1812. Vers 1806, il s'installa à Nantes où il fut primé pour l'une de ses œuvres en 1825. On connaît de lui environ deux douzaines de miniatures.

En secondes noces, il s'est uni à Caroline Allotte de la Fuÿe, la tante du père de la science-fiction.

C'est lui qui a jeté dans la tête de Jules les premiers ferments de son imagination prolifique en lui contant avec délectation *Les Natchez* ou *Atala*[24]. C'est lui également qui a peint les frères Verne à la manière de deux petits lords Fauntelroy[25]. C'est Francisque, enfin, qui a introduit le père de Philéas Fogg, de Michel Strogoff et du capitaine Nemo, aux buffets du vendredi de son excellente amie, madame de Barrère, rue Ferme-des-Mathurins. C'est après avoir croisé dans ce cénacle Victor Hugo et les Alexandre Dumas, père et fils, qu'il va commencer à rédiger divers petits essais dramatiques.

Quant à Emmanuel, celui qu'il aime chez cet oncle, ce n'est point l'écrivain qui parle des rives du Meschacebé, des troupeaux de caribous ou des pirogues géantes creusées à même le tronc des séquoias, inventées par Chateaubriand ; ce n'est pas l'original qui revient, lui aussi, des Amériques. Non ! Celui qu'il apprécie, c'est le neveu de l'auteur du *Génie du christianisme*, du défenseur de la sagesse et la beauté de la religion chrétienne, affectée par la tourmente révolutionnaire. Francisque est, à ses yeux, le dernier représentant d'une forme de civilisation perdue, l'homme qui dans sa jeunesse portait encore la perruque de l'Armée des Princes, le jabot de dentelle et une canne à pommeau ; le portraitiste par vocation dynastique, formé par Isabey[26], qui déploie son

24. *Les Natchez* sont une œuvre de jeunesse de François-René de Chateaubriand, parue pour la première fois à Bruxelles en 1827. *Atala, ou Les Amours de deux sauvages dans le désert* est un roman publié en 1801 qui vaudra à l'écrivain son premier vrai succès littéraire.

25. Gilbert Prouteau, Le *Grand Roman de Jules Verne. Sa vie*, Stock, 1979.

26. Cf. Émilien Maillard, *L'Art à Nantes au XIXe siècle*, E. Monnier, 1888.

atelier portatif à tout-va, comme jadis son grand-père dans les bivouacs de l'armée de Condé.

Non ! Jules et Emmanuel ne sont pas taillés pour les mêmes aventures. L'un a beau avoir écrit *Le Siège de Rome*, décrivant un jeune capitaine fort mélancolique[27], il « nage avec espérance vers les rives inconnues ». L'autre « s'éloigne à regret du vieux rivage[28] ». Le premier va sous peu enchanter le monde avec ses aventures extraordinaires. En 1861, il achève son premier récit de voyage et va bientôt le soumettre à un éditeur, un certain Hetzel. Le second, à n'en pas douter, suit fiévreusement l'évolution de la « question romaine ». Les troupes piémontaises ont déjà envahi les légations des Marches et de l'Ombrie. Et l'on a vu la France avaliser cette spoliation sous couvert d'une crise diplomatique de façade. Le 15 février, le *Journal des débats* annonce la reddition de la forteresse de Gaète et la fuite de la famille royale pour Rome. Au même moment, la rumeur court que Napoléon III prépare un plan d'évacuation des troupes françaises du territoire pontifical, échelonné sur quatre mois. Emmanuel est certainement indigné[29].

Il va avoir vingt-cinq ans. Il pourrait embrasser la profession d'agent de change comme son frère Adolphe. Pour un jeune homme, attiré par la perspective d'une

---

27. Jules Verne, *Le Siège de Rome*. Nouvelle datant de 1854, publiée à titre posthume par Le Cherche Midi éditeur, in *San Carlos, et autres récits inédits*, 1993.

28. Extrait des *Mémoires d'outre-tombe* de François-René de Chateaubriand.

29. En réalité, en vertu de la convention de 1864, les dernières troupes d'occupation françaises quitteront Rome le 15 décembre 1866. Pris d'un remords tardif, Napoléon III autorisera la formation, à Antibes, d'un corps de volontaires français par le général d'Aurelles de Paladine, la « légion d'Antibes » commandée par le colonel d'Argy et qui prendra le nom de « légion romaine ». Parmi les volontaires, on comptera le trop fameux Esterhazy, dont la trahison sera à l'origine de l'affaire Dreyfus.

position en vue, cette profession offre de sérieux avantages. Quelques notions d'arithmétique suffisent pour apprendre le mécanisme des opérations de Bourse. Pour le reste, il faut surtout être un homme du monde, se montrer dans les salons où l'on croise banquiers et capitalistes, et aimer le spectacle de ces fortunes rapides que le hasard fait et défait. Oui, mais ce n'est pas de ce bois dont Emmanuel se chauffe! À sa manière, il partage le malaise d'un Musset dont l'esprit exalté, trempé dans le mépris de la vie, rêvait des neiges de Moscou ou du soleil des Pyramides[30]. Lavaÿsse a ce goût de l'aventure qui agite sourdement les âmes nostalgiques. Il rêve de déambulations, de voyages et de grands combats, et il a vécu jusqu'ici, à peu près sagement, en les attendant. Cette fois, l'occasion est trop belle.

La suite? Elle est facile à imaginer grâce aux mémoires que nous ont laissés de nombreux volontaires du pape…

30. Alfred de Musset, *La Confession d'un enfant du siècle*, F. Bonnaire, 1836.

IV
Une rencontre

« Eh ! Que diable ! Il faut bien bouillir quelquefois ! Dieu nous aurait mis de l'eau dans les veines et non du sang, s'il nous eut voulus toujours et partout imperturbables ! »

Michel Strogoff, Jules Verne

« L'homme s'agite et Dieu le mène. »

Dissertation sur les psaumes, Jacques-Bénigne Bossuet

Tous à Rome !

Il faut sauver la ville sainte et protéger l'auguste chef de l'Église romaine. Non ! Cette forteresse sacrée, les impies ne la renverseront pas ! Presque chaque paquebot amène à Rome des volontaires français, belges, irlandais, espagnols, hollandais, et même des Québécois…

À Paris, Emmanuel se rend au 127 rue du Bac à l'hôtel des Missions étrangères, en face de la chapelle de la Médaille miraculeuse. C'est l'une des adresses où transitent les provinciaux en partance pour la Ville éternelle[1]. Alfred, le fils de Nalbert, le propriétaire, s'est lui-même engagé pour Pie IX.

Sur place, il surprend une paire de gentilshommes valides et résolus en train de disserter sur les menaces du gouvernement d'appliquer le Code Napoléon[2] dans toute sa rigueur. Il paraît que les Français qui, sans autorisation de l'Empereur, prendront du service à l'étranger ou s'affilieront à une corporation militaire étrangère, perdront leur nationalité[3]. Une circulaire confidentielle du comte de Persigny, ministre de l'Intérieur, viendrait d'ailleurs d'inviter les préfets à « défranciser » sans mollir les jeunes catholiques tentés par l'aventure romaine. Qu'importe ! Ces messieurs se sentent sujets de Pie IX avant d'être sujets de Louis-Napoléon. Ils seront où Dieu les veut, où le pape leur ordonne d'aller, et ils y resteront tant qu'il faudra !

Les deux jeunes gens avisent Lavaÿsse que s'il veut les imiter, il lui suffit de prendre attache avec le député Anatole Lemercier[4] qui s'occupe de l'enrôlement, puis de passer au Comité du denier de saint Pierre[5], 47 rue de l'Université. Il y a quelques formalités à remplir avant le grand départ.

---

1. Nalbert loue des chambres et des appartements à des prix très modérés, à proximité de bon nombre d'établissements religieux. L'autre adresse prisée par les familles et les jeunes catholiques est l'hôtel du Vatican situé 4 rue du Vieux-Colombier (Paris 6e), tenu par M. Duret.

2. Article 21.

3. Circulaire du 4 mars 1861.

4. Élu en Charente-Maritime et un temps maire de la ville de Saintes, Anatole Lemercier (1820-1897) est un opposant au régime de Napoléon III et ardent défenseur de la cause de la papauté, bien que fervent républicain.

5. C'est à Gand, en 1859, que ressuscite l'idée du denier de saint Pierre. Le denier de saint Pierre (*en latin denarius Sancti Petri*) était d'abord un tribut annuel versé par l'Angleterre du VIIIe siècle à 1534 au Saint-Siège. Sous le pontificat de Pie IX, le nom est repris pour désigner une contribution volontaire des fidèles à la papauté. Il sera reconnu et institutionnalisé le 5 août 1871 par Pie IX dans l'encyclique *Sæpe venerabilis*.

Emmanuel quitte la capitale au mois d'avril 1861. Il passe par ce grand bazar de la ville de Marseille, dépose ses bagages à l'hôtel de Rome[6], puis se rend sur le port de la Joliette acheter un billet au bureau des bateaux Valéry. Cent vingt francs, l'aller et retour ! Le lendemain soir, un steamer l'emporte loin de son pays. Il reste sur le pont pour admirer la lueur des phares sur les côtes françaises. Dans les coursives parfumées au fer repeint, il croise une pléiade d'Anglais, de Hongrois, de Polonais, de Français, de Suisses ; une fourmilière de malandrins venus grossir les troupes de Garibaldi. Tous ont embarqué avec leur chemise rouge de la révolution, tandis qu'il est interdit aux soldats du pape de porter leur uniforme. En les entendant blasphémer Dieu et le pape, son sang bout dans ses veines. La mer est houleuse, il y a du tangage et du roulis, et beaucoup de ces soudards avinés vont donner aux poissons d'abondantes étrennes. Vient l'heure du coucher. Des marins alertes tirent de la cale inépuisable une quantité de matelas, traversins, couvertures, et en un instant tout le vaisseau, à l'intérieur comme à l'extérieur, offre l'aspect d'un vaste dortoir.

Après deux nuits et un jour de traversée pénibles, son navire accoste la pittoresque cité marine de Civitavecchia. Au bout d'une longue attente sur le pont, un homme en uniforme passe parmi les voyageurs et ramasse les passeports en échange d'un petit billet rouge. Ce bulletin permet de récupérer ses papiers à terre, auprès du chef de la police, le seul à même d'estimer si vous êtes périlleux pour l'État pontifical. Ces formalités remplies, Emmanuel prend le train jusqu'à la Ville sainte, interrogeant l'horizon brumeux pour apercevoir le dôme du Vatican.

6. Situé sur le cours Saint-Louis à Marseille.

Depuis un an, Pie IX a confié le soin d'organiser son armée de volontaires à son ministre Mgr de Mérode, un prélat aussi énergique que pieux; et le soin de la commander à un général français, Louis de Lamoricière, dont l'épée est disponible depuis qu'il a été écarté par le prince Napoléon, au lendemain du coup d'État de 1851. Celui qu'Emmanuel brûle de rencontrer cependant est la gloire des « Vieux Antiques », surnommés ainsi parce qu'ils ont été les quinze premiers à partir au secours du pape[7]. Il s'agit d'un Breton originaire d'Ille-et-Vilaine, comme lui, Athanase de Charette, baron de La Contrie, un croisé, doublé d'un magnifique chef de mousquetaires. Par son père, il est le petit-neveu du grand général des guerres de Vendée; par sa mère, il est le petit-fils du duc de Berry et l'arrière-petit-fils du roi Charles X[8]. La trentaine, une taille au-dessus de la moyenne, très blond, l'air franc, un peu fier mais affable, il paraît qu'il est superbe à cheval. De son courage on ne parle plus. Il y a quelques mois, il a été blessé à la bataille de Castelfidardo, qui a conduit à la perte des territoires pontificaux des Marches et de l'Ombrie. Là-bas, les volontaires ont lutté seuls, à un contre quatre, contre les troupes du trop fameux Cialdini[9]. Les deux tiers des effectifs

7. « Avec Athanase de Charette, six Français et quatre Belges étaient arrivés à Rome, le 18 mai 1860. Au bureau de recrutement, on les incorpora dans un corps en projet, qu'on désigna sous le nom de tirailleurs franco-belges. Quatre autres jeunes gens, qu'on avait déjà enrôlés dans un régiment étranger, voulurent se joindre à leurs compatriotes » (cf. Henri MÉHIER DE MATHUISIEULX, *Zouaves pontificaux*, [1914], Hachette Livre BNF, 2016).

8. En effet, il est le fils de la comtesse de Vierzon, la cadette des filles que Charles-Ferdinand d'Artois, duc de Berry, a eues de sa liaison avec Amy Brown (1783-1876), avant son mariage avec la princesse Caroline des Deux-Siciles.

9. La bataille de Castelfidardo a lieu le 18 septembre 1860 dans la région des Marches. Les troupes piémontaises menant la guerre d'unification y défont les troupes pontificales, dans des conditions des plus inégales (moins de 10 000 pontificaux mal équipés contre près de 39 000 Piémontais). Cette bataille permettra aux Piémontais d'annexer les Marches et l'Ombrie.

ont été tués ou grièvement blessés. Il paraît qu'Athanase a ouvert la mêlée, comme les guerriers du temps de la chevalerie, par un combat singulier dans lequel il a appliqué un magnifique coup de sabre à un capitaine piémontais[10]. Les troupes en présence ont cessé de se battre pour assister au duel éblouissant. Depuis, l'on dit que Cialdini entre en fureur à chaque fois qu'il entend son nom ou celui de ses frères qui s'étaient enfermés à Gaète avec les souverains de Naples[11]. Ce gaillard de Charette est dans l'esprit de tous le chef moral de cette noblesse venue chercher la mort pour Dieu et pour sa foi.

À Rome, les jaquettes sont plutôt rares. Emmanuel croise des uniformes, des capes de montagnards, quelques costumes féminins bariolés et une multitude de soutanes aux coupes de tous les pays, de simples curés de campagne venus en pèlerinage, des missionnaires arrivés des pays lointains, et quelques *monsignori* dont l'ambition est probablement de revêtir un jour la pourpre des princes de l'Église. Rome est une ville où, pendant trois cent soixante-cinq jours, on peut entendre, chaque matin, la messe dans une église différente ! Néanmoins, avec ses deux cent vingt mille âmes, elle est plus proche d'un grand village au prestigieux passé que d'une capitale. Elle est d'une saleté désespérante. Dans certaines ruelles, la totalité des chemises des habitants pend aux fenêtres[12], les voies sont

10. Ce duel homérique a eu lieu près de la ferme des Grocette. Charette a vaincu, mais l'officier blessé, réfugié dans une ferme, a eu plus tard la noblesse de défendre les zouaves qui gisaient dans une ambulance, quand les vainqueurs piémontais voulaient les massacrer.

11. Les deux jeunes frères d'Athanase, Ferdinand (1837-1917) et Urbain (1939-1925), ont fait le siège de Gaète, mais François II a trouvé le moyen de les arracher à Cialdini en les intégrant à sa suite sur *La Mouette* (cf. François Le Chauff de Kerguenec, *Zouaves pontificaux*, Imprimerie Oudin, 1890).

12. O. Leruth, *L'Affaire du marquis Alfred de Trazegnies d'Ittre (1832-1861)*, université de Liège, faculté de philosophie et lettres, Département des sciences historiques, année académique 2004-2005.

pleines d'ordures et à tout moment, si vous n'avez pas de bonnes jambes, vous pouvez recevoir sur la tête le contenu de toutes espèces de vases. Sur les murs qui semblent vouloir les absorber palissent des inscriptions : « Vive le roi Victor! », « Vive Garibaldi! », « Vive Verdi! », « Vive l'unité! »

En attendant son incorporation, il s'installe à l'hôtel de la Minerve[13], près du Panthéon, où affluent les légitimistes du monde entier. L'enseigne rédigée en français a été arrachée par décision municipale; une remontrance qui illustre l'attitude des Romains vis-à-vis des étrangers. Le corps expéditionnaire de Louis Napoléon n'est pas en terrain conquis, qu'on se le dise! Les zouaves, pas davantage. Des amis d'Emmanuel lui ont conseillé d'être prudent. Un volontaire belge vient d'être traîtreusement attaqué par des « patriotes » italiens, près du Colisée[14].

Il est temps pour lui de se présenter au 43 via Cremona, au bureau des engagements où on lui attribue le matricule n° 850 qu'il devra reporter partout, sur ses effets d'habillement, comme sur chacune des pièces de son équipement. Sur place, il retrouve le n° 849, Alphonse Alix d'Yénis[15], un jeune Parisien originaire de la Manche, qui arbore une barbe noire extraordinairement touffue. Alix suit l'exemple

---

13. L'Hôtel de la Minerve, tenu par Joseph Sauve, d'origine française, a été fréquenté aussi bien par Stendhal que George Sand.

14. Il s'agit de M. Alfred de Limminghe qui est assassiné dans la nuit du 18 au 19 avril 1861 (cf. *Le Petit Courrier de Bar-sur-Seine*, le 3 mai 1861).

15. Alphonse Alix d'Yenis (1840-1902) deviendra curé de Soisy-sous-Montmorency, puis curé de Villeneuve-Saint-Georges, administrateur apostolique de l'évêché de Guadeloupe (Basse-Terre) et par ailleurs aumônier de la Légion d'honneur. Il n'est pas impensable qu'Emmanuel et lui se soient connus avant leur départ. Une chose est sûre, ils seront intégrés dans les rangs le même jour, le 18 mai 1861.

de son père et de son aïeul qui, tous deux, jadis, ont pris les armes en Vendée pour la défense du droit et de la religion[16].

Ils signent l'un et l'autre un engagement pour six mois et commencent par se faire confectionner leurs uniformes[17], sur leurs propres deniers, comme la plupart des jeunes gens aisés : deux cents francs pour leur carabine Minié et leur sabre-baïonnette ; cinq cents francs pour le grand pantalon bouffant « gris de fer », la veste à soutaches rouges des « sans-grade[18] », la giberne, le ceinturon et ces maudites guêtres et molletières, si difficiles à ajuster qu'elles semblent avoir été créées pour faire gagner des indulgences. Le port de bottes est réservé aux officiers.

Avant de rejoindre la huitième compagnie à laquelle on les a affectés, les deux Parisiens font une longue marche pour voir les ruines du Colisée où les premiers chrétiens furent livrés aux bêtes féroces, la colonne Trajane, le château Saint-Ange. Au milieu de leur promenade, ils s'arrêtent au Caffé Nuovo[19] sur le Corso.

---

16. C'est ce que l'on apprend dans l'ouvrage d'Édouard Terwecoren (s.j.), *Collection de précis historiques, littéraires, scientifiques. Mélanges littéraires et scientifiques*, Imprimerie de J. Vandereydt, 1861. Il est par ailleurs consigné dans ce livre : « On lisait dans l'Union, au mois de mai : Les départs pour Rome se continuent avec un zèle digne de tous les éloges. Nous apprenons que MM. Alph. Alix d'Yénis et Emm. de Châteaubourg vont offrir leur dévouement au Saint-Père. »

17. Cette tenue adaptée à la chaleur romaine, et choisie par le vicomte de Becdelièvre (1826-1871), ancien élève de l'École spéciale militaire de Saint-Cyr (1848), n'enthousiasme pas la Curie, où l'on a ce mot : « C'est bien une idée de Français de vêtir les défenseurs du pape en mahométans ! » (Cf. Quentin Chazaud, « Les zouaves, légendes de l'armée d'Afrique », *Guerres & Histoire*, n° 14, août 2013).

18. Les officiers qui sont majoritairement français portent des soutaches noires.

19. Les zouaves pontificaux se réunissaient souvent dans ce café et plus encore dans un petit bouge de la rue Condotti, appelé *Café de la Constance*. Par ailleurs, dès 1862, leur chef, Mgr de Mérode, va leur créer un centre spécial : le Cercle des officiers pontificaux, rue de l'Arco. Cf. *Le Temps* du 13 avril 1862.

Emmanuel est à l'âge où les amitiés se font vite. On se croise, on se plaît, on se parle, on se confie ses pensées. Il découvre chez son camarade l'âme d'un croisé. Alphonse rêve que soit restituée au catholicisme sa royauté morale d'autrefois. Il voit dans le déclin de l'influence religieuse la grande évidence et le grand mal des temps nouveaux, tempête contre ce scepticisme des classes instruites qui entraînent avec elles toute la jeunesse vers l'incrédulité. Il affiche une foi ardente, une foi vive, que rien ne paraît ébranler. Il semble uniquement compter sur les joies, les récompenses et les gloires de là-haut, et ne céder à aucune considération temporelle. Lavaÿsse se sent bien plus fragile dans sa vertu comme dans sa foi, infiniment moins pur, infiniment moins pieux. Bien sûr, lui aussi aspire à son salut, mais il n'aspire pas moins à goûter les bonheurs et plaisirs de ce monde. Une voix au fond de sa conscience se demande si, en venant à Rome, il ne serait pas uniquement piqué de fidélités héroïques et surannées[20]...

Dieu merci, la vue du Vatican a tôt fait de dissiper ses doutes. En arrivant aux abords de Saint-Pierre, il est écrasé par la majesté incomparable du temple gigantesque. Cette basilique, sanctuaire prédestiné du rêve ardent qu'il fait depuis des mois ! Elle est là ; enfin, il la voit ! Il verse même une larme en s'agenouillant sur le tombeau du premier des Apôtres. Et dire que sous peu, comme toutes les recrues, il sera présenté à l'audience et recevra la bénédiction du souverain pontife...

---

20. Alphonse Alix d'Yénis, matricule n° 849, qui signe son engagement le même jour qu'Emmanuel de Lavaÿsse, deviendra l'aumônier d'honneur des zouaves pontificaux. Vingt ans, plus tard, il donnera la dernière absoute au chef de la maison capétienne, le comte de Chambord, exilé et mort à Frohsdorf. Cf. *L'Univers* du 7 août 1902.

La caserne ne produit pas sur lui la même pâmoison. Son nouveau gîte est spartiate en comparaison du bel appartement du faubourg Saint-Honoré qui fait son ordinaire à Paris. Il paraît que dans certaines casernes, il n'y a plus assez de paillasses. Mgr de Mérode aurait fait confectionner huit cents hamacs pour les volontaires du pontife roi, mais ici, on n'en a pas vu l'ombre d'un seul[21] ! Les zouaves dorment à la dure, à même les dalles, avec pour tout potage, leur bras replié pour oreiller. À la guerre comme à la guerre ! Emmanuel n'est pas bégueule. Il attend même avec enthousiasme les premières expéditions. Il se voit déjà manger à la gamelle et coucher sur la paille, dans le coin d'une étable, au beau milieu de la campagne romaine, avec ses collines enchanteresses, ses cyprès comme de grands cierges sombres, ses beautés présentes et passées ; de quoi combler l'esprit le moins poète.

Le lendemain à trois heures de l'après-midi, Emmanuel et Alphonse retrouvent le jeune aumônier Daniel[22] pour prêter serment sur les Évangiles en la basilique Saint-Jean-de-Latran, mère de toutes les églises du monde :

« Je jure à Dieu tout-puissant d'être obéissant et fidèle à mon souverain le Pontife romain, notre très Saint-Père le pape Pie IX, et à ses légitimes successeurs. Je jure de le servir avec honneur et fidélité, et de sacrifier ma vie même pour la défense de sa personne auguste et sacrée, pour le soutien de sa souveraineté et pour le maintien de ses droits. Je jure de n'appartenir à aucune secte ni civile ni religieuse, à aucune société secrète ou corporation, quelle qu'elle soit, ayant pour but, directement ou indirectement, d'offenser la

21. François Le Chauff de Kerguenec, *Zouaves pontificaux*, *op. cit.*

22. Jules-François Daniel (1825-1879) sera l'aumônier des zouaves pontificaux, puis des volontaires de l'Ouest.

religion catholique et de corrompre la société. Je jure aussi à Dieu très bon et très grand de n'avoir aucune intelligence directe ou indirecte avec les ennemis, quels qu'ils soient, de la religion et des Pontifes romains. [...] Que Dieu me vienne en aide et son saint Évangile, par Notre Seigneur Jésus Christ. Ainsi soit-il. »

Emmanuel est d'emblée séduit par Hyacinthe de Goësbriant, son capitaine, que l'on appelle – on ne sait plus pourquoi – le « vieux serpent ». L'officier lui présente ses camarades de la huitième compagnie, MM. de Saint Chéron, Talhouet, Tournemire, Exeat, Rengervé, Rochevire, La Tourfondue, et toute une harka d'aristocrates palpitant de jeunesse et de flamme qui trépignent à l'idée de se venger du guet-apens de Castelfidardo, et de montrer à l'ennemi ce que valent des hommes de cœur et des chrétiens. Tout laisse présager que le Piémont ne tardera pas à consommer son crime. Ces messieurs se préparent au fracas des combats !

Il faudra vite déchanter. Pendant plusieurs années, les engagements seront rares et limités à quelques escarmouches...

Que faire de ces milliers de volontaires étrangers, debout en arme, prêts à en découdre ? Comment occuper les troupes ? Les zouaves s'ennuient. Le soir dans les casernes comme dans les campements, on entend des chants ou des pétards, qui jettent une soudaine animation dans cette désespérante monotonie. Les curés peuvent prêcher la continence, à force de ne rien faire, certains de ces défenseurs du trône et du pontificat ne sont plus exactement des modèles de vertu ; les compatriotes d'Emmanuel, au premier chef. Bons enfants ces Bretons, mais quels soiffards ! On en récupère la nuit en fort mauvais état. Ces messieurs les « zouzous » font du tintamarre dans les rues et les plaintes redoublent. Et puis, une armée désœuvrée n'offre que des disputes de cantonnement et des querelles d'officiers…

Pour remédier au désordre, on décide de maintenir les hommes perpétuellement sur le qui-vive, en multipliant les branle-bas. Ce ne sont qu'alertes, succédant à d'autres alertes, marches et contremarches, patrouilles et reconnaissances sans fin. Et même s'ils ne sont pas venus ici pour un grade, toujours ces factions, ce clairon à six heures du matin, ces heures d'exercice, ces corvées, etc. Ici, les chevaliers cirent leurs souliers, les barons astiquent leur giberne, les comtes apportent la viande de la boucherie, les marquis vont puiser de l'eau pour leur escouade et les vicomtes nettoient avec un balai certains endroits que l'on ne nomme pas. Cette vie de troupier, les premiers mois, est acceptable. À la longue, la poésie s'en retire[23]. Plusieurs volontaires vont réclamer leur congé définitif.

Alors, pour éviter la saignée des effectifs, on a recours aux œuvres. À Rome, les zouaves sont d'astreinte pour les messes pontificales et toutes les grandes solennités. Certains dimanches, sur l'esplanade de Saint-Pierre, ils s'affichent en rangs serrés au milieu des traînes empourprées des prélats, des gardes suisses, des crosses, des mitres, étincelantes de couleurs et de pierres précieuses, avec le pape tout de blanc vêtu, traçant son sillon dans cette masse humaine pour s'en aller dehors au son des cloches bénir le monde[24].

L'autre jour, Emmanuel a tressailli en comprenant que la jeune beauté qu'il distinguait au loin était la glorieuse héroïne de Gaète. Elle tranchait sur la cendre de son environnement.

---

23. Henri Le Chauff de Kerguenec, *Souvenirs des zouaves pontificaux - 1861-1862*, Oudin, 1890-1891.

24. Marguerite Bourcet, *Un couple de tragédie. Le destin brisé du duc et de la duchesse d'Alençon*, *op. cit.*

Les autres membres de la cour napolitaine offraient l'aspect d'un tas de feuilles mortes. On ne voyait qu'elle. On aurait dit qu'elle remplissait l'horizon. Ce moment-là, tout attendu qu'il était, lui a semblé inopiné, tant l'impression a été forte. Il a eu un mouvement involontaire de recul.

Il paraît que les souverains des Deux-Siciles visitent parfois les campements[25]. L'on dit même qu'il leur arrive d'entrer dans les tentes pour adresser des encouragements aux zouaves. Les plus chanceux auraient obtenu de la reine des photographies signées de sa main. Leurs Majestés viendront-elles jusqu'à Anagni ? On l'ignore.

Emmanuel a été requis dans cette triste petite ville pour un chantier, avec sept cents autres hommes de troupe, pour préparer la « Fête-Dieu ». C'est là, dans les montagnes de la Sabine, non loin de la frontière napolitaine, qu'on apprend aux hommes les manœuvres et la discipline. Tous sont affairés à scier les planches en chantant, à couper les arbres, tresser les guirlandes de lierre et de fleurs, pour édifier un autel en forme de rocher, couvert de mousse, supportant une niche en style gothique qui doit accueillir le Saint-Sacrement.

Le lendemain des festivités, il y a eu un sacré barouf. La gendarmerie française de Rome a signalé, à qui de droit, l'affectation avec laquelle les zouaves s'étaient abstenus de saluer le drapeau français. Quand la bannière tricolore est passée, tous sont restés couverts[26] ! À l'arrivée des premiers volontaires, les rapports avec l'armée d'occupation de Louis Napoléon avaient pourtant été excellents. Soldats du pape ou de l'empereur, les Français

25. Notamment à Nettuno, au printemps 1861.

26. *Le Siècle* du 18 juin 1861.

fraternisaient à qui mieux mieux dans les ostérias. Hélas, les relations se sont refroidies depuis que Paris a interdit au corps expéditionnaire de frayer ou de faire cause commune avec les zouaves.

Les pieuses besognes confiées aux volontaires du pape ne suffisant pas à occuper les troupes, le gouvernement pontifical a donc décidé de leur confier la charge de réprimer le brigandage qui sévit dans les environs. Les malfrats qui agissent en bandes aux portes de Rome sont des paysans ou des travailleurs misérables habitués, par leur sujétion envers les maîtres du sol, à voir l'histoire se dérouler en dehors d'eux et contre eux[27]. Les Piémontais accusent ce fouillis de malfaiteurs d'être soudoyés par les souverains en exil, d'être les supplétifs des Bourbons, et d'alimenter la guérilla en attaquant les colonnes de patriotes. C'est vrai pour les têtes brûlées que fréquente Marie-Sophie à Rome, ou encore, certaines grappes de combattants des armées défaites du roi en exil, encouragés par le clergé méridional. Toutefois, beaucoup de ces brigands ne sont pas des partisans acquis à une cause politique, mais de simples bandits de droit commun, précurseurs de la Camorra. Ils peuvent aujourd'hui faire la guerre à Victor-Emmanuel en criant : « Vive François II ! » Comme ils la feront demain à François II, en criant : « Vive Victor-Emmanuel ! » Pour eux, le brigandage est un métier et l'attachement aux Bourbons, quand il est revendiqué, un prétexte[28]. Armés de fusils et de poignards longs et pointus, ils attaquent les

---

27. Jean-Pierre VIALLET, « Réactions et brigandage dans le *Mezzogiorno* péninsulaire (1860-1869) », dans *Recherches régionales Côte d'Azur et contrées limitrophes*, XXIIIe année, 1982, tome IV.

28. Maxime DUCAMP, « Naples et la Société napolitaine sous le roi Victor-Emmanuel », *Revue des Deux-Mondes*, XXXIIe année, seconde période, tome 41, 1862.

voyageurs fortunés, enlèvent des personnes, extorquent biens et rançons. Ils sont sans état d'âme pour intimider l'adversaire, achever les soldats blessés comme leurs prisonniers, après avoir pris le soin de mutiler leur corps.

Emmanuel participe à ces expéditions qui lui vaudront le grandiose supplément de solde de cinq sous par jour, cinq cents écus par brigand pris ou tué, voire mille, dans le cas d'un chef. Il reste cantonné un bon moment à la frontière des Abruzzes, une région parmi les plus sauvages d'Italie, faite de croupes montagneuses, de gorges inaccessibles et d'amphithéâtres rupestres. Dans cette contrée se cache une quarantaine de bandes de gibiers de potence, cruels et sans pitié. Les combats sont rudes, et l'environnement difficile offre de multiples refuges à un ennemi le plus souvent invisible. Il faut s'accoutumer aux fatigues, aux privations, et aux patrouilles les plus pénibles, de jour comme de nuit ; trimballer l'*Azor* – le barda ! – qui ne fait pas loin de soixante livres, avec les paquets de cartouches, la tente et ses piquets, la couverture, des vivres pour plusieurs jours et les casseroles en sus ; cohabiter avec une horde d'insectes qui réveille le dormeur, réduit à s'arracher la peau. Les épidémies font des ravages, la fièvre typhoïde en particulier. Emmanuel s'en sort bien. Il termine cette campagne de « *perlustrations*[29] » en n'ayant qu'à se plaindre d'une mauvaise toux qui, de temps à autre, secoue douloureusement sa poitrine.

Le témoignage de Marie-Louise von Wallersee Larisch

C'est à Rome qu'Emmanuel va faire la rencontre de Marie-Sophie. À quelle époque ? Soit peu après l'arrivée de Mathilde, la sœur de Marie-Sophie, c'est-à-dire, à partir

29. Mot utilisé à l'époque par les zouaves, qui vient de *perlustratio* : l'action de « parcourir du regard » en latin.

de juin 1861[30] ; soit entre le début octobre et la fin décembre de la même année[31], une période où les zouaves sont essentiellement romains, et où beaucoup d'entre eux emploient leurs loisirs à faire vraiment connaissance avec la ville chrétienne qu'ils sont venus défendre.

En quelle circonstance ? De mémoire, ma grand-mère avait évoqué une occasion mondaine. Je ne saurais dire si c'est à l'Opéra, lors d'un bal ou d'une promenade. Il est vrai que la reine s'est réfugiée à Rome accompagnée d'une suite de cent vingt personnes. La présence de François II dans la Ville sainte a attiré, en outre, un grand nombre d'officiers de l'armée napolitaine et quelques familles patriciennes du Royaume des Deux-Siciles[32]. Dans cette brillante villégiature, les occasions ne doivent pas manquer. Ajoutez à cela que presque chaque jour, les sœurs Wittelsbach vont en victoria à la promenade du Pincio et de la villa Borghèse, toujours accompagnées d'un gros terre-neuve, s'exposant à la foule dans leurs belles robes sorties tout droit de tableaux des Macchiaioli. Le soir, on croise ces dames sur le Corso, dans la loge du prince de Torlonia aux théâtres de l'Apollo ou de l'Argentina[33], ou à un concert de Liszt venu défendre

30. Le couple Trani est arrivé de Marseille sur un bateau espagnol le 11 juin 1861 selon la *Correspondance de Rome* n° 148 du 13 juin 1861.

31. Après avoir été durablement à Anagni, à compter d'octobre, la 8e compagnie à laquelle appartient Emmanuel séjournera à Marino autour du lac d'Albano, une région où sont fréquemment les Bourbon de Naples. À compter du printemps 1861, par exemple, François II loue le palais Feoli à Albano, l'ancienne résidence de Charles VI d'Espagne (cf. *Le Temps* du 29 avril 1861).

32. Parmi ces familles, les Barluzzi, les Boezi, les Gentilucci, les Alessandroni, les Fidanza, etc.

33. Un soir, après les solennités de Pâques, elle est apparue au théâtre dans une toilette entièrement pourpre qui lui allait à ravir. Il s'est dit en riant qu'elle avait revêtu l'habit garibaldien dans l'espoir de rallier à elle la jeune Italie. (Cf. Jean-Paul Garnier, *Naissance de l'Italie. Le dernier roi de Naples*, *op. cit.*)

Mozart et Beethoven dans la Ville éternelle[34]. « *Sora Sofia* », comme l'appellent les Romains, discute volontiers avec tout le monde...

La suite, c'est la comtesse Marie-Louise von Wallersee Larisch, qui va la raconter. C'est elle en effet qui, à la fin de sa vie, en 1936, va divulguer l'idylle entre mes amoureux[35].

Qui est cette femme ?

Issue du mariage morganatique du duc Louis de Bavière avec la cantatrice Henriette Mendel, elle se trouve, par son père, être la nièce de la reine de Naples et de l'impératrice d'Autriche. Cette dernière l'a prise en affection, a fait d'elle sa confidente et l'a mariée avec un grand seigneur autrichien, le comte Larisch. Elle va lui témoigner une faveur qui aurait probablement duré autant que leur vie à toutes deux, sans le drame de Mayerling et la mort tragique du fils de Sissi, l'archiduc Rodolphe, en 1889. On va l'accuser d'avoir joué un rôle capital dans la liaison fatale de l'héritier du trône avec la jeune Vetsera. Elle va s'en défendre avec indignation. Pendant des années, elle se plaindra d'avoir été clouée au pilori comme le mauvais génie des Habsbourg. L'impératrice Élisabeth, qui jusqu'alors l'avait comblée de ses bontés, va la faire impitoyablement chasser de la cour. Elle deviendra la femme la plus décriée d'Europe. Sa disgrâce sera le début de sa décadence. La réprouvée fera désormais étalage des multiples aventures des Wittelsbach et n'hésitera pas à raconter, plus ou moins exactement d'ailleurs, ce qu'elle sait des secrets de famille.

---

34. Nicolas Dufetel, « "Italia und Germania". Les séjours italiens de Liszt (1837-1839 et 1861-1886) », *Études germaniques*, vol. 251, n° 3, 2008.

35. Dans son livre intitulé : *Die Heldin von Gaeta - Tragödie einer Königin*, Herbert Eisentraut, Leipzig, 1936.

Ses mémoires ont souvent été regardés comme des écrits suspects, publiés dans un but tout personnel. Malgré tout, je prends le parti d'exploiter un vieux livre du prince Raoul de Broglie[36], fin connaisseur de l'Italie, qui rapporte avec toutes les précautions d'usage un court extrait du récit de la sulfureuse comtesse sur les amours romaines de la reine de Naples. Un passage seulement, car à ma connaissance, ce témoignage n'a jamais été traduit *in extenso* en français.

Que nous apprend cette comtesse ?

« Pendant son séjour à Rome, Marie-Sophie ne va trouver de véritable appui que dans l'amitié qui la lie à sa sœur Mathilde, mariée au comte de Trani. Au grand scandale de Marie-Thérèse, les deux sœurs s'évadent le plus souvent qu'elles peuvent pour courir à cheval, pendant de longues heures, et font alors la connaissance d'un officier des zouaves pontificaux, d'origine belge, le comte "Armand de Lavayss". Ce dernier va les suivre dans leurs chevauchées quotidiennes. Mathilde, fort peu heureuse en ménage, verra d'un bon œil ce rayon de soleil pénétrer dans l'existence de sa sœur. Ce comte rendra de fréquentes visites au palais Farnèse, et là, dans une petite pièce située sous les combles, les deux princesses et le beau capitaine au collier de barbe blonde, passeront ensemble de longues heures, loin de l'étiquette, en causant librement et, chose alors formellement interdite aux femmes, en fumant de nombreuses cigarettes. »

Dans ce joli brouillard, soulevé par la légèreté et l'ancienneté de ce témoignage, il me faut à présent discerner le vrai du faux.

---

36. Raoul de Broglie, *Le Palais Farnèse*, *op. cit.* Raoul de Broglie (1904-1982) fut conservateur adjoint du musée Condé. C'était un ancien élève de l'École des Chartes.

Non ! Le père de Daisy ne se prénomme pas Armand, mais Emmanuel. Cette germanophone aura sans doute confondu le prénom Armand avec le mot « amant ».

Non ! Emmanuel n'est pas belge. C'est avec un Français que Sa Majesté galope dans la campagne romaine pour savourer la beauté des paysages. Cette confusion vient probablement du fait que c'est le bataillon de tirailleurs franco-belges qui a constitué, à partir de 1860, l'amorce du futur régiment des zouaves pontificaux. À leur arrivée, les volontaires irlandais ont créé le bataillon de Saint-Patrick. Quant aux Belges et aux Français, ils ont été regroupés sous une seule et même bannière : les « Franco-Belges[37] ».

Non ! Lavaÿsse n'est pas capitaine, pas même officier. Sur la photo du château de Garrevaques, Emmanuel porte des guêtres, des molletières et un fusil, non les bottes et le sabre réservés aux gradés. Il est simple soldat. Je l'ai d'ailleurs vérifié dans les volumes des matricules, publiés – en lien, semble-t-il – avec *L'Avant-Garde*, le journal des anciens zouaves, créé à l'initiative d'Athanase de Charette, la gloire des « Vieux Antiques ».

Les amoureux du palais Farnèse

Les rencontres privées des parents de Daisy se déroulent-elles dans les combles du Farnèse ? Possible, mais alors le soir, dans la paix d'un palais à demi endormi, ou dans la journée, au milieu du bruit des ouvriers et des marteaux, car cette merveille de la Renaissance, considérée comme la plus belle demeure de Rome, est alors en pleins travaux.

37. Ce bataillon est commandé par le général-marquis Georges de Pimodan, qui trouvera la mort au combat, et le commandant Louis de Becdelièvre (promu lieutenant-colonel après Castelfidardo).

Le chantier des futurs appartements de Marie-Sophie, qui donnent sur le Tibre, en particulier, vient seulement de débuter[38].

Jusque-là, l'antique maison que François II tient de ses ancêtres a servi de résidence aux ministres ou à l'école des Beaux-Arts des Deux-Siciles. Du temps de son règne, le roi n'y passait qu'une fois l'an pour rendre l'hommage lige au pape. Les premiers jours de son exil, on la juge en trop mauvais état pour soutenir son rang. Elle a été saccagée durant les événements révolutionnaires de 1849. À présent, son délabrement fait craindre un malheur imminent. Les souterrains sont encombrés d'ordures, de nombreuses corniches, notamment celles de la galerie des Carrache, sont infiltrées d'eau et pourrissent à vue d'œil. Les plafonds, fort abîmés, menacent de s'effondrer. C'est bien simple, de passage à Rome, la femme de lettres Louise Colet, maîtresse d'Alfred de Musset et de Gustave Flaubert, décrira les lieux comme « aussi infectes qu'un quartier de Naples ». Tout est à refaire : les parois, les couloirs, les escaliers, sans compter les appartements royaux à créer[39]. L'ampleur du chantier est telle que François II envisage un temps de s'en séparer. Pie IX l'en a dissuadé, refusant que cette dernière douleur vienne s'ajouter à tant d'autres. Au reste, le cardinal Antonelli va faire en sorte que ce palais ne puisse être vendu qu'au

38. François de Bourbon charge le prince Pignatelli de procéder à une restauration complète, et celui-ci confia les travaux à l'architecte Antonio Cipolla, qui s'occupait de restaurer le palais depuis 1859. Il débute l'aménagement des nouveaux appartements royaux à partir de juin 1861.

39. Simon Sarlin, « Antonio Cipolla, architecte du palais Farnèse », *Mélanges de l'École française de Rome - Italie et Méditerranée modernes et contemporaines*, 122-2 | 2010, p. 347-370.

Saint-Siège qui n'a aucunement envie de l'acquérir[40]. L'idée est de contrecarrer les offres de Napoléon III qui propose, avec insistance, au roi désargenté, de racheter ses possessions romaines pour l'incliner à ne pas s'éterniser en Italie.

C'est ainsi que François II va prendre ses quartiers au Quirinal et abandonner sa demeure familiale à ses ministres des Finances, de la Guerre et de la Marine[41], de même qu'à un certain nombre de serviteurs et de fidèles qui vont trouver à s'installer dans une aile du bâtiment.

Cela dit, on sait deux choses. La première est qu'à partir de l'hiver 1861, François va accélérer les travaux du Farnèse. La France réclamant au gouvernement pontifical l'éloignement de l'ex-roi de Naples, les cardinaux vont habilement lui suggérer de se hâter de quitter le Quirinal (qui appartient au pape) pour sa propre maison. La seconde information, c'est que Marie-Sophie y a ses habitudes. Elle y fait garder ses chiens et ses perroquets[42]. Par ailleurs, durant le chantier, la superbe terrasse du palais qui enjambe la via Giulia, continue d'être utilisée comme tribune pour admirer les courses de chevaux ou d'ânes, au moment du Carnaval ou des fêtes de nuit, sur le Tibre.

---

40. François II, en manque d'argent, a obtenu du pape que deux de ses décrets (16 avril et 10 juin) lui permettent de disposer librement des biens qui formaient le majorat de Farnèse. Une seule réserve a été faite, officiellement, en raison de la valeur architecturale du palais Farnèse. François II ne pouvait le vendre qu'à la Chambre apostolique, c'est-à-dire au Fisc pontifical (cf. *Le Gaulois* du 1er mars 1910). Ses autres propriétés étaient libérées du *fideicommis*, une servitude qui obligeait le roi déchu à partager le fruit de leur vente avec les autres descendants des Farnèse.

41. Il y avait notamment l'appartement de l'amiral Roberto Pasca, signataire de la capitulation de Gaète, ministre de la Marine dans le gouvernement en exil de François II.

42. ASN, Archivio Borbone, b. 1618, fo 892-893 : Camillo Trasmondo au prince Ruffano, Rome, 3 mai et 17 juin 1861.

Il faut que j'en apprenne davantage. Or, l'été s'annonce. Le Farnèse étant devenu le siège de la représentation diplomatique de la République française en Italie, je décide d'envoyer une lettre à notre ambassadeur. J'espère, sans trop y croire, obtenir l'autorisation de venir y fureter. Cinq jours plus tard, je reçois un appel de Rome…

Avant de partir pour l'Italie, il me faut trouver une bonne âme pour traduire la suite du témoignage de la comtesse Larisch. J'ai commandé son livre en Allemagne. Or, je me suis mis en tête de faire coup double, c'est-à-dire de trouver un traducteur sur les lieux mêmes où Marie-Sophie a passé son enfance.

Au début du mois d'août, je passe à Munich chez mes amis Klauss, en pleine canicule sous les flèches d'un soleil brûlant. En cette saison, la ville des Wittelsbach prend un air italien. L'architecture prête à l'illusion. L'église de la cour est copiée sur la Cappella Palatina de Palerme, le portique des maréchaux sur la Logia de Lanzi de Florence. Certaines églises sont surchargées d'ornements somptueux. Les gens les plus occupés sont ceux qui servent à boire et à manger. Des pigeons familiers viennent, comme à Venise, manger des miettes entre vos mains. Tout rappelle que l'Italie n'est pas loin. Je passe devant le palais royal où Marie-Sophie s'est mariée par procuration un soir de janvier 1859, puis devant l'*Englischer Garten*, où elle galopait en compagnie de ses sœurs. Je suis ravie de voir cet univers radieux où elle a vécu dans son enfance. Comment ne pas aimer cette région d'un charme si particulier.

Nous partons chercher la fraîcheur dans la campagne bavaroise avec ses lacs, ses sapins étagés et ses champs à l'odeur de foin coupé. Nous nous baignons dans le Starnberg, lieu saint des âmes nostalgiques, en face du château de Possenhofen, à l'endroit où l'on a retrouvé le cadavre du roi Louis II de Bavière, juste sous la chapelle votive commémorant la mystérieuse tragédie. Bien que jusque-là la journée ait été claire et sereine, un amas de nuages sombres commence à s'amonceler au sommet des montagnes. Soudain, un roulement de tonnerre, puis un long éclair donnent tous les indices d'un orage d'été. Il va être déchaîné, furieux, interminable. En un clin d'œil, nous nous retrouvons à courir sous un déluge pour nous réfugier dans la taverne la plus proche. Nous nous consolons avec une bouteille de vin doré et un chapelet de *Weisswurst*, accompagné de *Bayerischer süßer Senf*, la moutarde bavaroise au goût sucré. C'est là, au milieu de « *Prosit* » retentissants et de chopes de bière qui s'entrechoquent, qu'avec patience, mes amis vont m'aider à traduire une partie des pages de mon livre détrempé.

Trois jours plus tard, je suis à Rome.

Troublée à l'idée de mettre mes pas dans ceux d'Emmanuel, je fais quatre fois le tour de notre ambassade comme un Indien autour d'un totem, sous les yeux suspicieux des *carabinieri*. Le Farnèse est protégé par un large périmètre de sécurité, et son accès est contrôlé par tout plein d'hommes en armes qui se gardent des ardeurs du soleil sous les bâches de leurs jeeps. Le lendemain, les mêmes fouillent méticuleusement mon sac avant de me laisser entrer dans un palais qui pourrait concourir pour le titre de château de la Belle au Bois dormant. Nous sommes la veille du 15 août, il est désert. Je suis escortée par Jean-Charles Scocard, le chef de la Sécurité qui détient toutes les clefs de la maison, et la Secrétaire générale adjointe de l'Institut français de Rome. Je connais déjà l'édifice mais, ce matin, je pourrais me diriger les yeux fermés sans avoir à demander mon chemin, tant j'ai étudié ses plans.

Tout dans la physionomie des lieux concorde avec le récit que j'apporte dans mes valises. Cette visite me permet de mieux comprendre le rituel de mes tourtereaux.

C'est Mathilde, la comtesse de Trani, la sœur de Marie-Sophie, qui se charge de fixer les rendez-vous aux jours et aux heures adéquates. Emmanuel arrive en barque jusqu'au palais dont l'emprise va alors jusqu'au Tibre. À la maison d'habitation se trouve en effet annexé, au bout du superbe jardin, un long corps de dépendances parallèles aux quais putrides. Au-delà, un second terrain, plus petit, vient mourir sur la berge qui ressemble alors à un bourbier, en sorte que la silhouette de la propriété se dessine alors en deux tronçons, séparés par la via Giulia.

Dès qu'Emmanuel s'est amarré, Marietta, la fidèle femme de chambre de la reine, le conduit en catimini, traversant les bâtiments de services, puis les jardins jusqu'au premier portique du palais. C'est là, à gauche, sous l'arche, derrière un fragment antique posé à la manière d'une ruine piranésienne, qu'est toujours cachée, cent soixante ans plus tard, une minuscule porte noire, ouvrant sur un escalier en colimaçon, évoqué par la comtesse Larisch. Le policier qui m'ouvre ce portillon me confirme que ce passage, aménagé jadis pour faciliter la circulation et le service de la domesticité, débouche bien sur des combles, et donc certainement sur la pièce où les parents de Daisy se retrouvaient.

En poursuivant au-delà du portique qui abrite ce discret escalier, on tombe sur la cour intérieure. Ses vastes loggias constituent de merveilleux postes de vigie pour Marietta qui reste en sentinelle et guette les importuns. Ainsi donc, lorsqu'on entre au palais Farnèse, non par le fleuve et la via Giulia, mais, comme il se doit, par la ville, il faut traverser tout un cortile à découvert, avant que de pouvoir surprendre la cachette des amoureux.

Aux dires de la comtesse, il n'y aura qu'une seule alerte pendant l'idylle des amants, le jour où Emmanuel, le plus souvent habillé en civil, va perdre son chapeau qui dévalera la vis du colimaçon en faisant un boucan du diable. Un boucan du diable ? S'agissait-il d'un haut-de-forme ou du couvre-chef des réservistes pontificaux dont j'ai vu un exemplaire ce matin même au musée romain du *Risorgimento* ? La taille et la rigidité de ce curieux pork pie, affublé d'une cocarde jaune et blanche, aux couleurs du Vatican, pourraient fort bien expliquer l'incident sonore rapporté par Marie-Louise von Wallersee Larisch.

Mon enquête, cela dit, ne va pas se concentrer sur ce genre de vétilles. La description physique que cette femme donne d'Emmanuel est un point autrement intéressant. En évoquant un homme portant un collier de barbe blonde, elle ne se trompe pas ou peu. Sur le portrait trouvé au château de Garrevaques, Emmanuel semble être châtain ou blond, et avoir les yeux clairs. Il arbore « l'impériale », c'est-à-dire la moustache et la barbiche fournie en vogue sous le Second Empire. Et dans son dossier militaire, retrouvé aux archives d'État de Rome, Lavaÿsse est bien répertorié comme un homme châtain, d'un mètre quatre-vingts, avec un visage ovale et des yeux gris.

En réexaminant sa photo à la loupe, je m'aperçois qu'Emmanuel pose devant un décor panoramique en papier peint représentant la basilique Saint-Pierre, le corps négligemment appuyé contre un balustre factice, imitant la pierre de taille. L'image porte la « griffe » des frères Alessandri qui ont ouvert le premier atelier photographique de Rome en 1856, et par ailleurs – c'est important ! – l'adresse « via del Babuino ». En 1865, trois ans après la naissance de Daisy, cette griffe sera modifiée puisque les mêmes déménageront sur le Corso.

L'un des deux Alessandri appartenant au clergé, ces messieurs sont devenus les photographes officiels et exclusifs du pape et de sa cour. Dans la liste de leurs clients, on trouve les plus hauts prélats, mais aussi les souverains de Naples en exil, si bien que je ne vais pas être longue à dénicher des clichés de la reine, pris à la même adresse, devant le même balustre en carton-pâte qu'Emmanuel. Marie-Sophie adore se faire photographier[43].

Grâce aux Alessandri, j'ai désormais sous les yeux les visages de mes amants tels qu'ils se sont rencontrés et séduits. Il est facile d'imaginer la jeune Wittelsbach lasse de ne plus pouvoir distinguer l'ami fidèle du flatteur, épuisée par cette bassesse, cette horrible bassesse qu'elle sent dans l'air romain, succomber devant cet authentique idéaliste, cet aventurier mystique, l'un de ces hommes qui n'est pas perdu pour l'honneur. Ma grand-mère m'avait décrit notre cousin comme un garçon plein de fougue et de noblesse. Il n'a que vingt-cinq ans, mais à cet âge combien déjà font des calculs ? Lavaÿsse, lui, est généreux, limpide, presque naïf, doté d'un allant, d'une énergie qui emportent tout.

Jusque-là, son cœur est resté rebelle aux pièges que tend l'Amour. Mais au premier regard de l'héroïne de Gaète, il va être comme pétrifié par une admiration qu'il ne se rappelle point avoir jamais éprouvée pour personne. Elle n'a que vingt ans, mais avec sa nature précoce, sa grande taille et son profil de camée, elle atteint déjà l'apogée de la beauté. Il est captivé par cette femme autoritaire et tendre dont chaque mouvement lui est imprévu. Avec ses manières de sauvageonne, « l'héroïne de Gaète » lui fait penser à « l'Amazone du Bocage », naguère égérie de Chateaubriand

43. À Naples, sa photographe était la Française Agrippine Grillet. À Rome, elle sera aussi photographiée par l'Allemand Gustav Reiger.

et des légitimistes français : la tante de François II[44], la duchesse de Berry, la femme du duc assassiné, la mère du comte de Chambord, l'enfant du miracle, l'héritier de la maison de France. Elle aussi, en son temps, avait étonné son monde en essayant de soulever la Vendée pour remettre, sur la tête de son fils, la couronne qui lui avait été volée.

La suite, on l'imagine. Notre cousin va prendre l'habitude d'escorter les sœurs Wittelsbach dans la campagne romaine. Aux portes de la ville, une partie du territoire est toujours infestée de pillards, ce qui rend les routes peu sûres. Or, le jeune Français est un solide cavalier, et l'on trouve d'assez bons chevaux à louer via Laurina. Chez ses parents, au château des Camaldules, il s'élançait toujours par monts et par vaux, sur les rives de l'Yerres, dans les ravins et les vallons boisés. Emmanuel n'est pas un livresque comme ses frères, c'est un être physique dont la vie est toute mouvement et liberté. Il adore la chasse avec ses imprévus, ses émotions et ses efforts couronnés de succès. Sur ce point, les nouveaux amis se sont trouvés. Marie-Sophie raffole de la chasse au renard car tout s'y réduit à une question d'adresse et de vitesse. Les trois jeunes gens – les futurs amants et la jeune Spatz – partent souvent au point du jour avec la meute du Farnèse, pour trouver la piste de l'animal au milieu de ses expéditions nocturnes et le suivre jusqu'à son terrier. Ils galopent sur leurs étriers vers les montagnes verdoyantes du Latium, dévalent les coteaux taillés en terrasses, sautent toutes sortes d'obstacles, croisent des bouts de voie romaine ou les traces desséchées d'un torrent d'hiver. Et après la bataille, la reine extirpe de sa tenue de page une flasque de Marsala, dont ils éclusent de longues et fébriles gorgées.

44. Marie-Caroline de Bourbon, princesse de Naples et de Sicile, était la sœur aînée du « roi Bomba », Ferdinand II, roi des Deux-Siciles.

Ils ne sont jamais pressés de rentrer. Ils errent sans but sur les terres giboyeuses de Castel Porziano, près du temple de la Sibylle à Tivoli ou au pied du tombeau de Cécilia Metella, sur la via Appia. Parfois, ils poussent jusqu'à Castel-Fusano, où Pline avait autrefois sa maison[45]. Tous ces lieux se prêtent admirablement à la rêverie. Le silence divin n'est troublé aux heures chaudes que par le chant des cigales. Ils se délectent de ces paysages auxquelles un amour naissant semble prêter de nouveaux charmes. Au premier jour, en effet, Spatz a surpris sa sœur sombrer insensiblement dans le manège de la coquetterie et des mimiques de la conversation galante, joyeuse comme un rayon de soleil, tout entière au bonheur de vivre. S'il n'en a rien laissé paraître, Emmanuel, lui aussi, a vite ressenti le trouble de l'émotion amoureuse, quand tous les rêves semblent à portée de main. Il est des êtres conduits l'un vers l'autre par une force mystérieuse, et qui sont faits pour s'éprendre d'un amour qui changera à jamais le cours de leur vie ; un amour qu'ils sentent par le cœur, par l'esprit et par les sens d'une façon très complète. C'est ainsi ! Jusque-là, l'ambition du jeune Français avait été de souffrir pour l'Église et de mourir pour Dieu. D'un coup, d'un seul, cette pure flamme du dévouement, allumée au cœur de ses vingt ans, va se reporter sur la reine soldat. Quant à Marie-Sophie, cet amour va la prendre tout entière. Après avoir été abreuvée de mécomptes dans son morne mariage, son zouave va devenir sa récompense adorée et la frénésie de son cœur. Elle passera ses journées à guetter les messages d'Emmanuel, à tourner dans le cercle de ses rêves pour imaginer leur prochaine entrevue. Telle va devenir sa vie…

---

45. Jean-Paul Garnier, *Naissance de l'Italie. Le dernier roi de Naples*, *op. cit.*

Une nuit de carnaval?

Marie-Louise von Wallersee Larisch affirme que l'enfant du péché est née le 24 novembre 1862. Cette date offre une charmante information, passée inaperçue. C'est qu'il existe une science fort importante, en effet, la science mathématique! Les deux cent soixante-six jours de gestation depuis la conception jusqu'à l'accouchement, habituellement constatés chez l'*Homo Sapiens* de sexe féminin, pourraient fort bien faire de Daisy une enfant du carnaval de Rome, une période propice aux nuits galantes…

Cette fête dure traditionnellement huit jours et finit le « mardi gras », soit pour l'année qui nous occupe le 4 mars 1862. Quelques jours auparavant, le 20 février, les agitateurs du « Comité national » et les garibaldiens, qui pullulent dans Rome, ont placardé sur les murs de la ville une proclamation furibonde appelant au boycott de l'événement en signe de protestation contre tous ces bourboniens, ces zouaves et autres sbires de Mgr de Mérode qui vont bientôt envahir le Corso. Ils ont invité le peuple à bouder le carnaval et à aller protester au forum, siège de l'antique grandeur de la patrie. Mais la harangue de ces messieurs les révolutionnaires ne va paralyser en rien l'entrain ordinaire des Romains et des soldats du pape. Au contraire, tous vont se faire un devoir d'y participer avec ardeur[46].

Ces festivités sont l'occasion de grandes réceptions et de bals forts brillants chez les princes italiens et les nobles étrangers. Le mot d'ordre est à la fête, que ce soit chez les princesses Rospigliosi, Scylla ou de Palerme, chez les

46. François Le Chauff de Kerguenec, *Souvenirs des zouaves pontificaux*, *op. cit.*

comtesses de Montebello ou de Béthune, comme dans les ambassades. En ce début d'année d'ailleurs, bien des mères parisiennes séjournent à Rome pour conduire leurs filles dans le monde[47]. Songez donc! La ville regorge de gentilshommes issus des plus illustres familles et aimés de la fortune : une mine de fiancés! La vénérable comtesse de Ségur, toujours soucieuse d'éclairer les jeunes filles – et qui consacrera son dernier roman aux volontaires du pape[48] –, voit dans le zouave pontifical la figure masculine idéale. Tout est dit!

Le soir, le peuple pour sa part festoie dans les trattorias à coups de macaronis, de viande et de vin. Les divertissements officiels se déroulent principalement sur le Corso, même si les rues Ripella, Babuino et la fameuse via Giulia sous la terrasse du Farnèse tiennent lieu de coulisses à ce théâtre en plein vent. Chaque jour, à deux heures de l'après-midi, un coup de canon annonce l'ouverture des réjouissances. L'artère centrale du quartier historique, dont toutes les fenêtres sont bariolées d'étoffes, s'emplit de calèches découvertes qui se rangent les unes derrière les autres, formant deux courants parallèles, de la piazza del Popolo à la piazza Venezia. La multitude des voitures et des curieux, des arlequins et des polichinelles se croise dans un charivari épouvantable, car chaque individu de cette masse bigarrée est muni de confettis et de dragées enfarinées à jeter à foison ou de jolis bouquets destinés à la femme dont on veut attirer l'attention. Ces Romains, ces gens si graves, si sages en apparence, deviennent fous, disait

47. Henry d'Ideville, *Journal d'un diplomate en Italie : notes intimes pour servir à l'histoire du Second Empire, Rome, 1862-1866*, Hachette, 1872-1873.

48. La comtesse de Ségur, *Après la pluie, le beau temps*, Hachette, 1871.

Stendhal, dès qu'on leur lâche la bride[49] ! Soldats, ecclésiastiques, rois, reines, quiconque entre dans l'arène sait que tout lui est permis et qu'il doit tout supporter en riant[50]. Enfin, le dernier jour, tout le monde reste jusqu'à la nuit. Tout à coup s'illuminent les *moccoletti*. Chaque participant s'arme d'une ou de plusieurs de ces petites chandelles, transformant la rue en une merveilleuse illumination mouvante. Il s'agit alors d'éteindre la bougie des autres et de garder la sienne allumée. Le grand seigneur et la paysanne venue des Abruzzes s'ébattent l'un, l'autre, sans aucune distinction de caste. Chacun cherche un peu d'amour et de poésie sous son masque. Plus d'un cœur moins vigilant qu'à l'ordinaire, en ces jours de laisser-aller public, est pris à l'innocent hameçon du « *mazzo di fiori*[51] », et bien des passions naissent de ce contact désordonné de tant de gens qui ne semblent plus vivre que pour le plaisir.

Marie-Sophie, elle aussi, s'est vraisemblablement ménagé une entrevue discrète, furtive, délicieuse avec l'homme que son cœur s'est choisi. Elle aura profité du joyeux tohu-bohu pour retrouver Emmanuel. Peut-être se sont-ils frayé un chemin, au milieu des gravats du chantier du Farnèse, jusqu'à la terrasse du palais pour regarder les courses sur la via Giulia. Tous les jours, des chevaux semi-sauvages, les *barberi,* sont lancés en liberté et concourent avec une rapidité formidable. Peut-être se sont-ils retrouvés au moment féerique des *moccoletti*…

En tout cas, elle s'est abandonnée corps et âme à l'amour, cette chose merveilleuse, ce rêve de la vie. Elle l'a fait

---

49. Stendhal, *Promenades dans Rome*, Delaunay. 1829.

50. À Paris, le journal *L'Illustration* publiera un jour une gravure de l'ex-roi de Naples François II et de sa famille, lançant des confettis au peuple sur le Corso (cf. *L'Illustration* du 3 mars 1866).

51. Bouquet de fleurs.

certainement sans aucun sens du péché, dans une totale inconscience, certaine comme toutes les amoureuses qu'elle n'aurait jamais un regret de tant de bonheur.

À cette époque, cela fait un mois qu'Emmanuel a été rendu à la vie civile. Il est sorti des rangs une semaine avant le déclenchement de l'affaire des photos pornographiques[52]. Pourtant, après sa période de six mois, achevée en novembre 1861, il venait de « rempiler[53] ». Pour quelles raisons le beau volontaire a-t-il abrégé ce nouvel engagement ? Son départ inopiné a-t-il un lien avec les clichés trafiqués ? Son visage aurait-il été utilisé pour certains de ces montages ? Possible ! Ils n'ont jamais été dévoilés, personne ne les connaît. Les images qui sont utilisées aujourd'hui pour illustrer ce fait divers dateraient de 1890, soit près de trente ans après le scandale[54]. On sait, en outre, qu'un employé de l'atelier des frères Alessandri, Belisario Gioja[55], a été inquiété durant l'enquête. Qui sait si ce peintre-retoucheur n'a pas

52. Emmanuel quitte les rangs des zouaves le 26 janvier 1862. Pour beaucoup d'auteurs, le vrai scandale « public » des photos pornographiques se serait déclenché tout début février. Cela dit, on trouve dans la presse française des entrefilets sur l'existence de ces clichés, dès le mois de décembre 1861, entre autres dans l'édition du *Charivari* du 14 décembre 1861.

53. Ministero delle Armi, *Matricole Corpi Esteri, Reggimento Zuavi*, vol. 1635 alla matr. n. 850, archives d'État de Rome. Les engagements étaient généralement contractés pour six mois ou pour deux ans, et les réengagements étaient chose courante : 843 zouaves se sont réengagés une fois et 76 deux fois (cf. Jean Guenel, *La Dernière Guerre du pape. Les Zouaves pontificaux au secours du Saint-Siège*, Rennes, PUR, 1998).

54. Gigi Di Fiore, *L'Ultimo Re di Napoli. L'esilio di Francesco II di Borbone nell'Italia dei Savoia*, UTET, 2018.

55. Belisario Gioja (1829-1906), peintre et dessinateur, spécialiste des scènes de genre, exposera à Rome, Florence, Paris et Londres. Par un curieux hasard de l'histoire, le pape Léon XIII le décorera de la croix de Saint-Grégoire-le-Grand pour avoir artistiquement retranscrit sur une feuille de parchemin la bulle *Ineffabilis Deus*, le dogme de l'Immaculée Conception, proclamée le 8 décembre 1854, par son prédécesseur Pie IX (cf. *L'Univers* du 24 décembre 1883).

subtilisé la photo de ce client parisien un peu trop proche de la souveraine ? Lavaÿsse qui faisait fièrement caracoler son cheval sous les yeux des sœurs Wittelsbach, avait probablement été repéré par les espions de tout poil.

Une chose est sûre, une crise couve. Quelques semaines plus tôt, la presse a rapporté que le Saint-Père était revenu furieux d'un dîner qu'il avait offert au roi et à la reine de Naples[56]. Marie-Sophie ne lui avait pas dit un mot, bien que Pie IX ait tenté à maintes reprises de lui adresser la parole. Pour quelle raison s'est-elle murée dans ce silence insolent ? Lavaÿsse a-t-il été limogé sur ordre du gouvernement pontifical ? *A priori*, non. Son dossier militaire indique qu'il a été « libéré » et non « congédié ». Il y a sans doute une autre explication. La jeune héroïne de Gaète s'est décidée à en finir avec ce pape, avec ce roi et avec l'Italie. Quant à Emmanuel, il sait peut-être que la rumeur court et qu'il ne pourra plus très longtemps se maintenir dans les rangs.

Les attaques incessantes contre sa personne, le vent de calomnie né de l'affaire des images pornographiques[57], la quasi-certitude que son idylle va être complaisamment ébruitée, Marie-Sophie se sent probablement sans défense contre tant d'implacables haines. Que peut-elle leur opposer ? Rien que le faible témoignage de son innocence. Demain, on lui fera peut-être un crime de ses amours, mais on oubliera qu'elle est mariée depuis trois ans et que son mariage n'a toujours pas été consommé. D'ici là, lors de la soirée de carnaval au Théâtre de l'Apollo, son royal époux, enhardi par l'anonymat que lui offrait son masque, ne s'est

56. Cf. le *Journal des débats* du 5 janvier 1862.

57. Deux jours après la clôture du carnaval, le 6 mars 1862, les époux Costanza Vaccari et Antonio Diotallevi seront arrêtés par les gendarmes pontificaux pour leurs envois ignominieux.

pas gêné pour donner le bras à la femme de ses pensées, celle dont il a fait la connaissance au Quirinal[58]. Mais de cela, personne ne s'offusque !

Comment supporter plus longtemps ces chausse-trapes et ces brutalités politiques ? Il n'y a au mal qu'un remède, il faut à Marie-Sophie trancher dans le vif quitte à brûler ses vaisseaux. Je pense qu'elle s'est décidée à faire le grand saut, à quitter son mari, Rome et ce pays ! Certes, tout s'oppose à ce qu'elle recouvre sa liberté. Elle est mariée, elle est reine et le symbole du légitimisme napolitain. Mais je la crois assez forte pour braver les lois sociales et religieuses. Au reste, son honneur ne court plus grand risque, sa réputation est déjà perdue ! Depuis des mois, elle fait la joie de la chronique scandaleuse. À présent, les commérages prospèrent sur le fait qu'elle et son mari ne font plus le moindre effort pour paraître en bonne harmonie. La presse évoque à l'envi son intention de fuir et de rejoindre Sissi à Venise. On a même écrit qu'elle aurait déjà congédié ses domestiques[59] ! À quoi bon chercher plus longtemps à préserver les apparences aux yeux du monde ?

---

58. Jean-Paul Garnier, *Naissance de l'Italie. Le dernier roi de Naples*, *op. cit.*

59. *Le Jura*, volume 11, n° 10, 7 mars 1861.

V
Des amours maudites

« Il est, dans les extrêmes plaisirs, un aiguillon qui nous éveille, comme pour nous avertir de profiter de ce moment rapide ; dans les grandes douleurs, au contraire, je ne sais quoi de pesant nous endort. »

Atala, François-René de Chateaubriand

« Ce regret des beaux jours et passés et perdus, je le portais partout, il m'obsédait sans cesse. »

Le Premier Amour, Giacomo Leopardi

La fugue bavaroise

Marie-Sophie ne rejoindra pas sa sœur impératrice dans la Cité des Doges. Elle s'éloigne de Rome, avec sa cadette Spatz, ses dames d'honneur, la duchesse de San Cesario, la marquise de Rendi et le prince San Antimo Ruffo[1]. On l'aperçoit à Porto d'Anzio à la fin avril. À l'approche de l'été, elle apparaît de plus en plus tendue, perdue, pâle, marquée. Enfin, quatre mois après le carnaval, la presse annonce

1. *L'Opinion du Midi* du 4 juillet 1862.

l'arrivée à 19 heures à Marseille d'une frégate espagnole[2] qui amène la jeune reine, et ces mêmes fidèles. Sa Majesté a fait dire qu'elle voulait garder le plus strict *incognito* pour éviter les manifestations qui ne pourraient manquer d'avoir lieu. Les deux Wittelsbach ne font que traverser la ville pour se rendre aux chemins de fer où elles ont réservé deux wagons pour regagner la Bavière. Arrivées à la gare Saint-Charles vers dix heures du soir, ces dames sont escortées jusqu'au bureau des bagages, afin de leur épargner la curiosité publique du salon des premières. La pauvre duchesse de San Cesario en a fait les frais. Prise pour une dame de la ville, elle a été violemment éloignée de la souveraine par le commissaire responsable de la sécurité, et n'a pu rejoindre la délégation qu'avec difficulté[3].

Lyon, Strasbourg, Genève... Le 7 juillet 1862, les voyageurs arrivent à Munich. Marie-Sophie y reçoit un accueil enthousiaste. La population ne se lasse pas de l'acclamer, et elle doit plusieurs fois reparaître au balcon du palais royal, au bras du roi de Bavière, heureux et fier de la renommée de sa jeune parente et des loyaux sentiments de son peuple[4].

Mais voilà que le *Neue Augsburger Zeitung* s'étonne bientôt de la venue inopinée de l'impératrice Élisabeth à Possenhofen. La suite, c'est la comtesse Larisch qui le raconte...

En un éclair, la demeure ducale se transforme en pigeonnier, plein d'oiseaux porteurs de billets précieux. Sissi et l'empereur d'Autriche en personne[5], mais aussi le roi

2. Le *Vasco-Nunez.*

3. Le commissaire s'appelle M. Marsal. Cf. *Le Temps* du 6 juillet 1862.

4. *Le Chroniqueur* du 20 juillet 1862.

5. L'empereur François-Joseph arrive le 13 juillet 1862 à Possenhofen. Sissi rentrera le 14 août 1862 à Vienne (cf. Jean Des Cars, *Sissi...*, *op. cit.*).

Max de Bavière et quatre de ses frères et sœurs Wittelsbach[6], tous se sont soudainement réunis. La plus grande agitation règne sur les rives du Starnberg; une agitation inquiète, désordonnée, comme celle qui fait tourbillonner les papillons autour de la lumière qui va brûler leurs ailes. Marie-Sophie est passée voir le médecin de la famille ducale, lors de sa halte à Munich. Le Dr Heinrich Fischer a constaté qu'elle attendait un enfant, d'où le branle-bas. Le père Wittelsbach, flegmatique, s'est contenté de commenter :

– Allons ! Ce sont des choses qui arrivent. À quoi bon ces piailleries !

Hélas ! Sa fille a fait part de sa décision irrévocable de ne plus remettre un pied à Rome. Si la reine donne naissance à une bâtarde, si de surcroît elle quitte son mari, l'usurpateur Victor-Emmanuel va pouvoir se frotter les mains. Ç'en sera fini, pour les Bourbons, de toute chance de restauration sur le trône de Naples. Cette conséquence funeste met en cause l'avenir de l'Italie, les intérêts de l'empereur François-Joseph, déjà accablé par le triomphe du roi piémontais, le fossoyeur de l'Italie autrichienne[7], mais aussi ceux du très Saint-Père. La seule issue est d'étouffer l'affaire, de cacher cette grossesse, et d'obtenir de la reine qu'elle reprenne le chemin de la Ville sainte, sitôt le lendemain des couches, comme si de rien n'était.

D'ici là, l'urgence est d'amadouer la presse européenne qui bruisse déjà de rumeurs et commente avec une suspicion

---

6. Sissi, Hélène, Mathilde et Charles Théodore.

7. François-Joseph, empereur d'Autriche, doit veiller à ses intérêts en Vénétie, une région sous domination autrichienne qui échappe encore à la vague du *Risorgimento* de 1859-1860. Napoléon III en effet, affolé par les pertes dans son armée, a préféré couper son effort de soutien à Cavour et Victor-Emmanuel II.

grandissante les pérégrinations de la fugueuse. Dès le mois d'août, Louis-Guillaume, le frère aîné des Wittelsbach, père de la comtesse Larisch, est mobilisé pour accompagner sa sœur à Bad Soden, une petite ville reculée de mille cinq cents âmes, située sur les pentes méridionales du Taunus. Elle va y passer cinq semaines en cure. Les eaux ferrugineuses de cette station sont réputées pour les catarrhes, les pneumonies, les coqueluches et les pleurésies. Le « la » est donné ! La reine de Naples, poitrinaire, est momentanément trop faible pour endurer les touffeurs romaines. Telle sera la version officielle[8].

C'est ensuite le long ballet diplomatique pour vaincre les résistances de la réfractaire. Elle doit rentrer à Rome !

Son mari lui a envoyé le prince Pignatelli Denti[9]. Certaines mauvaises langues disent que le monarque napolitain ne serait pas plus triste qu'à l'ordinaire et même, qu'il aurait revu sa belle inconnue du Quirinal sur les bords du lac d'Albano[10]. Les Romains le scrutent à chaque fois qu'il se montre au théâtre. La plupart n'auraient rien remarqué, si ce n'est qu'il se mange toujours la moustache de la même façon nerveuse. Pourtant, François est profondément affecté du départ de son épouse. Le pape aurait confié à son propos :

« Pauvre jeune homme, il est bien éprouvé. »

À la curie romaine, tout le monde plaint ce malheureux qui s'apprête à emménager en célibataire dans ses nouveaux

8. Au début du mois d'août, l'ex-reine quitte Possenhofen pour les bains de Soden. Elle part ensuite dans le château des Taxis, à Ratisbonne. Vers le mois de septembre, elle repasse par Possenhofen, où elle retrouve sa mère et sa sœur Sissi (cf. Clara Tschudi, *Maria Sophie, queen of Naples*, Swan Sonnenschein & Co, 1905).

9. Il est alors surintendant de la Maison du roi François II.

10. Jean-Paul Garnier, *Naissance de l'Italie. Le dernier roi de Naples*, *op. cit.*

appartements du palais Farnèse[11]. Dans quelques semaines, le 31 décembre 1862, ce mari délaissé consignera sur son journal : « L'année qui s'achève a été triste et affligeante[12]. »

Le roi et la reine de Bavière, l'empereur François-Joseph, le duc et la duchesse, ses parents, Matteo Eustachio Gonella, le nonce apostolique de Bavière et autres prélats dépêchés par le Vatican, des émissaires en tout genre, font, eux aussi, le siège de la fugitive à Augsbourg. Les mêmes allées et venues sont constatées entre les palais de Munich et de Vienne. Le duc Max et sa fille Hélène notamment prennent le train pour l'Autriche pour convaincre Sissi de tenter une dernière ambassade. Une journaliste allemande affirmera un jour qu'entre juillet et octobre 1862, les voyages de l'impératrice pour convaincre sa sœur de rentrer à Rome auraient entraîné des dépenses somptuaires de l'ordre d'un demi-million de florins[13]...

Les deux Wittelsbach se sont déjà vues sur l'île de Worth, chez le roi et la reine de Bavière[14], puis à Passau sur les rives du Danube. Mais l'ultime entrevue avec Élisabeth a lieu en octobre, dans la discrète bourgade de Traunstein, sur la ligne de chemin de fer Munich-Salzbourg. Sous couvert de se rendre avec son frère Ludwig en pèlerinage à Altötting où l'on vénère la Vierge noire, Marie-Sophie débarque dans cette bourgade sans sa cour et son service habituel à l'exception du prince San Antimo Ruffo, et de Marietta,

---

11. François II prend ses quartiers au palais Farnèse vers le début du mois de novembre 1862. Cf. *Le Temps* du 14 novembre 1862.

12. Alfonso Scirocco, *Dizionario biografico degli Italiani*, volume 49, 1997.

13. Brigitte Sokop, *Jene Gräfin Larisch*, Wien, Köln, Weimar 1985.

14. Le 15 juillet 1862, le roi et la reine de Bavière réunissent à déjeuner sur l'île de Worth, sur le lac de Possenhofen, l'empereur et l'impératrice d'Autriche et la reine de Naples (cf. *Le Moniteur universel* du 20 juillet 1862).

sa fidèle femme de chambre, dont la tâche principale est d'habiller et de déshabiller sa maîtresse, désormais enceinte de sept mois ! Les deux sœurs restent recluses trois jours à l'hôtel Wispauer. Une fois encore, Sissi va utiliser tout son ascendant pour rappeler sa cadette à ses devoirs, l'inviter à la persévérance, probablement lui faire valoir ses propres difficultés : l'intransigeance avec laquelle elle a elle-même été accueillie à Vienne, le caporalisme de sa belle-mère, l'archiduchesse Sophie, ses mois d'exil en terres étrangères, à Madère puis à Corfou[15] ; et au bout du compte, ce merveilleux compromis avec son mari, et sa satisfaction d'avoir repris son rôle auprès de l'empereur qui, tout l'été, a débordé d'attentions.

Elle s'inquiète pour Marie-Sophie. Elle connaît le sort d'une cruauté médiévale qu'on réserve à certaines princesses, mariées malgré elles, qui s'aventurent à regarder ailleurs. De tous les préjugés, en effet, il n'en existe pas de plus fort que celui qu'on a communément sur l'inégalité des deux sexes. La femme, qui n'a pas même inventé son fuseau et sa quenouille, est un être de second rang qui doit être placé sous l'étroite surveillance de son père, puis de son mari. Les hommes – curés compris – peuvent afficher concubines, maîtresses ou amours ancillaires. Tout écart chez l'épouse est sanctionné. Un jour, Sissi verra son propre mari s'acharner contre Louise, la belle-sœur de leur fils Rodolphe, l'épouse de Philippe de Saxe-Cobourg-Gotha, laquelle avait eu une familiarité coupable avec un beau cavalier. François Joseph et le roi Léopold II de Belgique, le père de la pècheresse, la feront enfermer dans une maison d'aliénés où l'attendra une cellule capitonnée au pavillon des agités.

15. Jean DES CARS, *François-Joseph et Sissi. Le devoir et la rébellion*, Perrin, 2017.

Mais pour Marie-Sophie, peu importe les risques, peu importe la rumeur publique, le sort de l'Italie ou les intérêts de l'Autriche. Elle a connu le désenchantement de la vie conjugale auprès d'un triste sire, puis la douce violence de la passion. À présent, elle refuse de se prêter plus longtemps à cette abominable comédie, à ce simulacre de mariage, sur la nullité duquel personne ne peut se méprendre. Elle réclame, par suite, la vie contre la convention, l'amour contre l'artifice, le bonheur contre l'hypocrisie et les *impedimenta* politiques. Elle ne retournera jamais à Rome. Elle préfère entrer dans les ordres. Elle est dans cet âge rebelle à la raison. Elle a vingt ans, l'avenir triste, misérable. Elle refuse de renoncer à l'espérance...

La naissance à Augsbourg

Sissi reprend la route de Vienne, convaincue qu'il n'y a plus rien à tenter, rien à espérer. De son côté, Marietta, la femme de chambre, boucle la malle de Marie-Sophie et fait appeler un cocher pour la gare de chemin de fer. La reine est attendue au couvent de Sainte-Ursule à Augsbourg. Sur place, les dominicaines, soucieuses de la stricte observance des règles, ont néanmoins accepté de tolérer la présence du fidèle docteur Fischer.

Dans les salons de toute l'Europe, les femmes d'une certaine coterie se chuchotent à l'oreille mille commérages sur cette retraite. On parle, on glose, on amplifie. Cette reine de Naples, extrêmement fantaisiste, n'a-t-elle pas toujours eu la singulière habitude de s'en aller en chasse dès l'aube avec ses beaux terriers au lieu de rester tranquillement dans son palais, avec son royal époux? La presse européenne, qui faisait déjà grand bruit de son état de santé et de ses bronches affaiblies par la poudre des canons de Gaète, ne fait bientôt plus mystère de sa mésentente avec François. Il se dit, ici, qu'elle ne paraît pas devoir revenir à Rome et que son intention de prendre le voile est irrévocable ; là, qu'elle n'a pas pris le costume des religieuses, mais qu'elle ne se montre jamais qu'en robe de soie noire ; ailleurs, que cette altesse vibrionnante se fera difficilement aux règles d'un cloître. Les mieux informés affirment que Mgr Grasselini, commissaire pontifical extraordinaire, s'est rendu encore deux fois auprès de l'ancienne reine, qu'elle résiste fermement dans sa résolution de séparer son sort de celui de François II, et que ni les instances de sa famille ni les conseils du cardinal n'ont pu ébranler sa détermination.

Le couvent d'Augsbourg est devenu l'endroit le mieux fréquenté du royaume, en pure perte, sauf pour Deuringer, l'hôtelier des Trois Maures[16] qui héberge la cohorte des émissaires. Hélas, toutes les représentations qui lui ont été faites par sa mère, la duchesse, Maximilien de Bavière, de même que par ses sœurs et par le roi et la reine[17] pour la porter à se réconcilier avec son mari, n'ont pu tirer de Marie-Sophie que cette parole :

« Je ne retournerai jamais auprès de lui car j'ai été trop malheureuse avec lui. »

---

16. Antique institution d'Augsbourg, l'hôtel *Drei Mohren* est transformé en 1723 en un superbe bâtiment rococo par Johann Baptist Gunezrhainer, un maître d'œuvre de Munich. Au XIXe siècle, c'est la famille Deuringer qui reprend l'établissement, opère à son tour une rénovation majeure (1844), qui sera à l'origine de la renommée mondiale de ce luxueux hôtel. 18 empereurs et 38 rois ont séjourné au *Drei Mohren* depuis son ouverture, sans compter Goethe et Mozart. Pendant l'ère nazie, Adolf Hitler y séjournera lors de ses séjours à Augsbourg.

17. Le roi et la reine viennent voir Marie-Sophie deux fois par semaine le mercredi et le samedi (cf. Gigi Di Fiore, *L'Ultimo Re di Napoli : l'esilio di Francesco II di Borbone nell'Italia dei Savoia*, *op. cit.*).

Elle aurait même donné des ordres pour faire revenir tous ses bagages à Augsbourg.

Dix jours plus tard, Daisy pousse son premier cri. Marie-Sophie vient de fêter ses 21 ans.

Probablement conçue un soir de carnaval, la fille du zouave naît au moment de l'une des fêtes les plus célèbres de la littérature italienne. C'est en effet en novembre 1862 que Giuseppe Tomasi di Lampedusa fait se tenir le bal mémorable des Ponteleone au cours duquel Don Fabrizio, le noble prince de Salina, autrement dit le *Guépard*, danse avec Angelica sous les yeux admiratifs de son neveu Tancrède…

Des chancelleries en éveil

Quelle mouche a piqué cette reine ?

La « question romaine » dominant la politique européenne, toutes les chancelleries sont en éveil. Devant l'enchevêtrement des intérêts entre la couronne de Naples et le Saint-Siège, les ambassades de Munich et de Rome instruisent certainement leur capitale sans tarder de tous les faits et gestes des souverains des Deux-Siciles. Pour le vérifier, je décide d'aller consulter nos archives diplomatiques au centre de la Courneuve, près de Paris.

Mes intuitions se confirment. Napoléon III suit la question avec d'autant plus d'intérêt qu'il s'est résolu à céder aux revendications piémontaises. Lui qui a perdu son frère à Forli, alors qu'ils étaient tous deux impliqués dans les conspirations en faveur de l'unité italienne ; lui, l'ancien amant de la comtesse de Castiglione[18] – la cousine de

18. Virginia Oldoïni, devenue comtesse de Castiglione par son mariage (1837-1899), espionne de la cause italienne, deviendra la maîtresse de Napoléon III en service commandé, entre 1856 et 1857.

Cavour! –, demeure pris, ballotté entre ses engagements de jeunesse et la France catholique qui a sonné le rappel et l'accuse d'abandonner la cause du pouvoir temporel de la papauté. Quelques jours avant la fuite du roi et de la reine pour Gaète[19], il a eu une entrevue à Chambéry avec Cialdini, le général qui devait devenir le tombeur de la forteresse. À cette occasion, l'empereur des Français aurait autorisé le Piémont à entrer sur le territoire de l'Église comme une horde de brigands[20]. Il se serait même servi des paroles de Jésus à Judas : « Faites, mais faites vite[21] ! » Lors de son apparition sur la montagne de La Salette, la Très Sainte Vierge avait d'ailleurs annoncé cette trahison à la bergère Mélanie Calvat[22] :

« Qu'il [le Vicaire de mon Fils, le Souverain Pontife Pie IX] se méfie de Napoléon : son cœur est double… »

Depuis que Louis Napoléon est resté le spectateur indifférent des spoliations du Piémont, depuis que son gouvernement veut déchoir de leur titre de Français ceux qui sont allés mourir pour une cause que la France soutient encore officiellement, les catholiques – le clergé, la noblesse, mais aussi les humbles fidèles –, hier piliers du régime impérial[23], se sont retirés sur l'Aventin. Pour eux, nulle autorité sur terre

19. Le 4 septembre 1860.

20. En réalité, cette violation de territoire est consentie par Napoléon afin que les Piémontais puissent au plus vite gagner Naples pour endiguer la révolution garibaldienne.

21. Évangile selon saint Jean 13,21-32.

22. Le 19 septembre 1846.

23. Arthur Hérisson, *Les Catholiques français face à l'unification italienne (1856-1871) : une mobilisation internationale de masse entre politique et religion*, thèse soutenue le 23-11-2018 à Paris I, dans le cadre de l'École doctorale d'histoire de l'université Paris I-Panthéon-Sorbonne (Paris), en partenariat avec Centre d'histoire du XIXe siècle (Paris).

n'est plus ancienne, plus légitime et plus sainte que celle du vicaire de Jésus Christ, et y porter atteinte, c'est ébranler l'ordre social, mettre en péril la garantie de l'indépendance des consciences catholiques partout dans le monde. Car Rome n'est point une cité comme les autres, mais l'idéal d'une puissance céleste sur terre. C'est pourquoi chaque dimanche, en chaire, les prêtres français exhortent leurs paroissiens à se préparer pour une nouvelle croisade :

« Il faut épargner au drapeau français la honte d'une ineffaçable souillure ! On ne peut abandonner le Saint-Père ! »

On récolte des fonds, on prélève le « denier de saint Pierre ». Il paraît qu'à Paris, chez le nonce, on a vu un coffre rempli d'argent, d'or et de billets, prêt à partir pour Rome. Voilà la réponse des catholiques à l'empereur ! L'impératrice Eugénie en personne aurait menacé son époux de s'installer à Rome s'il refusait d'en assurer la défense.

Le clan adverse, celui des partisans du *Risorgimento*, est également vent debout, prêt à tout pour obtenir le retrait de la force d'occupation française à Rome. Une dépêche confidentielle envoyée d'Italie, le 24 septembre 1862, a averti l'empereur qu'un billet adressé de Naples à un anonyme faisait mention d'une nouvelle conspiration contre sa personne. Tuer Napoléon III, soulever la France à la manière de 1848, embraser l'Europe, et avec elle l'Italie ! Tel est le dessein. Les conjurés seraient arrivés en France pour perpétrer leur forfait. Quatre ans plus tôt déjà, des patriotes italiens, déçus par ce « carbonariste » de pacotille qui entravait l'unité italienne, avaient juré de le châtier. Le révolutionnaire Felice Orsini avait jeté une bombe sous la voiture impériale et ensanglanté la rue Le Peletier, fait douze morts et plus de cent cinquante blessés. Louis Napoléon en était ressorti sain et sauf, mais politiquement ébranlé. Quant à Eugénie, son épouse, on l'avait retrouvée sur le trottoir, indemne mais couverte de sang. La question romaine est donc suivie comme le lait sur le feu.

Pour autant, que sait Paris de la fugue de la reine?

Les courriers politiques des ambassades envoyés aux ministres des Affaires étrangères Édouard Thouvenel, puis Édouard Drouyn de Lhuys[24], indiquent que le départ de Marie-Sophie pour la Bavière a surpris. Jusque-là, les projets estivaux de villégiature attribués à la famille royale étaient la villa Farnèse de Caprarola, au nord de Rome, dans la province de Viterbe. Certes, François II a été attaqué par la « petite vérole volante », autrement dit la varicelle, mais son état, assez grave au printemps, ne cause plus d'inquiétude.

Tout l'été, les autorités françaises croient à la fable des soucis de santé de Marie-Sophie. Personne ne s'étonne de voir le roi de Naples partir en célibataire chercher la fraîcheur et le repos dans le palais Corsini-Feoli près du lac d'Albano[25], et passer son temps à jouer aux cartes avec son président du Conseil des ministres, Pietro Ulloa[26]. On prétend même savoir que Sa Majesté la reine souffre de la même maladie que sa sœur, l'impératrice d'Autriche. Elle est poitrinaire ou, qui sait peut-être, sensible, fragile, fuyant le monde et ses soucis. Passé l'été néanmoins, les agents de l'empereur, comme ceux de la reine Victoria, commencent à soupçonner que le départ

24. Édouard Thouvenel démissionne suite aux difficultés suscitées par les catholiques à propos de la question romaine (15 octobre 1862). Il est remplacé par Édouard Drouyn de Lhuys au ministère des Affaires étrangères.

25. Le palais Feoli est l'ancienne résidence de Charles VI d'Espagne à Albano Laziale. Cf. *L'Opinion nationale* du 29 avril 1861.

26. Pietro Ulloa est par ailleurs ministre de l'Intérieur et de la Justice. Légèrement souffrant cet été-là, il passe l'été à Albano avec François de Bourbon, lequel ne revient à Rome, au Quirinal, que les vendredis. Cf. *L'Opinion du Midi* du 4 juillet 1862.

de l'altesse bavaroise a sans doute des origines plus sentimentales. À Londres, on se délecte déjà en évoquant la probabilité d'un divorce scandaleux et d'une alliance « supposée » avec un prince du Schleswig-Holstein. Le cabinet anglais se goberge. François II, ce roi imbécile de la tête aux pieds, ce roi cocu, ce roi berné, n'a plus la moindre chance de récupérer sa couronne.

Un certain Griscelli, se disant « baron de Rimini », ancien agent secret de Napoléon III[27], se croit mieux renseigné que ses homologues britanniques. Il avance pour sa part que d'autres liens que ceux de la simple galanterie existeraient entre Marie-Sophie et le prince de Taxis, le mari de sa sœur Hélène. Récemment, il les a vus marcher côte à côte sur les remparts d'Augsbourg, au sortir d'un dîner. Ils avançaient au milieu d'autres convives. Il a trouvé que la souveraine napolitaine se serrait un peu trop près de son cavalier.

M. le marquis de La Valette, ambassadeur de France auprès du Saint-Siège, quant à lui, est catégorique sur un point : le roi déchu n'a appris la résolution de la reine de se retirer dans un couvent que par l'article de *La Gazette d'Augsbourg* qui a été inséré à la demande de M. le duc Louis, frère de Sa Majesté. Le prince et l'impératrice d'Autriche, avec une femme de chambre allemande qui a accompagné la reine (Marietta, probablement !), paraissent avoir été seuls dans la confidence. Il suggère le nom d'un troisième « soupirant ». Le fauteur de troubles pourrait être le prince Nicolas de Nassau qui a fait une cour assidue à la reine, cet été, au château de Biebrich[28]. Il pense qu'il faut sans

27. Cet agent secret corse, proche du préfet de police Pietri, avait dû démissionner après l'attentat d'Orsini contre l'empereur en 1858.

28. Aux alentours du 24 août 1862, la reine de Naples, qui prend les bains à Soden, a en effet passé toute une journée à la cour de Nassau, au château de Biebrich à Wiesbaden.

doute chercher dans ce marivaudage le motif de la conduite pour le moins extraordinaire de Sa Majesté. Cela dit, un de ses collègues, en position d'être bien informé, prétend que depuis dix-huit mois, la cour de Rome connaît l'intention de la reine de faire annuler son mariage et que le cardinal Antonelli, secrétaire d'État aux Affaires étrangères de Pie IX, a retardé autant que possible son départ pour l'Allemagne, dans l'espoir qu'elle reviendrait sur sa détermination. On craint un recours en nullité de mariage. Le secrétaire de la nonciature semble dire que l'on a fait connaître à la reine les épreuves auxquelles Sa Majesté devrait, dans ce cas, se soumettre. Voilà sans doute pourquoi elle a battu froid à Sa Sainteté le pape, lors d'un dîner avant son départ. Une chose est sûre, tout le monde est consterné et dit que la cause des Bourbons de Naples est perdue si la reine ne retourne pas à Rome.

Les princes du Schleswig-Holstein, de Taxis ou de Nassau, Son Excellence l'ambassadeur d'Espagne, Bermudez de Castro, le général de Cathelineau, et même la sculptrice homosexuelle Harriet Hosmer – qui fantasmera bientôt sur Marie-Sophie! –, chacun attribue à la reine soldat des amants qu'elle n'a jamais eus, des tendresses ou des attirances auxquelles elle n'a jamais pensé. À croire que tous ces derniers mois, elle a affecté, avec une négligence préméditée, de s'intéresser à tel ou tel en public pour mieux protéger l'identité du père de Daisy.

Quant à ses souhaits de voir annuler son mariage, qui remonteraient aux dires du Saint-Siège aux premières semaines de son arrivée de Gaète, les émissaires du Vatican ont dû, en effet, prévenir la candidate qu'on ne lui faciliterait pas la tâche. Si d'aventure elle se risque à invoquer la non-consommation de son mariage, le procès canonique en nullité lui imposera une enquête établissant qu'elle est demeurée comme Ève avant le péché. Or le pape Pie IX, qui vient d'instituer le dogme de l'Immaculée Conception, sait fort bien que la reine de Naples n'est pas restée pure de tout péché et qu'elle est tombée enceinte d'un amant.

En dehors des Wittelsbach, des couronnes d'Autriche et de Bavière, il est un des rares à être dans la confidence. Les espions de Victor-Emmanuel ont-ils deviné que la reine attendait un enfant? Possible. À tout le moins, ils soupçonnent une affaire d'adultère. Une semaine après la naissance de Daisy, le *Corriere della Marche*, un des mauvais petits journaux à trois centimes qui pullulent dans les provinces volées au pape, publie une fable abracadabrante[29], affirmant qu'un conseil de guerre français aurait condamné à vingt-cinq ans de travaux forcés un grand seigneur belge, ancien capitaine des zouaves, qui aurait été l'amant de la reine, et aurait... poignardé une fille d'honneur de Sa Majesté[30] pour se débarrasser de ce témoin gênant qui les aurait surpris[31].

Derrière ces affabulations délirantes, les Piémontais sont sur la bonne piste. Les Français, en revanche, sont encore loin d'avoir compris le secret de la reine soldat. Au début du mois de décembre 1862, l'envoyé extraordinaire de la légation française à Munich ne comprend toujours pas que

29. Cette nouvelle est bientôt reprise dans *L'Opinione*, le *Monitore Toscano*, et la *Correspondance de Rome*.

30. Il s'agissait de la fille du comte Joseph Statella, de la famille des princes de Cassaro, lieutenant général et aide de camp de Sa Majesté le roi François II, mort quelques jours après le départ de la reine pour la Bavière, vers juillet 1862. Sa veuve, la comtesse Statella Berio, s'insurgera : « Toutes mes filles vivent. Grâce à Dieu, pour déclarer avec moi que ce récit est en tout point faux et calomnieux. » L'autorité militaire française démentira, elle aussi, de la manière la plus formelle (cf. *Correspondance de Rome* n° 227, du samedi 20 décembre 1862).

31. *Le Chroniqueur de Fribourg* du 24 décembre 1862.

si la reine s'est cloîtrée deux mois durant, c'est pour cacher son ventre rond et saillant. Ce nigaud informe sa hiérarchie que « la réclusion très sévère à laquelle elle s'était astreinte les premiers temps de son séjour, s'est un peu relâchée ». « La reine, sur l'avis de ses médecins, fait maintenant de fréquentes promenades en voiture avec son frère, le duc Louis. » Ce dernier, qui est alors en garnison à Augsbourg, au sein du quatrième régiment de chevau-légers, a eu – nous dit-il – une grande influence sur la décision qu'elle a prise de se séparer du roi François. Il paraît même que Sa Majesté consent à voir dans l'intimité sa belle-sœur Henriette, ancienne cantatrice, que le reste de sa famille tient fort à l'écart. « Cette attitude fait craindre aux amis du roi de Naples que la reine Marie-Sophie dont la tête est bien romanesque, ne finisse par faire quelque éclat qui porterait atteinte à sa réputation. »

On l'aura compris, aucune vocation véritable, aucune maladie n'a retenu la reine derrière les murs du couvent. Si elle s'aventure de nouveau dans les rues augsbourgeoises, c'est parce que dix jours auparavant, 24 novembre 1862, elle a accouché de Daisy. Sa grossesse lui avait interdit toute promenade en public, pendant de longues semaines. Les sorties avec son frère la dédommagent enfin de sa claustration forcée. Pour autant, elle refuse de rentrer à Munich. Munich, c'est la première étape sur la route de Rome. Or, elle renâcle avec persévérance à l'idée de rejoindre son mari. Elle préfère entrer dans les ordres[32]. Sa mère Ludovica, Sissi

---

32. D'après *Le Confédéré* du 28 décembre 1862, les journaux italiens et anglais répandent l'idée suivante : la reine quitterait le couvent d'Augsbourg à la seule condition que le pape prononce son divorce d'avec le roi François, et tout bien pesé et considéré, Rome se serait décidé à se rendre à ce désir et aurait obtenu de François qu'il n'y mettrait de son côté aucune opposition. Quant au motif, il serait, cela va de soi, de ceux que l'Église admet comme annulant de fait le sacre du mariage.

et surtout la reine Marie de Bavière devront user de toutes sortes de pressions pour qu'elle mette un terme à sa retraite à Sainte-Ursule.

Elle quitte le couvent le 13 janvier 1863, sept semaines après son accouchement, pour le château de Biederstein[33], non sans avoir fait distribuer aux cinq cents écolières des dominicaines une médaille d'argent portant la mention : « Souvenir de S. M. la reine Marie de Naples aux élèves du couvent de Sainte-Ursule, Augsbourg, 3 janvier 1863 ». L'avers du bijou, que les sœurs vont recevoir en or, représente la Vierge et l'enfant Jésus avec cette inscription : « Au secours Marie! Sauve nos âmes! »

Le calvaire d'Emmanuel

Notre cousin sait tout des tourments de sa maîtresse. Spatz est l'émissaire d'une correspondance secrète entre les deux amants[34]. Leurs âmes énamourées doivent être encore remplies et dominées par la passion. Probablement Emmanuel conseille-t-il à sa maîtresse de mépriser les circonstances et de persévérer dans la voie qu'ils se sont tracée. Personne, jamais, ne les séparera. Ils se sont voués l'un à l'autre. Cette naissance, ce premier-né, n'est-il pas le témoignage de la faveur de Dieu?

C'est ainsi que plein d'amour et d'espérance, l'ex-zouave décide de quitter Rome et d'entreprendre un long périple

33. Ce château, entouré de charmants jardins et situé à l'extrémité de *l'Englischer Garten à Munich*, appartient alors au duc Max de Bavière.

34. Spatz, la comtesse de Trani, est à Augsbourg jusqu'aux environs du 20 octobre 1862, puis elle repart à Rome, via Genève, puis Marseille, accompagnée de son mari. Cf. *Le Journal de Genève* du 25 octobre 1862.

vers la Bavière pour retrouver Marie-Sophie et découvrir leur enfant.

La comtesse Larisch contera sa folle épopée sur le chemin d'Augsbourg. Son voyage en chemin de fer ; les espions, dès la gare, qui ne le quittent pas de l'œil et le suivent jusqu'à l'embarcadère ; la locomotive qui siffle le départ ; ses voisins indifférents, regardant, immobiles, les bribes du paysage ; l'apparition soudaine, dans son compartiment, d'un sbire inquiétant l'avertissant qu'il sera arrêté dès la frontière ; sa fuite par un autre train, pour échapper à ce cerbère ; puis, ses jours et ses nuits de marche en plein hiver, sans boussole, se guidant avec les étoiles ; la peur de la police du roi de Bavière qu'il sait à ses trousses ; l'incertitude du gîte ; ses haltes dans des fermes ou dans les sombres profondeurs des forêts, quand accablé par le froid, tremblant comme un grelot, il songe pour se donner du courage aux sentiments que sa maîtresse lui a jurés tant de fois.

Un paysan lui ouvre sa porte. Le pauvre Emmanuel ruisselant de sueur, affaibli par ses poumons défaillants, s'appuie à tout ce qu'il peut saisir pour échapper au vertige avant de s'affaisser sur une chaise dans un hébétement douloureux. Le fermier souabe, pris de pitié, comprend que la vie ou la mort de ce vagabond est entre ses mains : il est bouillant de fièvre. Il lui offre à boire puis, après l'avoir rassasié, l'aide à s'allonger. Son sommeil, pour ne pas dire son évanouissement, sera long.

La nuit est entièrement écoulée et le jour dans tout son éclat quand il rouvre les yeux. Il se passe un certain temps durant lequel il n'a aucune perception claire des choses terrestres. Puis, il reprend ses esprits.

En d'autres temps, Emmanuel aurait repoussé avec horreur l'idée de tromper son bienfaiteur. Mais en cette circonstance, les risques sont trop grands. Avec les trois mots d'allemand que Marie-Sophie lui a enseignés, il explique à son bon Samaritain qu'il vient rendre visite à un ami qui est au service de la maison du duc Louis en Bavière. Compatissant, le fermier le croit comme paroles d'évangile et le conduit jusqu'à Augsbourg. Là, il erre d'église en église, jusqu'à la nuit, pour ne pas être repéré, puis il parvient à obtenir une audience chez le frère de Marie-Sophie, dans sa résidence de la Maximilianstraße[35], non loin de la basilique Saint-Ulrich-et-Sainte-Afre.

En le voyant apparaître avec son feutre usé, sa barbe en broussaille et ses vêtements élimés, Louis croit voir un revenant d'outre-tombe. Emmanuel s'enquiert, angoissé, de la santé de celle qu'il aime, puis il s'adresse au soldat, à l'homme, sans doute aussi à celui qui a renoncé à son droit de succession dans le majorat pour épouser morganatiquement la cantatrice Henriette Mendel. Il lui dépeint sa torture, fait appel à sa compassion. Il veut revoir Marie-Sophie. Il doit la revoir. Peut-on lui confisquer sa fille ? Le laissera-t-on ainsi souffrir sans espérance et sans consolation ?

Voir la reine ? Certainement pas. Louis est catégorique sur ce point. Les affaires d'État ne sauraient se compliquer d'affaires de cœur. La présence de la souveraine en Bavière est une question de haute politique dans laquelle nul ne se laissera arracher la moindre concession. Le frère de Marie-Sophie – qui se défend peu de ses émotions – est néanmoins touché par la noblesse des sentiments de Lavaÿsse, son passé

35. Le frère aîné de Marie-Sophie faisait partie du quatrième régiment de chevau-légers en garnison à Augsbourg. Une plaque, située actuellement au n° 87 de la Maximilianstraße, indique le lieu où il résidait avec son épouse Henriette Mendel. C'est à cette adresse, située à cinq cents mètres du couvent où Marie-Sophie a mis au monde Daisy, qu'est née la comtesse Larisch von Wallersee.

au service du Saint-Père et par son infortune. À vrai dire, il ressent aussi de la compréhension pour la rébellion de sa sœur contre ce monde qui n'a eu aucune pitié pour ses vingt ans. Surtout, il sent qu'une fin de non-recevoir ne pourra être son unique réponse. Il sait la jeune reine houleuse, prête à toutes les folies, jusqu'à tout sacrifier : elle, les siens, son honneur, et celui de la couronne de Naples. On la tient éloignée de l'être cher. Demain, on lui imposera d'abandonner le fruit de leurs amours à quelque nourrice mercenaire. Si elle apprend en sus le refoulement, pire l'arrestation de Lavaÿsse, non seulement on ne la reverra jamais ni à Rome ni même à Munich, mais elle est capable de s'évader et de choisir une existence de proscrite. Il faut faire un geste, temporiser, éviter le séisme.

À la nuit tombée, dans la plus grande discrétion, il fait escorter le Français à un quart d'heure de marche du couvent Sainte-Ursule, au domicile du Pr Max Huttler, une petite maison du quartier Pfaffengäßchen. D'après la comtesse Larisch, en effet, c'est chez cet ami du frère de Marie-Sophie que Daisy a été cachée. Ancien prêtre et professeur de philosophie, cet homme deviendra un jour l'éditeur du *Bayerischen Kurier*. Sous son toit, le nouveau-né a été confié aux soins d'une Bavaroise prénommée Mechtilde. Toujours d'après la comtesse, cette femme serait la sœur d'un certain Philip, l'écuyer des écuries de Marie-Sophie.

Devant l'enfant qui dort là dans son berceau, souriant à son rêve, Emmanuel tombe à genoux, hors d'état de prononcer une parole. Puis, avec beaucoup d'adresse et de facilité, comme si Dieu avait mis chez lui la science infuse de manier les nourrissons, il prend dans ses bras la petite créature enrubannée de dentelles. Il reste auprès d'elle toute la nuit.

LE MONDE ILLUSTRÉ

JOURNAL HEBDOMADAIRE

4me Année, N° 194. — 29 Décembre 1860.

Marie-Sophie, ici en manteau calabrais,
fait les « unes » de la presse internationale.

François II, roi de Naples
et des Deux-Siciles.

La reine soldat et François II inspectent les batteries de Gaète.

Dans leur forteresse, les souverains de Naples endurent deux cents jours d'un siège terrible.

5 février 1861 : les Piémontais tirent sur la plus importante poudrière de Gaète. C'est le coup de grâce !

14 février 1861 : François et Marie-Sophie embarquent sur *La Mouette* et quittent Gaète et leur royaume pour toujours.

Au rez-de-jardin du palais Farnèse, sous l'arche à gauche, se cache un escalier de service qui conduit aux combles où les amants se retrouvent clandestinement.

Octobre 1862 : Sissi et Marie-Sophie restent recluses trois jours à l'hôtel Wispauer à Traunstein, mais la reine soldat n'entend rien des objurgations de son aînée et refuse de retourner auprès de son mari.

Augsbourg : l'hôtel des Trois Maures (à gauche) où séjournaient les émissaires venus convaincre Marie-Sophie, et le couvent Sainte-Ursule (à droite) où Daisy voit le jour.

Spatz, la comtesse de Trani, sœur de Marie-Sophie.

Mgr von Haneberg baptise clandestinement Daisy.

Mechtilde, la gouvernante bavaroise de Daisy.

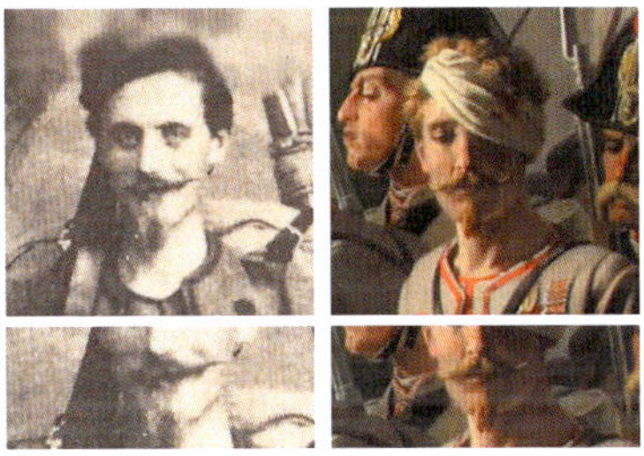

Emmanuel de Lavaÿsse-Châteaubourg et la comparaison avec le zouave de Carlo Ademollo sur sa toile *L'eccidio della Famiglia Tavani Arquati* (1880).

Les docteurs Léon de Lavaÿsse (à gauche) et Charles-Antoine Buttura ferment les yeux d'Emmanuel à Cannes.

Photo publiée par Marie-Louise Larisch (à gauche sur la photo) lorsqu'elle a dévoilé l'existence de Daisy.

Photo appartenant aux descendants d'Hélène de Gineste. Daisy porte les mêmes toilette et pendentif en forme de lune.

Hélène de Gineste.

Daisy de Lavaÿsse peu avant sa mort.

À Garrevaques, c'est la liberté,
la vie champêtre et villageoise (1884).

Le comte
Henry de Gineste.

Caroline, Hélène
et Lucy de Gineste.

Odette Kaltenbach,
la fille d'Hélène.

Cinq cents mètres séparent la reine soldat de sa fille.
L'hôtel de Vouillemont est à deux pas de la Concorde, rue Boissy d'Anglas.
En marchant dans le prolongement de cette voie étroite, on arrive chez Marcel Proust, puis chez Daisy.

Mariée à un Bourbon, la reine avait tous les prétextes pour aller se recueillir à la Chapelle expiatoire, sous les fenêtres de sa fille cachée, au 47 rue des Mathurins (immeuble d'angle à gauche).

Les verreries Legras où sont exploités des petits Italiens.

Le lendemain matin, Huttler parvient, non sans mal, à le convaincre de quitter le royaume, en lui faisant valoir qu'il ne pourra durablement tromper la vigilance de la police. Il lui offre un nouveau pardessus et le fait accompagner à la *Hauptbahnhof*, la gare d'Augsbourg, où le Français saute dans le premier train avec les plus tristes pensées qui aient jamais occupé l'esprit d'un amant.

Le chantage pour le retour à Rome ?

Les semaines passent. Les potins et les ragots les plus divers se donnent libre cours. *Le Journal de Genève* évoque même la présence clandestine de la reine à Paris[36]. Puis un jour, à la surprise générale, on apprend qu'elle s'en retourne à Rome. Marie-Sophie laisse derrière elle une fillette de près de cinq mois. Avant son départ, elle a été autorisée à la revoir une fois, une seule, dans la petite maison de Pfaffengäßchen. Elle a versé toutes les larmes de son corps, et ressenti toutes les souffrances d'une mère qu'on arrache brusquement à l'attachement le plus sacré.

Le 13 avril 1863 à 7 h 30 du soir, accompagnée de quelques proches et de quatre cents hommes d'équipage, elle accoste à Civitavecchia, à bord de la *Conceptione*, un vapeur espagnol. François II, qui est arrivé sur la côte une heure avant, salué par vingt et un coups de canons, monte à bord. Les époux dînent et passent une partie de la soirée sur la frégate, puis vers 10 h 30, ils prennent le chemin de la gare qui a été illuminée pour les accueillir. Arrivés à Rome, toute l'immigration napolitaine et plusieurs familles de la

---

36. *Le Journal de Genève* du 19 février 1863 évoque cette rumeur. Quant à *L'Écho des vallées* du 15 janvier 1863, il indique que la reine de Naples passera peut-être deux mois à Nice avant son retour à Rome.

haute aristocratie romaine les attendent sur le quai. Marie-Sophie, que les observateurs trouvent amaigrie, est attendue le lendemain à midi par le Saint-Père qui a voulu lui laisser quelque repos avant de lui accorder audience.

Quelles raisons ont fait fléchir sa volonté pourtant immuable depuis neuf mois ?

La comtesse Larisch prétend que, cédant aux prières de ses proches et à celles d'un prélat persuasif – Jakob von Türk, bientôt aumônier de la famille royale et confesseur de Louis II de Bavière –, sa tante aurait consenti à regagner la Ville sainte, à la seule condition de pouvoir tout avouer à son mari. Elle aurait alors écrit à Emmanuel en l'implorant de l'oublier et de ne plus lui écrire, jamais. En contrepartie, François II aurait seulement pris l'engagement de ne plus imposer à Marie-Sophie de cohabiter avec la reine-mère, et accepté d'éloigner certaines personnes, en particulier la camériste qui avait si souvent espionné son épouse pour le compte de la reine douairière Marie-Thérèse[37].

Je ne crois guère à ce récit. Soit qu'il les ait découvertes lui-même, soit qu'on l'ait mis au courant[38], François II sait certainement tout des infidélités de sa femme et de son accouchement. Certes, il n'en fait aucune mention dans ses notes personnelles, mais un monarque confie-t-il pareil secret d'État à son journal intime[39] ?

37. Jean-Paul Garnier, *Naissance de l'Italie. Le dernier roi de Naples*, *op. cit.*

38. Rappelons que le propre demi-frère de François, le comte de Trani, est en Bavière un mois avant l'accouchement de Marie-Sophie. Il y a retrouvé Spatz, son épouse. Cf. *Le Journal de Genève* du 25 octobre 1862.

39. Dans ses notes personnelles du 31 août 1862, il évoque sa tristesse de voir sa femme retenue en Allemagne pour « raisons de santé » (cf. Gigi Di Fiore, *L'Ultimo Re di Napoli. L'esilio di Francesco II di Borbone nell'Italia dei Savoia, op. cit.*).

Pour moi, le retour de la reine à ses côtés est plus vraisemblablement l'aboutissement d'un compromis ayant trait à Daisy[40]. L'on s'en doute, ce n'est pas sans appréhension que les Habsbourg, les Wittelsbach, le Vatican ont vu partir ce nouveau-né chez Emmanuel. Aucun d'entre eux n'aurait pris de gaîté de cœur l'initiative de faire d'un inconnu, qui plus est d'un Français, le maître et le dépositaire d'un secret qui touche aux intérêts de Vienne, de Munich, du Saint-Siège et de la couronne de Naples. Selon moi, il y a eu des négociations entre deux « parties » également tenaces. On sait, en outre, qu'autour de la reine soldat, deux clans s'opposent : celui du duc, son frère, qui la pousse à se séparer ; celui de sa dame d'honneur, la duchesse San Cesario, qui la conjure de rentrer. Les discussions se sont prolongées pendant quatre mois avec, semble-t-il, bien des péripéties. Régulièrement en ce début d'année 1863, en effet, la presse annonce le retour à Rome de Marie-Sophie, avant de multiplier des démentis, invoquant des rechutes de son état de santé. On perçoit aussi entre les lignes qu'il a pu y avoir des pourparlers pour savoir si elle rentrerait via Genève ou en passant par Paris, la ville de Lavaÿsse !

À mon sens, soit c'est la reine qui se résout d'elle-même à sacrifier sa liberté au devoir, contre la garantie que l'enfant soit élevée par Emmanuel. Soit ce sont ses interlocuteurs qui lui proposent ce marché. Si elle fait preuve de bonne volonté, la petite sera envoyée à son père qui pourra alors l'aimer, la protéger, et faire son bonheur. Dans le cas contraire, Daisy terminera comme une petite fille perdue, dans un orphelinat ou ailleurs. L'enfant-martyre deviendra son remords éternel ; de même qu'Emmanuel, privé de descendance par

40. La Marseillaise Nina Rizzo qui lui coûtait une fortune et l'espionnait (cf. Jean-Paul Garnier, *Naissance de l'Italie. Le dernier roi de Naples*, *op. cit.*).

son seul entêtement. La reine à Rome, contre Daisy chez son père ! Telle est à mon avis la nature des tractations.

D'après la comtesse, Marie-Sophie a reçu une nouvelle lettre d'Emmanuel. Elle sait qu'il a vu Daisy à Pfaffengäßchen. Bouleversée, elle a dû interroger sa conscience. La mort dans l'âme, elle aura cédé, se consolant *in petto* en imaginant que ce petit être aurait vocation à maintenir un lien ténu entre les amants désunis et qui sait, peut-être, à entretenir un espoir chimérique, un rêve de bonheur, comme une ombre magique.

Si Marie-Louise Larisch élude ce marchandage, si elle décrit une Marie-Sophie rentrant à Rome avec componction, uniquement préoccupée de soulager sa conscience auprès d'un époux qu'elle a pourtant toujours dédaigné, c'est pour des raisons toutes personnelles. Au lendemain de la catastrophe de Mayerling, elle avait dû quitter la cour et la ville. Donnant libre cours à sa colère, sa fantaisie maladive et son besoin d'argent, elle va publier en 1936 un livre qui devait enfin déchirer tous les voiles sur sa propre naissance[41]. Elle va prétendre être la sœur jumelle de Daisy (une enfant prénommée « Viola »). Officiellement fruit des amours d'un frère Wittelsbach avec une roturière, voilà qu'elle était en réalité, et à l'en croire, « fille de reine ». L'on s'en doute, cette affirmation relève moins de l'histoire que du roman-feuilleton. D'abord, Marie-Louise est notoirement plus âgée que la petite Lavaÿsse. Ensuite, elle ressemble bien trop à Henriette Mendel, sa mère cantatrice. Par ailleurs, à imaginer que la reine soldat ait donné naissance à deux filles, elle n'aurait jamais consenti à les séparer. Il suffit pour s'en convaincre de constater la subtile persistance des liens

41. Marie-Louise von Wallersee Larisch, *Sissi's vergessene Schwester. Die Heldin von Gaeta*, Leipzig, 1936.

qu'elle a sans cesse entretenus elle-même avec ses propres sœurs, et le génie que toutes les Wittelsbach, éparpillées en Europe, ont toujours déployé à la première occasion, pour reconstituer leur tribu de « Possi ». Enfin, si cette Viola avait existé, je pense que ma famille l'aurait su, et que la comtesse n'aurait jamais confondu le prénom d'Emmanuel, son prétendu « papa », avec celui d'Armand. Un détail touchant néanmoins. À l'appui de ses affirmations, notre Pinocchio publiera une photo d'elle aux côtés d'une jeune fille qui ne lui ressemble guère (des fausses jumelles ?). Cette demoiselle arbore un pendentif en forme de lune, une robe de satin de soie, agrémentée de broderies de perles et d'un col froncé. Notre cousine apparaît avec ce même bijou, cette même toilette, ces mêmes fioritures sur celles que je tiens de ma grand-mère. Le cliché produit par la comtesse et les miens ont été pris au cours de la même séance par Joseph Albert, le photographe de Louis II de Bavière.

Selon moi, la comtesse a inventé un dénouement qui soit compatible avec sa fable. Il ne pouvait y avoir marchandage et dispersion des enfants ! Ne lui en déplaise, Marie-Sophie n'a pas mis au monde des jumelles mais une fille, une seule : Daisy. Elle l'a abandonnée, à grand-peine, comme le laisse deviner la confidence qu'elle fera, dès son retour à Rome, à l'épouse du diplomate Édouard Hervé :

« Que vous êtes heureuse, vous, madame, et que je vous envie. Bientôt vous allez être mère. Ah, si je l'étais, moi ! Mais non, il ne me reste plus rien au monde que l'affection de mes chevaux et de mes chiens[42]. »

Rentrée en Italie vers Pâques 1863, la reine va vivre très retirée. Elle passe le plus clair de son temps à Ariccia, dans

42. Henry d'Ideville, *Journal d'un diplomate en Italie, op. cit.*

le palais baroque du prince Chigi[43], qui servira un siècle plus tard à Luchino Visconti pour tourner les scènes d'intérieur du *Guépard,* en particulier celle de la rencontre entre Angelica et Tancrède, et celles de leurs déambulations dans l'enchevêtrement labyrinthique des pièces inhabitées du palais de Donnafugata.

Dans cette région du Latium où un grand nombre de riches et nobles familles s'installent pour jouir des douceurs de la campagne, Marie-Sophie est loin de Rome qu'elle vomit, loin de son entourage napolitain pour lequel elle n'a plus aucun goût. Chaque jour, seule ou accompagnée d'un piqueur, elle fait de longues promenades à cheval dans la forêt de Marino, le long du lac d'Albano. Elle aime l'air salubre et les eaux éclairées de cette vasque saphir au creux de pentes vertes, qui lui rappellent le Starnberg. Reste que pour tous ceux qui la croisent, il est impossible de ne pas être frappé par la tristesse et par l'accablement profond qui se lisent sur son visage. Les rares fois où elle revient à Rome, elle ne se montre pas. Elle galope seule sous les pins parasols du parc de la villa Pamphili, sur la rive droite du Tibre, évitant avec application les deux jours où il est ouvert au public.

Les mois passent sans apporter d'amélioration à son état[44]. Sa mélancolie résiste à tous les remèdes. La presse évoque, au mois d'octobre 1863, un curieux projet de voyage à Paris. Puis, plus rien Elle n'assistera pas aux fêtes religieuses de Noël avec son mari. Dès le printemps 1864 et jusqu'en 1867, les feuilles du soir conjectureront, à intervalle régulier, sur son départ définitif de la Ville éternelle.

---

43. *Le Mémorial diplomatique* du 28 juin 1863.

44. *La Gazette du Valais* du 27 août 1863 nous informe qu'elle est fort souffrante et que son état maladif ne cesse de se détériorer.

La tragédie

Hélas ! La passion d'Emmanuel et Marie-Sophie appartient à la classe des amours maudites qui commencent par la faute et s'achèvent dans le désespoir. La reine erre désormais dans sa vie comme une âme désolée. Quant à Emmanuel, il va bientôt expier ses amours adultères chez les morts. Cinq ans après la naissance de Daisy, l'ancien zouave s'éteint à Cannes, comme l'indiquent les archives départementales des Alpes Maritimes :

« Mairie de Cannes, arrondissement de Grasse : "Le 18 avril 1868, à 2 heures du matin, acte de décès de Charles Félix Emmanuel Lavaÿsse, célibataire, décédé le même jour, âgé de trente-deux ans, né à Paris, département de la Seine, domicilié à Paris, fils de Charles Joseph de Lavaÿsse, propriétaire, et de Laure Joséphine de La Celle de Châteaubourg. Sur la déclaration faite de Léon Jules de Lavaÿsse, âgé de trente ans, docteur en médecine, domicilié à Paris, qui a dit être frère du défunt, et par Charles-Antonin Buttura, âgé de cinquante et un ans, docteur en médecine, domicilié à Cannes, qui a dit être assuré. Constaté suivant la loi par moi, Louis Prosper." »

À l'image d'Edgar Poe, des sœurs Brontë, de Maupassant et de tant d'autres, Emmanuel est emporté par la vague meurtrière de la tuberculose. À cette époque, on commence à entrevoir que cette maladie est transmissible. Jusque-là, sa contagiosité n'allait pas de soi car, tantôt elle vous menait en quelques jours à la tombe, tantôt il lui fallait des années pour vous terrasser. Pour les contemporains, la tuberculose est « fille » d'une vie urbaine insensée, du surmenage moderne et de l'hygiène déplorable du civilisé. Pour la détruire, on s'attache donc à fortifier, enrichir le « sol » humain par des cures de soleil et de plein air. On ajoute à cela quelques inhalations, ventouses, badigeonnages de teinture d'iode et des antiseptiques qui, pour quelques avantages qu'ils présentent, entraînent avec eux de nombreux inconvénients. Parfois, c'est le poumon qui ne peut supporter leur action irritante ; souvent, c'est l'estomac qui ne tolère plus ces préparations. Les phtisiques sont en proie à toutes les transes possibles s'ils veulent poursuivre leur traitement, si bien qu'il est de règle de considérer comme perdu tout individu présentant les symptômes à un degré assez marqué. Lorsque les lésions ont laissé derrière elles des ruines irréparables, comme dans le cas d'Emmanuel, ce n'est qu'affaire de temps…

Pourquoi Cannes ? D'abord parce que cette petite ville côtière, découverte par des familles anglaises, commence à connaître son essor grâce à l'ouverture de la ligne de chemin de fer Marseille-Cagnes. La récente annexion du comté de Nice et la visite de Napoléon III et de l'impératrice Eugénie ont aussi attiré l'attention. Elle est devenue la ville aristocratique par excellence, un coin du faubourg Saint-Germain tombé du brouillard de Paris au bord d'un des golfes les plus lumineux. Surtout, de l'avis des spécialistes, de toutes les stations d'hiver, c'est celle qui offre les plus nombreux et les plus précieux avantages d'un point de vue médical. Sous la protection de l'Estérel, on n'a rien à craindre du terrible mistral. L'on aurait même constaté des cas de guérison ou d'amélioration dans la phtisie pulmonaire. Vous séjournez à Cannes, et par la magie du climat, vous respirez bientôt « comme du velours ».

Qui a convaincu l'ancien zouave d'aller passer l'hiver sous ces cieux plus cléments ? Son frère cadet Léon, médecin à Beaujon puis à la Maison municipale de Santé de Paris, présent le jour de sa mort ? Le second signataire de l'acte de décès, le docteur Charles-Antonin Buttura? À moins que ce ne soit Marie-Sophie qui ait conseillé au père de sa fille ce spécialiste des maladies respiratoires.

Fils d'un ancien consul italien et frère d'un grand prix de Rome, le Dr Buttura séjourne souvent à Naples et dans la Ville éternelle. Au début des années 1860, il y a même pratiqué auprès de l'armée française d'occupation. Ancien du Val-de-Grâce, cet homme bon et simple, au regard clair et doux, est toujours prêt à rendre service. Il soigne les riches familles de la colonie étrangère comme les plus démunis, toujours dévoué aux humbles, que ce soit à l'hôpital ou chez lui, rue Félix-Faure. Il a cette précieuse faculté de rassurer les malades et de répandre une sorte de sérénité dans leur entourage. À Cannes, sa valeur personnelle lui a valu un mandat de conseiller municipal, et concilié la confiance et les sympathies de la société la plus distinguée : Jean-Jacques Ampère, Prosper Mérimée, Victor Cousin, et même le duc d'Alençon, futur beau-frère de Marie-Sophie, qui, neuf mois avant la mort de Lavaÿsse, villégiaturait à Possenhofen chez les Wittelsbach. Buttura est présenté par certains comme le médecin de la famille d'Orléans[45].

J'apprendrai plus tard qu'Emmanuel a posé ses malles à l'hôtel de la Paix, boulevard de la Gare (aujourd'hui boulevard d'Alsace), à cinq cents mètres du front de mer. Le bâtiment d'un blanc immaculé et flanqué de deux tours carrées existe toujours à hauteur de la rue Louis-Braille. L'ancien zouave va passer là ses derniers mois.

À cette époque, l'intérieur de la ville ne répond pas encore à l'admirable beauté des environs. Le décor est sauvé par les belles villas anglaises et par le boulevard de l'Impératrice

45. *Journal des villes et des campagnes* du 11 mai 1886.

(la future « Croisette »), agrémenté de petits jardins de dattiers et de plantes exotiques. Sur cette promenade, le matin, on peut voir des malades se livrer à la natation, comme si la mer devait leur redonner force, vigueur et santé. Les bains de sable sont également préconisés pour les rhumatisants. Cela dit, j'imagine plus volontiers notre cousin faire des promenades en voiture, s'émerveillant de tout, admirant les somptueuses bâtisses comme la villa Alexandra, avec son minaret; partir en vapeur découvrir les îles de Lérins ou admirer les régates du Yacht Club. En cette fin d'année 1867, on doit croiser le pauvre Emmanuel se traînant d'un pas accablé jusqu'à la rue d'Antibes, chez le libraire Robaudy, ou toussant, haletant, enveloppé dans un châle, au Café de l'Univers. Maupassant dira un jour de Cannes que c'était l'hôpital du monde, le cimetière fleuri de l'Europe aristocrate, qu'il fallait maudire cette terre charmante et redoutable antichambre de la mort...

La dernière entrevue?

Marie-Sophie sait certainement que son amant est aux portes du tombeau. Le 14 mars 1868, deux semaines avant le décès d'Emmanuel, elle s'embarque sur le *Greff*, mis à sa disposition par le mari de Sissi, l'empereur François-Joseph. Elle est appelée par l'impératrice, sa sœur, qui attend au palais royal d'Ofen, en Hongrie, la naissance de sa fille, Marie-Valérie, l'archiduchesse d'Autriche. Elle doit remettre à la parturiente une relique de la part du Saint-Père, et tenir l'enfant sur les fonts baptismaux avec Mathilde, la comtesse de Trani. Toutes deux seront les marraines du nouveau-né.

Informée du passage en France de sa chère héroïne de Gaète, l'impératrice Eugénie dépêche à Marseille le duc de Bassano. Le grand chambellan du palais, qui passe la saison d'hiver dans les environs de Nice, fait plusieurs heures de trajet pour accueillir l'auguste voyageuse et la complimenter. Sur le port de la Joliette, ce grand échalas, connu pour son extrême prévenance, attend non loin du désordre qui sévit sur les quais. Il observe la bouée qui attend le navire pour y attacher sa chaîne, puis regarde au loin dans la rade ; il attend. La corvette de guerre autrichienne ne peut tarder à paraître.

Point de corvette à l'horizon ! Alors que jusque-là, pour ses voyages vers la Bavière, l'Autriche ou la Suisse, Marie-Sophie est toujours passée par la cité phocéenne, le 16 mars 1868, c'est à Villefranche-sur-Mer, autant dire à Nice, qu'elle débarque *incognito* sous le pseudonyme de duchesse de Castro. Il est 11 heures du matin, Julie de Rothschild, affranchie comme par magie de ce changement de parcours, vogue au-devant d'elle, à trois milles en mer, pour la saluer dans sa cabine. À midi, les deux amies sont à terre et déjeunent chez la baronne, villa Massingy, sur la colline de Carabacel. À 14 heures, la reine s'en repart à la gare avec la duchesse de San Cesario et son écuyer le prince San Antimo Ruffo[46]. Elle va longer la côte par le chemin de fer pour rejoindre Marseille. S'est-elle arrêtée en chemin à Cannes pour voir son zouave ? Il est tentant de le croire. Au bout de trente kilomètres, elle a pu faire une halte dans la nouvelle petite gare de la ville balnéaire, avec sa jolie marquise enjambant les voies, puis marcher les quatre cents petits mètres qui la séparent de l'hôtel de la Paix. Peut-être même s'est-elle hâtée d'arriver en France pour l'adieu déchirant…

J'imagine ces lugubres retrouvailles : Marie-Sophie apparaissant au chevet du malade, lui souriant d'un air

46. *Le Courrier du Gard* du 20 mars 1868.

mélancolique, contenant ses larmes et lui tendant loyalement les deux mains, en silence, n'écoutant d'autre bruit que celui de la respiration pénible du mourant. Emmanuel, dont l'imagination vagabonde n'a plus besoin de ressusciter son visage. Elle est là devant lui! Cette beauté incomparable, venue adoucir ses dernières horreurs. Ils ont beau avoir calmé, au fond de leur cœur, l'amour tragique et passionné d'autrefois, ils ne peuvent s'empêcher de chercher dans leur regard la lueur de l'amour et de l'espérance éternelle. Enfin, je vois cette femme de vingt-sept ans, le cœur brisé par l'émotion, reprenant la route pour Marseille.

La suite, quant à elle, est avérée. Elle arrive à la gare Saint-Charles, où elle doit prendre sa correspondance pour Lyon. Sur place, l'émissaire de l'impératrice Eugénie surgit pour lui présenter ses hommages. Marie-Sophie prie le duc de Bassano d'être l'interprète de sa reconnaissance auprès de Leurs Majestés, puis lui « sert » de filandreuses explications sur son changement d'itinéraire vers Villefranche-sur-Mer, rapportées par la presse : M. Lund, le commandant du *Greff*, aurait choisi de mouiller dans la baie des Anges : « La mer était houleuse et il a jugé préférable d'abréger le trajet… »

Deux semaines après l'accouchement de Sissi, Emmanuel expire à Cannes par une de ces nuits splendides. Il meurt avec sur la tête un beau ciel immense, peuplé d'astres, et un fin croissant de lune, comme pour lui donner un dernier baiser.

À Bude, en public, la reine soldat apparaît stoïque, fière, impassible. Si elle redoute la terrible nouvelle, elle ne la connaît pas encore. Une certaine presse qui invente des nouvelles pour être sûre de les avoir la première, crée la polémique. Elle affirme que l'ex-souveraine s'est montrée de mauvaise humeur en apprenant la venue en Hongrie, chez son beau-frère François-Joseph, du marquis Pepoli. Ce diplomate est venu présenter à l'empereur les lettres qui l'accréditent comme envoyé extraordinaire et ministre plénipotentiaire du jeune royaume d'Italie. La cour, puis la presse viennoise réagissent aussitôt, qualifiant d'inventions ridicules les prétendues plaintes de S. M. la reine : « Elle ne s'occupe point de politique ! » De fait, à cette heure, Marie-Sophie n'a cure de l'avenir de Rome, de Naples ou des Deux-Siciles. Elle a assisté à la célébration du baptême, au milieu des grands dignitaires, arborant sa médaille militaire de Gaète. On l'a aperçue furtivement à un gala au Théâtre national de Pesth. Depuis, elle vit recluse dans l'intimité de sa sœur Élisabeth, vraisemblablement saisie par l'angoisse à chaque fois qu'elle songe à ce que va devenir Daisy.

Aux dires de Marie-Louise von Wallersee Larisch, c'est seulement quelques semaines plus tard, au château de Garatshausen[47], sur les bords du lac de Starnberg en Bavière, qu'elle va apprendre la mort de son amant. Max Huttler, l'homme de la maisonnette de Pfaffengäßchen, arrivera la mine déconfite. Le professeur était toujours resté en contact avec le père de Daisy.

À compter de ce jour, toujours selon la comtesse, Marie-Sophie ne sera plus jamais la même. Emmanuel de Lavaÿsse restera le rêve, l'enchantement et le malheur de sa vie. Et elle en sera d'autant plus affligée qu'elle se sentira, jusqu'à sa mort, coupable de l'avoir entraîné dans l'abîme.

47. En quittant sa sœur Sissi, Marie-Sophie était venue passer quelques jours à la villa Leoni sur les bords du lac Starnberg. Le château de Garatshausen était occupé, cette année-là, par son frère Louis, le père de la comtesse Marie-Louise von Wallersee Larisch.

VI
Le fruit du péché

« Quand on veut faire un grand honneur à l'enfant, on lui confère le nom le plus ancien dans sa famille : celui de son aïeule, par exemple. »

Voyage en Amérique, François-René de Chateaubriand

Trois clichés du photographe de la cour

Qui va veiller sur la chère orpheline de la reine de Naples ? Il faut que j'en apprenne davantage sur Daisy. Pour commencer ce volet de mon enquête, j'exhume trois photos cartonnées que je tiens de ma grand-mère.

Sur leur verso est inscrit en lettres dorées : *Jos Albert, München. Königlich Bayer und Königlich Preuss. Hof-Photograph, in München, Carlstraße 21.* Cette signature est rehaussée de deux monogrammes. Le tout indique que ces clichés ont été faits par Joseph Albert, l'un des meilleurs portraitistes allemands du XIXe siècle, dans son laboratoire de Munich. La mention « HoF-Photograph » et les sceaux royaux signifient qu'il s'enorgueillissait du titre pompeux de photographe officiel des cours de Bavière et de Prusse. De fait, cet artiste travaillait pour Louis II et suivait l'évolution de ses chantiers fantastiques.

Les deux premiers portraits représentent Daisy, à chaque fois sous un angle différent. Je considère longuement notre cousine, m'arrêtant à ses boucles de cheveux flottant sur son front pâle, ses yeux un peu lourds, son regard clair et triste. À l'évidence, sa bouche n'est plus enfantine, elle doit avoir seize ou dix-sept ans. Cette jeune fille a-t-elle la moindre ressemblance avec la reine de Naples ? Bien sûr, le physique d'une enfant ne dépend pas que de son père et de sa mère. Tout en provenant de nos parents, nous n'en sommes jamais la copie servile. Au cas particulier cependant, une foule de détails milite pour sa parenté avec la sœur de Sissi : l'arête du nez, la narine étroite, la courbe de l'arcade sourcilière, le tracé du menton, l'absence de pommettes, l'ourlet de la bouche, la finesse de la lèvre supérieure, tout un faisceau d'indices. Les cheveux et le regard, en revanche, semblent être ceux de son père.

La troisième photo est celle d'une inconnue plus âgée, dont la mise, la coiffure stricte et l'expression collet monté font penser à une gouvernante. Seule une broche en forme de marguerite, épinglée au col, égaie son corsage. Son nom est écrit à la plume au bas du cliché. Malheureusement, entre les pleins, les déliés et l'encre défraîchie, les pattes de mouche sont à peu près illisibles. À imaginer que cette femme soit bavaroise, ce que je suis fondée à croire, cette écriture doit être de la « *Deutsche Kurrentschrift* », autrement dit la forme cursive du gothique, d'où la difficulté pour la décrypter. Pour le prénom, je crois lire Mayflict ou Marflick, quand soudain je comprends qu'il s'agit de… Mechtilde ! Quant au patronyme, il commence indéniablement par la lettre K. Hélas, mes talents de Champollion s'arrêtent là.

J'en ai la preuve à présent. La fameuse Mechtilde qui s'est occupée du nourrisson dans la petite maison de Pfaffengäßchen, l'hiver 1862-1863, ne s'est pas contentée de veiller sur ses premiers jours. Toute sa vie, elle a accompagné Daisy et a servi de trait d'union entre la mère et la fille, et même – selon Marie Louise Larisch – entre la mère et Emmanuel.

Qu'elle soit la sœur d'un certain Philip, écuyer de la reine, comme l'affirme la comtesse, me semble plus douteux. C'est un certain James « Fillis » et non « Philip » qui a inculqué les principes de son art à la reine de Naples. Cet homme, sans contredit l'écuyer le plus célèbre de l'époque, est resté célèbre pour avoir rédigé, plus ou moins à quatre mains, un traité de dressage avec Georges Clemenceau, écrivain hippique à ses heures. Il a été au service du beau-frère de Marie-Sophie, l'empereur François-Joseph, mais quoique naturalisé français, l'impétrant est d'origine anglaise. Or, Mechtilde est bavaroise…

Une chose est sûre, une petite Française affublée d'une gouvernante allemande ? Voilà qui ne doit pas déparer dans les rues parisiennes dans les années 1860. C'est alors chose courante dans les bonnes familles françaises qui vantent tant l'éducation polyglotte que la discipline et la soumission innées de ces *Fräuleins* pour l'éducation des petits. Du moins pour quelque temps encore, puisque, avec la guerre franco-prussienne de 1870, les mêmes seront bientôt considérées comme l'ennemi dans la maison, l'adversaire sournois, haineux, implacable, qui s'installe dans les familles pour mieux remplir sa sale besogne de sape.

Au demeurant, Daisy et sa gouvernante ont-elles seulement habité Paris ? Il est trop tôt pour le dire.

Les prénoms de « Possi[1] »

Pour le moment, je n'ai aucune piste sérieuse sur notre cousine, rien de décisif, rien de bien précis. Je ne peux que me raccrocher au souvenir des propos de ma grand-mère : « Daisy était morte de la tuberculose avant sa mère, laquelle avait assisté au service funèbre en l'église de la Madeleine. »

Toute la nuit, j'ai passé au crible la presse du XIXe siècle : le *Journal des débats*, *Gil Blas*, *La Croix*, *L'Univers*, *Le Gaulois*, *Le XIXe*, *Le Constitutionnel*, *Le Figaro*, et même l'anticlérical *Petit Parisien*, truffé de potins. Nulle part je n'ai trouvé une ligne évoquant la présence de la reine de Naples aux obsèques d'une jeune fille à Paris. Mes démarches auprès des Archives de catholicité du diocèse n'ont rien donné. Je suis rentrée bredouille de la Madeleine où le père Bruno Horaist m'a aimablement autorisée à consulter les vieux registres de décès. Dès que je crois l'approcher, Daisy se dérobe.

Le lendemain de ma nuit blanche, je retrouve ma sœur Clémentine et ma cousine de Garrevaques à la buvette de *La Cartoucherie* de Vincennes, avant la matinale. *La Vie est un songe* de Calderon commence dans trois quarts d'heure. Je leur fais part mon désarroi :

« Du côté de Daisy, c'est la panne. Je ne sais toujours pas quand elle est morte ! »

Ma sœur Clémentine se met à rire :

« La date est dans l'éphéméride d'Hélène, je l'ai à la maison ! »

L'espérance coule de nouveau à pleins bords. J'ai retrouvé un fil d'Ariane. L'heure de frapper les trois coups approche. Pardonnez-moi, Rosaure, Sigismond et le méchant duc

1. Surnom donné au château de Possenhofen.

Astolphe. Ma sœur, l'amateur de la scène parisienne la plus fanatique et la plus éclairée, vous regardera pour deux. Pour ma part, le rideau levé, je reprends le cours de mes pensées avant de m'assoupir dans mon fauteuil.

Après le spectacle, je passe chez Clémentine feuilleter le précieux document. Il s'agit d'un beau carnet en cuir, bien épais, avec des tranches dorées à l'or fin. Il est intitulé *Jour après jour. Textes et pensées*. Hélène l'a acheté rue de Seine, à la librairie Fischbacher, en 1883. À l'intérieur, elle ne consignait aucune cérémonie ou réjouissance mondaine ; seulement les grandes circonstances de la vie. C'est ainsi qu'au milieu de plusieurs naissances, décès, mariages et baptêmes, je tombe sur trois lignes écrites de sa main : « 6 janvier, mort de Daisy de Lavaÿsse dans sa vingt-troisième année – 1886, 9 heures. Cette affligée a crié, et l'éternel l'a exaucée, et l'a délivrée de toutes ses détresses (Psaume XXXIV). »

Enfin ! J'ai la date de la mort de Daisy, cinq mois avant celle de Louis II de Bavière dans le lac de Starnberg et trois ans avant le drame de Mayerling qui va emporter Rodolphe, le fils de Sissi. Il ne me reste plus qu'à subodorer le lieu de sa mort pour mettre la main sur son acte de décès ! Or, tout me conduit au 8e arrondissement, le fief des Lavaÿsse. Avant son départ pour Rome, Emmanuel, ses parents, son frère Adolphe habitaient 124 rue du Faubourg-Saint-Honoré ; son frère Albert, à quelques pas de là. Et si la petite dernière, sa sœur Laure, mariée à un officier d'artillerie, déménage de places de guerre en villes de garnison, elle a été baptisée à la Madeleine, et s'est mariée dans l'immeuble familial.

C'est ainsi que je vais rapidement trouver mon premier trésor, l'acte officiel de décès de la nièce cachée de Sissi l'impératrice :

« Lavaÿsse-Châteaubourg. Acte n° 39. L'an mille huit cent quatre-vingt-six, le 7 janvier à onze heures du matin, acte de décès de Marie Louise Élisabeth Mathilde Henriette de Lavaÿsse-Châteaubourg, âgée de vingt-deux ans et dix mois, sans profession, née à Munich (Bavière), décédée en son domicile rue des Mathurins, n° 47, le six janvier courant à neuf heures du matin, fille de Charles Felix Emmanuel de Lavaÿsse-Châteaubourg, décédé, et de mère non dénommée, célibataire. Dressé vérification faite du décès par nous, Jérémie Kastler, adjoint au maire, officier de l'état civil du 8e arrondissement de Paris, chevalier de la Légion d'honneur, officier d'Académie, sur la déclaration faite de Georges Adrien Sol de Marquein, âgé de quarante-deux ans, propriétaire, demeurant à Paris, rue de Lisbonne, n° 49, ami de la défunte; et de Henry de Gineste-Najac, âgé de quarante-sept ans, propriétaire, demeurant à Paris, avenue d'Antin, n° 18, ami de la famille, qui ont signé avec nous après lecture. »

Je tiens enfin la véritable identité de Daisy. Derrière ce surnom qui provient de « *day's eye* » – allusion aux marguerites et pâquerettes qui s'ouvrent le matin et se ferment le soir – se cache Marie Louise Élisabeth Mathilde Henriette de Lavaÿsse-Châteaubourg. Marie, comme Marie de Hohenzollern, reine de Bavière, épouse du roi Maximilien II et mère des rois Louis II et Othon Ier de Bavière. Louise, comme sa grand-mère maternelle, née Ludovica Wilhelmine von Bayern. Élisabeth comme Sissi, sa tante impératrice d'Autriche. Mathilde, dite *Spatz*, le « moineau », la comtesse de Trani, qui a assisté à Rome à la naissance de l'idylle entre les deux amants. Et enfin Henriette, comme la cantatrice Henriette Mendel, l'épouse morganatique de Louis, le frère avec lequel Marie-Sophie faisait des promenades dans

Augsbourg, et qui avait ouvert sa porte à Emmanuel, mais aussi le père de la comtesse Larisch.

Les suites de mon enquête m'apprendront que l'ordre et le nombre des prénoms sont légèrement différents. Sophie manquerait à la liste, comme Sophie Charlotte Auguste, dite « Sopherl », la cadette des Wittelsbach qui, après l'échec de ses fiançailles avec Louis II de Bavière, deviendra duchesse d'Alençon avant de mourir héroïquement dans l'effroyable incendie du Bazar de la Charité en 1897.

« Mathilde, Marie, Sophie, Henriette, Élisabeth, Louise de Lavaÿsse », voilà ce que d'aucuns appelleraient, d'un mot tout juste toléré par l'Académie française, de la « traçabilité ». Cette enfant est la fille d'un zouave pontifical portant le matricule 850. Elle est née en Bavière, de mère inconnue et prétendument célibataire, à une période où la « reine soldat » y est, de notoriété publique, en retraite. Elle porte les prénoms de la reine de Bavière et de la tribu de Possenhofen et aucun de ses aïeules Lavaÿsse ou Châteaubourg.

Elle est morte, à en croire l'acte de décès, à vingt-deux ans et dix mois ! Or, la comtesse Larisch a toujours prétendu qu'elle était née le 24 novembre 1862 au couvent d'Augsbourg, soit plus de trois mois avant ce que suggère l'état civil parisien. Se trompe-t-elle ? J'en doute puisqu'un diplomate français a vu Marie-Sophie réapparaître dans les rues augsbourgeoises, dès le mois de décembre 1862. Cet écart indique-t-il simplement qu'Emmanuel a établi l'anniversaire de sa fille à la date où il a récupéré la garde de Daisy ? Au vrai, tout le monde a eu certainement intérêt à brouiller les pistes : Emmanuel, l'Église et surtout la maison Wittelsbach, avec à sa tête le roi Maximilien II qui avait la haute main, du moins quelque influence, sur l'état civil bavarois.

La plus grande surprise de ce document est de découvrir que c'est mon arrière-arrière-grand-père, Henry de Gineste-Najac, le père d'Hélène, qui a signé l'acte de décès de Daisy. Il est accompagné, ce jour-là, de mon arrière-arrière-grand-oncle, Adrien Sol de Marquein, le frère de Mathilde, la mère d'Hélène[2]. Comment se sont-ils retrouvés chargés de ces pénibles formalités ? Sans doute parce que la vie de Daisy a été marquée par le deuil et la désolation...

Une saignée familiale

Quel terrible cortège de circonstances ! En reconstituant un embryon d'arbre généalogique, je comprends que cette malheureuse enfant a perdu sa grand-mère paternelle à quatre ans ; son père à cinq ans ; son grand-père à sept ans ; un premier oncle, à dix ans ; un second, à quatorze ans ; un troisième à seize ans. À dix-sept ans, c'est sa tante Laure, l'épouse de l'officier d'artillerie, qui disparaît à son tour. Quant au dernier frère du zouave, il va la précéder de deux ans dans la tombe. Cette famille est un cimetière. Ma grand-mère m'avait d'ailleurs rapporté que ses grands-parents, longtemps exempts de la frayeur d'être treize à table, étaient devenus superstitieux au lendemain d'un déjeuner chez les Lavaysse. Leur cousin, assis le plus près de la porte de sortie, dans la salle à manger, avait péri dans la nuit.

On meurt beaucoup et on meurt jeune dans cette famille. Dans les années 1880 cela dit, pareille hécatombe n'est pas invraisemblable. La France de Daisy ne se compose plus seulement de paysans clairsemés dans les campagnes.

---

2. Ces messieurs se sont toutefois présentés comme « amis » de la défunte ou de la famille car il doit en être dans le droit civil comme dans le droit canon, la qualité de parent se limite à la parentèle jusqu'au quatrième degré.

Le pays a été soumis à un vaste remaniement industriel qui a jeté les populations dans les villes, dans des conditions de salubrité funestes pour la santé publique. À l'aube de la révolution pastorienne, les médecins sont démunis face au choléra, à la typhoïde, la syphilis, la tuberculose et bien des maladies urbaines qui fauchent chaque année leur lot d'existences.

Dernière information importante sur l'acte de décès : l'adresse de Daisy au 47 rue des Mathurins, Paris 8e. Comme ce n'est pas loin de chez moi, je pars en voisine découvrir l'endroit où la fille de la reine s'est éteinte. Je réalise avec émotion que les fenêtres de cette descendante d'émigrés de l'armée de Condé « donnent » sur le square de la Chapelle expiatoire, là où jadis à neuf mois d'intervalle, les têtes et les dépouilles encore tièdes de Louis XVI et de Marie-Antoinette ont été jetées sans respect entre des lits de chaux vive et de terre. Quant au bâtiment, qui se situe à l'angle de la rue Pasquier, c'est un immeuble de rapport en bonnes pierres de taille, aux lignes sobres. Il n'a jamais dû être l'orgueil de la rue, mais il ne manque pas d'élégance.

VII
Des protecteurs

« Il y a des moments où notre destinée se détourne soudain de sa ligne première, telle qu'un fleuve qui change son cours par une subite inflexion. »

Mémoires d'outre-tombe, François-René de Chateaubriand

Les souvenirs de Mamy

Puisque tout le monde est mort, qui veille sur Daisy à cette adresse ? Je ne peux pas croire qu'on l'ait laissée grandir sans tuteur et livrée à la seule surveillance d'une gouvernante étrangère. Qui s'est chargé de Daisy à la mort d'Emmanuel, puisque les frères et sœurs du zouave l'ont inexorablement suivi dans la tombe ? La réponse se trouve peut-être dans les notes que j'ai prises en écoutant ma grand-mère, il y a plus de vingt ans.

En regardant le cagibi dans lequel croupissent les reliefs de quatre de mes déménagements, je maudis ma fainéantise. Pour remettre la main sur ces papiers, il me faudrait fouiller dans un amas de cartons amollis et poussiéreux, entassés dans un équilibre précaire. Depuis deux mois, je trouve tous les prétextes pour m'exempter de ce labeur. La curiosité cependant commence à venir à bout de mon indolence. Par miracle, à tout hasard, avant de me lancer à l'assaut de mon capharnaüm, j'ouvre le tiroir d'un vieux secrétaire. Il faut croire en sa bonne fortune ! Depuis 1997, les sets griffonnés de la brasserie du Rostand m'y attendaient…

On est présomptueux, on croit pouvoir se souvenir facilement des choses que l'on confie à son cerveau ; on se croit toujours possesseur d'une mémoire infaillible et celle-ci vous trahit misérablement. En relisant les comptes rendus de mes entretiens avec Mamy, ma première surprise est de constater que Daisy n'a jamais été enterrée à la Madeleine, comme je l'avais prétendu sur les réseaux sociaux, mais huit cents mètres plus loin, à Saint-Augustin, une église qui aurait pu devenir la nécropole de Napoléon III si la fête impériale n'avait pas tourné court.

La rencontre entre mes amoureux ? Je décrypte sur mon papier la mention « bal, occasion mondaine ». La tuberculose ? C'est durant les combats aux abords des Abruzzes qu'Emmanuel l'a contractée. Son expédition bavaroise pour rejoindre sa maîtresse n'a fait qu'envenimer les choses.

L'information la plus importante est à venir…

Après son départ de Bavière, Daisy va être cachée à tous les yeux, y compris ceux de la tribu Lavaÿsse. Le silence et le mystère entourent sa retraite pour protéger les intérêts des cours de Munich, de Vienne et du roi napolitain. L'enfant, la gouvernante et Emmanuel se retirent-ils en province ou à l'étranger, loin des regards inquisiteurs ? Aucun indice sur ce point.

En tout cas, selon ma grand-mère, c'est plus tard, lorsque son corps est miné par la maladie, qu'il se résout à divulguer son secret. Convaincu qu'il s'achemine vers le dernier départ, agité des plus cruelles angoisses à l'idée de laisser Daisy seule en ce monde, il va convoquer sa famille et lui avouer la vérité. Sa mère étant mal en point[1], c'est à sa sœur qu'il va confier le soin de veiller sur la petite[2]. Et, selon Mamy, il va lui remettre une lettre et lui déclarer simplement ceci :

« Je veux te confier le sort d'une très jeune fille, ma fille ! »

Laure de Lavaÿsse est mariée depuis peu avec ce cher Émile Berthaut[3], une union qui réjouit la famille. Au sortir de Polytechnique, ce Bourguignon généreux et accueillant à tout le monde a choisi de servir l'artillerie « montée » ; une arme qui attire les cadres militaires les plus dynamiques car elle réunit, au prestige du cavalier, la considération accordée à l'arme savante. D'une bravoure magnifique, Émile a reçu la Légion d'honneur, la médaille de Sa Majesté la reine d'Angleterre, ainsi que de la « valeur militaire » de Sardaigne. Il s'est illustré pendant la guerre de Crimée et les campagnes d'Italie, à Magenta comme à Solferino. Il en a gardé une cicatrice au-dessus de l'œil droit. C'est un soldat sans reproche, fort peu intrigant, un homme de valeur et d'une indiscutable honnêteté.

Emmanuel sait pouvoir compter sur la discrétion des Berthaut et leurs soins vigilants. Ils ne seront pas toujours à Paris où l'on jase et l'on brode à l'infini. Ils erreront avec Daisy de garnison en garnison. Cette vie itinérante leur permettra d'esquiver les mille interrogations et mille tracasseries dues au secret des origines de cette enfant. Ils ne feront avec elle qu'une seule famille, et Laure lui apprendra

1. Laure Joséphine de la Celle de Châteaubourg est décédée le 29 août 1867, peu de temps après la réapparition d'Emmanuel et de Daisy à Paris.

2. Selon ma grand-mère, il remit à sa sœur un testament écrit.

3. Sur son dossier militaire, Émile Berthaut est décrit ainsi : 1 mètre 62, cheveux châtains, visage ovale, front découvert, yeux roux avec une cicatrice au-dessus de l'œil droit.

à bénir ce père qu'elle n'a connu que pour le voir expirer sous ses yeux.

La reconnaissance de Daisy

En poussant mes recherches sur Berthaut dans les archives de la Grande Chancellerie de la Légion d'honneur, je mets la main sur un courrier de ce beau-frère d'Emmanuel – veuf depuis quatre ans –, indiquant qu'il désire recevoir le traitement annuel de mille francs attaché à sa qualité de « commandeur », 47 rue des Mathurins. L'appartement donnant sur la Chapelle expiatoire est donc bien le sien[4] ! Autre information importante au bas de cette lettre, il est mentionné que le titre relatif à cette distinction est conservé chez un notaire, Me Ernest Poletnich. Son étude est située 116 rue du Faubourg-Saint-Honoré, c'est-à-dire à moins de cent mètres de l'ancien appartement d'Emmanuel[5].

Trois jours plus tard, aux Archives nationales, je me plonge dans les liasses suintantes et à l'odeur rance de cet officier ministériel qui, comme je le pressentais, gère toutes les affaires de la tribu Lavaÿsse. Une mine d'or va s'ouvrir à moi…

À la lecture des « minutes » relatives à la succession du zouave, je comprends qu'un an avant sa mort – et sans doute, concomitamment à sa confession, Emmanuel a mis ses affaires en ordre pour protéger sa fille.

À cette époque, le droit ignore complètement l'enfant non reconnu. Difficulté supplémentaire, le Code civil n'admet pas qu'on puisse reconnaître les enfants adultérins. C'est le

4. Émile Berthaut gardera d'ailleurs ce logement bien après la mort de Daisy (cf. *Bulletin municipal officiel de la Ville de Paris* du 4 août 1891).

5. L'étude du notaire Poletnich était située 116 faubourg Saint-Honoré. Les Lavaÿsse habitaient au 124.

cas de Daisy, conçue des œuvres d'un homme célibataire avec une femme mariée. Ces enfants sont considérés comme un défi jeté à la pureté du foyer domestique et au bon ordre des familles. Le législateur a donc préféré couvrir d'un voile épais le désordre des parents. Il s'est attaché à effacer toute trace de l'adultère dans l'ordre juridique et à en éteindre jusqu'au souvenir. Cette doctrine refuse à Daisy toute vocation héréditaire, toute capacité de recueillir les biens de son père. En outre, même « reconnu » – donc non adultérin –, l'enfant naturel reste un « successeur irrégulier » de son auteur et non un « héritier ». Même avantagé par testament, il ne peut recevoir qu'une part de la succession, limitée par les droits d'éventuels enfants légitimes et par ceux des ascendants et collatéraux du défunt[6]. Aux termes de la loi, Emmanuel n'a donc pas le droit de reconnaître sa fille. Il le fait malgré tout le 16 mai 1867. Nul ne saura jamais le roman qu'il a inventé, devant l'officier d'état civil, à propos de la mère de l'enfant.

« Lavaÿsse, acte n° 609 du seize mai mil huit cent soixante-sept à onze heures du matin, par-devant nous adjoint au maire du 8e arrondissement de Paris, délégué officier de l'état civil, a comparu Charles Emmanuel de Lavaÿsse, propriétaire âgé de trente et un an, demeurant rue du Faubourg-Saint-Honoré, 124, non marié. Lequel nous a déclaré qu'il se reconnaissait le père d'un enfant de sexe féminin, née à Munich (Bavière), inscrite au registre des actes de la paroisse de Saint-Boniface (comme récemment née), l'an mil huit cent soixante-trois, le vingt-deux février, comme fille de Charles Félix Emmanuel de Lavaÿsse-Châteaubourg, et de mère non dénommée. Ladite reconnaissance ayant pour but de valider au besoin la déclaration

6. Jean-Louis Halpérin, « Chapitre 2 : Les retouches du droit familial », *Histoire du droit privé français depuis 1804*, PUF, 2012, p. 207-244.

de naissance de l'enfant faite au nom du comparant, sans l'apposition approbative de signature, a été faite devant nous en présence de Henri Édouard de Lavaÿsse, propriétaire âgé de trente-huit ans, demeurant rue Thénard, 9, et de François Cernier, rentier, âgé de 69 ans, demeurant rue Cambacérès 3, lesquels nous ont attesté l'individualité du comparant et ont signé avec lui et nous, après lecture faite. »

Daisy est désormais officiellement la fille d'Emmanuel. Une enfant qui a quatre ans et cinq mois, mais trois de moins pour l'administration impériale. Le 22 février, date de son baptême supposé, semble, en effet, avoir été choisi pour faire office de date d'anniversaire…

La quadrature de Saint-Boniface

Reste le mystère de cette inscription au « registre des actes de la paroisse de Saint-Boniface ».

Marie-Louise von Wallersee Larisch a toujours prétendu que l'enfant avait été baptisée secrètement au couvent d'Augsbourg, dans la chambre de Marie-Sophie, par l'aumônier von Türk[7], avec pour marraines sa grand-mère, la duchesse Ludovica, et la reine Marie, mère des futurs rois Louis II et Othon Ier de Bavière. Pourtant, les moteurs de recherche qui trient des milliards de pages par ordre de pertinence m'orientent sans hésiter en Belgique :

« Saint-Boniface est un édifice religieux catholique sis au 23 rue de la Paix, à Ixelles. »

7. Jakob Ritter von Türk (1826-1912), dont la rumeur dira qu'il était le fils naturel de Louis Ier de Bavière, était alors le premier aumônier de Saint-Ulrich à Augsbourg. Il deviendra l'aumônier de la cour de la famille royale, et le confesseur du roi Louis II.

Est-ce à Ixelles, autant dire à Bruxelles, que, par le saint baptême, Daisy est devenue une enfant de Dieu ? Voilà qui expliquerait pourquoi la comtesse Larisch s'est toujours fourvoyée en évoquant un amant « issu d'une vieille famille belge ». L'hypothèse est séduisante. Le départ de Daisy aura sans doute été orchestré par le Vatican ou quelque haut prélat. En tous siècles, le Saint-Siège a eu ce sens pratique qui en a fait un haut lieu de la diplomatie et la plus grande centrale de renseignements de la planète.

À moins qu'Emmanuel et sa fille n'aient été accueillis par un ancien camarade de régiment ? Dans la huitième compagnie des zouaves pontificaux, il y avait du Français à forte dose, mais aussi quelques Belges. Notre cousin a pu exploiter les relations wallonnes qu'il a nouées dans les rangs pour se cacher en Belgique. À Paris, le pauvre aurait dû quotidiennement tromper les siens, inventer une fable qui fût vraisemblable, dissimuler Daisy, mener une perpétuelle double vie. Il n'aurait jamais pu profiter de sa chère mignonne et l'aurait privée des douceurs qu'une fille bien-aimée peut trouver dans les bras paternels. Ajoutons que Lavaÿsse avait vraisemblablement perdu sa nationalité française sous le coup de la circulaire du 1er mai 1862 du ministre Persigny.

Ainsi donc Emmanuel se serait terré à l'étranger jusqu'en 1867, puis, après quatre années loin des siens, se sachant condamné, il serait sorti de l'ombre pour rentrer en France et partager son lourd secret.

Luc Terlinden, l'abbé d'Ixelles, me confie aux bons soins d'une adorable paroissienne. Après des heures de recherche, cette dame est formelle : aucune trace d'un baptême Lavaÿsse ou Châteaubourg à la date indiquée !

Sur ces entrefaites, et par le plus grand des hasards, je découvre qu'il existe à Munich, à proximité de la Königsplatz, une communauté St. Bonifaz, avec un « z ». Si jusqu'ici je n'avais pas « cherché » en Bavière, c'est que d'autres l'avaient fait avant moi. Dans les années 1980, Brigitte Sokop, biographe de la comtesse Larisch, avait fait « chou blanc » au couvent d'Augsbourg. Les religieuses lui avaient concédé que la rumeur de cette naissance circulait depuis toujours parmi les sœurs de Sainte-Ursule. En revanche, elles lui avaient confirmé qu'il n'y avait aucune trace écrite d'un baptême. J'avais donc entériné comme une certitude le fait que Daisy avait été portée sur les fonts baptismaux, soit secrètement à Augsbourg, sans être consignée sur les registres, soit dans un autre pays, à l'initiative de son père. À cet égard, la Belgique était un point de chute plausible au regard de la méprise de la comtesse Larisch.

Nouvelle église, nouvelle enquête ! En 1863, cette « Saint-Bonifaz » munichoise est dirigée par un homme d'une érudition remarquable. Cet abbé, grand, mince et au visage émacié, qui dirige la chaire de langues orientales à l'université, est l'évêque von Haneberg. On le surnomme le premier prêtre de Bavière. Pie IX désespère de l'attirer à Rome pour le nommer à la tête de la bibliothèque du Vatican. Malheureusement, le roi de Bavière refuse catégoriquement de se départir de ce puits de science. Il est trop attaché à cet ecclésiastique comme, du reste, tous les Wittelsbach. Dix ans plus tard en effet, on verra Sissi accompagnée de sa fille Marie-Valérie et de sa sœur, la duchesse d'Alençon, s'agenouiller en prière devant la tombe du grand homme, à la cathédrale de Spire. Mais celle qui est la plus proche de ce prélat, c'est la reine de Bavière, Marie de Hohenzollern, la marraine de Daisy. C'est Haneberg, en effet, qui l'amènera bientôt à se convertir au catholicisme[8], malgré l'opposition de la maison de Prusse, dont aucun membre n'avait jusqu'alors fait retour à l'Église romaine. La souveraine lui fait une confiance absolue.

Le monastère bénédictin qu'il dirige, situé au cœur de Munich, a reçu sous forme de don l'ancien couvent d'Andechs, situé à dix kilomètres de Possenhofen. On y a créé l'institut Saint-Nicolas, un asile pour garçons abandonnés, lequel aurait son « pendant » pour les filles, à la Maison des enfants pauvres de Sainte-Marie d'Indersdorf, près d'Augsbourg. Des œuvres pour l'enfance abandonnée ou en danger ? Voilà de quoi me mettre en appétit... Seulement, je suis circonspecte quant à mes chances de mettre la main sur des documents d'époque. Munich a été épargnée durant la guerre, en comparaison de villes comme Dresde, Hambourg ou Berlin, engloutie sous ses soixante-quinze millions de tonnes de décombres. Il n'en demeure pas moins que le bâtiment qui m'intéresse a été lourdement endommagé par deux bombardements en 1944 et 1945. Les photos prises au lendemain de ces raids offrent une vision d'apocalypse et me laissent peu d'espoir.

Alléluia ! Contre toute attente, mon correspondant à Saint-Bonifaz m'écrit que leurs registres n'ont pas été engloutis sous les ruines. Il semblerait que les destructions du premier conflit mondial aient conduit toute la communauté archivistique de l'entre-deux-guerres à mettre en place des plans de protection, avec la création de « dépôts refuges » pour protéger les parties les plus précieuses des archives communes. Les documents qui m'intéressent seraient conservés quelque part à Munich.

---

8. Elle se convertira au catholicisme en 1874 au vif mécontentement de l'empereur Guillaume et de Bismark.

Une semaine plus tard, je suis de retour en Bavière. Nous sommes le lendemain du réveillon et les administrations civiles et religieuses de la capitale bavaroise sont encore fermées. Je profite de ce contretemps pour faire une escapade en train à Augsbourg. La « parpaillote » est émue de découvrir l'endroit où Melanchthon a rédigé le texte fondateur du luthéranisme et du libre examen en matière religieuse[9], mais l'arrière-petite-fille d'Hélène de Gineste l'est plus encore à l'idée de faire connaissance avec la ville natale de Daisy.

Le premier quart d'heure, je me morfonds dans mon wagon de la Deutsche Bahn car un brouillard d'hiver me dérobe absolument le paysage. J'aimerais tant voir ce pays souabe arpenté par Lavaÿsse, en plein hiver, quand il espérait retrouver son enfant et sa dulcinée. Bientôt, un rayon de soleil dissipe la nuée humide et cotonneuse. Je découvre que mon voyage s'effectue au milieu du pays le plus plat du monde. La campagne aligne ses champs givrés de blanc jusqu'aux lointains. La plaine, toujours la plaine, avec çà et là quelques langues de forêts et quelques clochers bavarois, arrondis en turbans ou étirés en pointes de minarets, qui donnent une vague sensation de l'approche des pays slaves et de l'Orient européen.

Augsbourg, elle aussi, fait partie des villes blessées dans l'immense brasier allemand de la fin de la Seconde Guerre mondiale, mais elle a été plutôt bien « guérie ». Cette cité, deux fois millénaire, demeure une école d'architecture en plein vent. De la Renaissance au Baroque, ici, on peut suivre pas à pas, comme en feuilletant un manuel, toutes les capricieuses fluctuations du goût public depuis des siècles. Hélas, de la façade rococo de l'hôtel de la Maximilianstraße

9. Le texte dit de la Confession d'Augsbourg qui fut présenté le 25 juin 1530 à Charles Quint lors de la diète d'Augsbourg.

où affluaient les émissaires venus convaincre Marie-Sophie de rentrer à Rome, il ne reste que les statues en terre cuite des « Trois Maures » qui baissaient autrefois leur regard sur des pignons en stuc[10]. Sur le trottoir d'en face, quelques mètres plus loin, à hauteur du numéro 86, une plaque indique la résidence du duc Louis, le frère de ma reine soldat, chez lequel Lavaÿsse était venu plaider sa cause. Devant cet immeuble, je comprends soudain que si Marie-Sophie était venue se réfugier à Augsbourg, c'était pour se rapprocher de son aîné, l'un des rares à respecter son souhait de divorcer. Enfin, en déambulant en contrebas, j'arrive au Schwalllech, l'un des canaux du Lech, l'affluent du Danube qui irrigue la ville basse. Me voilà devant le *Dominikarinnen Kloster Sankt Ursula*. J'avais toujours imaginé Marie-Sophie retirée dans un gigantesque ensemble conventuel avec des bâtiments imposants, une myriade de voûtes d'arêtes et un grand cloître gothique. Erreur ! Sainte-Ursule offre un tableau bien plus « *gemütlich* », plus exquis, presque bucolique. C'est un modeste ermitage au bord d'un canal qui coule dans sa course avec un léger gazouillis.

Je traverse un petit pont en bois, puis je pousse timidement le portail du couvent. Une dominicaine m'accueille avec un sourire d'une bonté angélique. À la minute où j'évoque : « *Eine Schwester der Kaiserin von Österreich* » (une sœur de Sissi), je vois son visage s'éclairer : « *Maria von Neapel!* » (Marie de Naples), me répond-elle sans hésiter. Elle sait de quoi je viens lui parler. Elle s'éclipse un instant, le temps de se munir d'un paletot, puis m'entraîne faire un tour des lieux. « *Alles Kaputt!* » m'explique sœur Éléonore. Dans la nuit du 25 au 26 février 1944, seize églises augsbourgeoises ont été détruites par les pilonnages

10. Ces terres cuites sont attribuées au sculpteur d'Augsbourg Ehrgott Bernhard Bendl. Il les aurait créées vers 1725.

anglais. Ici, seule la tour de la chapelle est restée debout. Un miracle ! Mais le bâtiment où logeait la reine, au beau milieu des religieuses, n'a pas eu la même chance. Heureusement, il a été reconstruit à l'identique.

Avant de prendre congé, je montre à mon hôtesse une photo de Daisy, et lui apprends qu'elle est morte à Paris de la tuberculose. « *Dreiundzwanzig ? Schrecklich !* » Mourir à vingt-trois ans, en effet, c'est navrant…

Plus le temps d'aller jeter un œil du côté de Pfaffengäßchen, où le Pr Huttler et la jeune Mechtilde avaient recueilli le nourrisson ! Si je veux rejoindre Munich avant la nuit, je dois reprendre le chemin de la gare sans tarder.

Quelques jours plus tard, c'est aux *Archiv des Erzbistums*, les archives de l'archidiocèse de Munich et Freising, que je vais retrouver les vieux registres de l'église de Saint-Bonifaz. Les baptêmes de l'année 1863 sont numérotés dans un grand répertoire par ordre chronologique. Je tourne les pages jusqu'au mois de février où je tombe sur les n° 100, n° 101, n° 102… jusqu'au n° 110, après lequel, je vois apparaître, en bas de page, dans la marge, un baptême « surnuméraire », rajouté, après coup, à l'encre rouge. Il s'agit du « n° 110… et demi » !

Les prénoms de l'enfant ? Maria, Ludovika (Louise), Élisabeth, Mechtilde (Mathilde), Henriette[11]. Le père ? Un certain « de Lavaysse-Châteaubourg ». Le nom de la mère ? La case est vide. La date et le lieu de naissance ? Rien n'est inscrit. Les parrain et marraine ? Mystère… Sur les quatorze mentions requises, dix n'ont pas été renseignées. C'est la seule naissance de tout le registre qui a fait l'objet d'un traitement

11. Ce sont les mêmes prénoms que ceux déclarés par mon arrière-arrière-grand-père dans l'acte de décès. Il n'y a donc pas le rajout du prénom Sophie, tel qu'il apparaît sur les documents de Me Ernest Poletnich relatifs à la succession de Daisy.

administratif aussi parcellaire et peu « orthodoxe ». Qui a officié pour ce sacrement ? Mgr von Haneberg en personne, le plus prestigieux prélat du pays !

Quels enseignements tirer de ce document ? D'abord, que jusqu'à la date du 22 février, la restitution de l'enfant à son père n'était peut-être pas à l'ordre du jour et qu'en tout état de cause, le nourrisson est resté en Bavière au moins jusqu'à ses trois mois ; ensuite, que cette célébration n'a peut-être été qu'une régularisation administrative, et *a posteriori,* d'un ondoiement qui a eu lieu secrètement à Augsbourg, le jour de l'accouchement. Il n'est pas impossible, en effet, qu'avant de remettre le bébé à Mechtilde pour le grand voyage, on ait jugé bon de bricoler à cette enfant un début d'existence légale, un bout de papier officiel, à remettre à son géniteur. Par ailleurs, j'ai entendu dire qu'en cet heureux temps, la plupart des gentilshommes pouvaient encore faire le tour d'Europe en montrant seulement leur carte de visite aux frontières. Ce n'était peut-être pas aussi simple pour une gouvernante célibataire, partant à l'étranger avec un couffin sous le bras. Bien sûr, ce ne sont là que des suppositions...

Dernière information. J'ignore s'il faut voir là un remerciement pour bons et loyaux services, mais quelques semaines après le baptême de Daisy, on verra le roi Maximilien, la reine Marie, le prince hériter et futur Louis II, ainsi qu'une délégation de vingt-six personnes de la famille royale et de la cour, honorer Haneberg d'un pèlerinage en grande pompe au couvent d'Andechs, à proximité de Possenhofen.

Une villa retirée

Après ce long détour par l'énigme de Saint-Boniface, il me faut revenir aux démarches parisiennes de notre zouave.

Le 16 mai 1867, pour reconnaître sa fille, Emmanuel donne son ancienne adresse du 124 faubourg Saint-Honoré à l'attaché de mairie. Or, je sais à présent qu'il vient juste d'y poser ses malles puisque jusque-là, d'après ma grand-mère, ses parents domiciliés dans cet immeuble ignoraient l'existence de leur petite-fille. Six jours après sa reconnaissance de paternité, le zouave achète d'ailleurs une maison à l'écart de Paris et des curieux, dans la coquette et tranquille petite ville du Vésinet, une villa située 23 route de la Croix. Il y installe l'enfant et sa gouvernante. L'amant de Marie-Sophie n'avait donc plus d'habitation usuelle ni à Paris ni en région parisienne. Si l'on conjugue ces informations aux erreurs répétées de la comtesse Larisch, on peut aboutir à l'idée que Daisy n'a certes pas été baptisée en Belgique, mais qu'il n'est pas impensable, en revanche, qu'Emmanuel et l'enfant se soient durablement terrés là-bas.

Me Ernest Poletnich a conservé dans ses archives l'émouvant inventaire du nouveau logis du Vésinet[12] qui a dû être installé à la va-vite. Au rez-de-chaussée, on trouve la cuisine, une salle à manger en acajou avec un service de Giens et une lampe en porcelaine. Dans l'antichambre, un coffre en bois et un vieux bahut ; puis un grand et un petit salon avec un cabinet Louis XIII, bleu grisé, une jardinière en prunier, tapissée de reps cerise, des tables en marbre ; un tableau représentant un canard, des chaises et un grand fauteuil « moleskine ». À l'étage, une des quatre chambres est transformée en garde-meuble. Les trois autres sont occupées par l'enfant, le zouave et la gouvernante. Celle, probable, de Daisy est décorée de deux petits fauteuils crapaud en même étoffe, de quelques chaises en merisier,

12. Réalisé le 14 septembre 1868.

couvertes en perse de différentes couleurs et d'une petite commode en marqueterie. Il y a aussi, dans la liste, un écrin en bois, or et blanc, couvert de pierres bleues. Peut-être un cadeau de la reine soldat, sa mère ?

La seconde fugue ou la reine au désespoir

Coïncidence ? Au moment même où le zouave s'inquiète des conséquences de sa mort programmée, on apprend par la presse européenne qu'à Rome la santé de la reine de Naples donne soudainement de vives inquiétudes. Les titres affirment que son état est déplorable et s'aggrave journellement. « Les angoisses, les douleurs, les sombres journées de l'exil auraient-elles eu raison de ce caractère énergique, cette ardeur sans pareille, ce tempérament de fer ? » Et les journalistes de compatir : « Voilà une vie bien innocente que la révolution aura mise en danger ! »

Pour certains, Marie-Sophie souffrirait de la poitrine comme lors de sa fugue en Bavière. Pour d'autres, Sa Majesté serait victime de fièvres intermittentes. La plupart mordent à l'hameçon des explications officielles : « Un conseil de médecins aurait délibéré sur le climat qui conviendrait le mieux à la malade. » Le *Mémorial diplomatique* nous informe que le choix de la Faculté se serait posé – ô surprise ! – sur « les villes de Nice ou de Cannes ». Intéressante rumeur, le même journal laisse entendre que « dans les cercles de Rome », on affirme que ce départ « pourrait être définitif ».

Dans la nuit du 7 mai 1867, une grosse semaine avant qu'Emmanuel ne déclare sa fille à l'administration impériale, Marie-Sophie embarque accompagnée de son frère et fidèle complice Louis sur le *Vulcano,* un navire de guerre espagnol qui doit la conduire à Marseille. Arrivée deux jours plus tard en France, elle demande à faire un pèlerinage à la basilique Notre-Dame de la Garde, puis reprend son chemin pour Zürich, où elle doit retrouver Mathilde. Aux dires de *L'Univers*, tous ceux qui la voient en Suisse sont frappés par « l'expression maladive de ses traits », profondément altérés par les souffrances. Mais ce qui touche plus encore, c'est « la piété avec laquelle elle assiste aux offices dans les églises » helvètes

Cette femme qui jusqu'ici n'avait jamais brillé par son religieux souci de fréquenter les églises ; cette femme qu'on nous dit au bord de l'épuisement, quasi morte, va sillonner l'Europe, brûler partout des cierges devant les saintes images, et parcourir plus de six mille kilomètres, si l'on s'en tient aux seules étapes recensées par la presse : Rome, Marseille, Zürich, Budapest, Possenhofen, Zürich, Schaffhouse, Munich, Bad Ischl, Marseille, Nice, Villefranche-sur-mer. Il est vrai que ce printemps et cet été 1867 vont être riches en obligations familiales : le couronnement de Sissi en Hongrie (8 juin 1867), la mort du conjoint de leur sœur Hélène (26 juin 1867), de leur cousine l'archiduchesse Mathilde, brûlée vive dans sa robe de bal qui a pris feu (6 juin 1867), mais aussi du frère de François-Joseph, au Mexique (19 juin 1867). Il n'en demeure pas moins que c'est un bien long périple pour une moribonde.

Pour moi, ce brusque départ, un mois avant le couronnement de sa sœur aînée, est aussi lié à l'état de santé d'Emmanuel. Mechtilde a dû affranchir la reine des dernières « évolutions » : la tuberculose galopante de Lavaÿsse, ses tristes perspectives et son intention, ses affaires mises en ordre, de partir à Cannes pour une cure de la dernière chance. Bouleversée par ces nouvelles et leurs conséquences déchirantes pour Daisy, anticipant avec effroi la minute fatale, elle aura quitté Rome précipitamment pour se hâter de revoir Daisy et son zouave ; sans doute aussi avec l'envie de se retrouver au plus vite parmi ses frères et sœurs, les seuls êtres avec lesquels elle peut partager ses angoisses, ses déchirements et ses révoltes.

Est-elle parvenue à croiser Emmanuel pendant cette échappée ? Là encore, la comtesse Larisch a toujours affirmé que les deux amants s'étaient revus à Paris. Si elle dit vrai, cette rencontre a pu avoir lieu cette année-là, avant le départ du zouave pour la Côte d'Azur. Marie-Sophie pourrait avoir prétexté l'envie d'aller visiter l'Exposition universelle qui débutait tout juste[13]. Du 1er avril au 31 octobre 1867, dix millions de curieux et de nombreuses têtes couronnées s'étaient donné rendez-vous à Paris pour l'événement : la reine du Portugal, le prince Oscar de Suède, le roi Léopold II de Belgique et la reine Marie-Henriette, le tsar Alexandre II, le sultan Abdulaziz, le prince de Galles, le roi Louis II de Bavière, l'émir Abd el-Kader, le roi Guillaume Ier de Prusse, etc. Personne n'aurait été surpris de croiser une énième Majesté ou une énième Altesse dans les rues de la capitale.

Ce que l'on sait également, c'est qu'après six mois d'errance, la reine termine son parcours en débarquant à l'improviste chez la baronne Julie de Rothschild, à Prégny, sur les rives du lac Léman. À peine arrivée – et alors que la presse la dit en Suisse pour un mois[14] –, ces dames repartent aussitôt, la baronne s'étant soudainement piquée d'aller

13. L'Exposition universelle de 1867, également appelée Exposition universelle d'art et d'industrie, s'est tenue du 1er avril au 3 novembre 1867 sur le Champ-de-Mars, à Paris. Quarante et un pays y étaient représentés.

14. *Le Figaro* du 8 septembre 1867.

villégiaturer dans sa demeure de Massingy[15], non loin de Cannes où se trouve Emmanuel. Simple coïncidence ?

Vers le 9 novembre 1867 – enfin ! –, la jeune reine s'embarque sur un bâtiment de guerre autrichien pour rentrer en Italie. À son retour, c'est le soulagement à Rome. L'absence prolongée de cette épouse, peu soucieuse du qu'en-dira-t-on, a encore fait jaser la presse. Sa réapparition ranime les espérances du parti légitimiste. Dorénavant, on espère que Sa Majesté secondera de tout son pouvoir l'œuvre de son mari et de ses partisans de Naples et de Palerme.

Malheureux pays ! Pendant l'absence de la voyageuse, aucun désastre ne lui a été épargné. D'abord, une vague de choléra s'est répandue sur la péninsule. La contagion a suivi une marche capricieuse, en épargnant certains quartiers de Rome, certaines bourgades. En revanche, elle s'est abattue comme une trombe sur la délicieuse ville d'Albano qu'affectionnent les Bourbons de Naples. C'était au mois d'août. En quarante heures, l'épidémie a touché deux cents personnes et en a jeté cent trente de la vie à la mort[16]. Très vite, la panique est devenue générale. Les habitants ont quitté leur maison sans savoir où ils portaient leurs pas entre les cadavres et les malades qui se tordaient à même le sol, l'écume à la bouche[17]. Parmi les victimes, Marie-Thérèse, la vipérine belle-mère de Marie-Sophie, qui est morte après seize heures de souffrance pour avoir soigné son dernier fils Gennaro[18], atteint par le fléau. Le brave Athanase de Charette est accouru aussitôt pour soutenir ses zouaves qui

15. Cette villa était située sur la colline de Carabacel.

16. *Le Chroniqueur* du 17 août 1867.

17. Paul Huguet, *Les Victoires de Pie IX sur les Garibaldiens, en 1867, et les soldats du pape devant l'histoire*, R. Ruffet, 1868.

18. Le jeune comte de Caltagirone mourra peu après sa mère.

tentaient courageusement de soulager la population et de trouver une sépulture aux morts.

Et puis, le départ d'une partie des troupes d'occupation de Napoléon III[19] a insufflé une audace nouvelle aux hordes révolutionnaires qui n'ont cessé de sillonner la région, au cri insensé de « Prendre Rome ou mourir! » La Cité éternelle s'est retrouvée en état de siège, en proie à la panique : les rues désertes, les canons sur les places, les barricades partout, des patrouilles de zouaves qui battaient le pavé jour et nuit, sans compter les rixes et les attentats. Un baril de poudre a été placé dans les souterrains de la caserne Serristori[20] qui protège le Vatican. Épisode important pour l'avenir de mon enquête, il y a eu aussi un combat sanglant dans une filature du Trastevere; une dizaine de garibaldiens ont été tués par des zouaves à coups de baïonnettes et de crosses de fusils[21]. Une femme enceinte, une certaine Giuditta Tavani Arquati, trouvée deux pistolets à la main, y a passé comme les autres. Enfin, six jours avant le retour de Marie-Sophie[22], et avec la complicité du gouvernement italien, huit mille Chemises rouges ont tenté de rééditer l'expédition des Mille et d'entrer dans la Ville sainte. Les hommes de Garibaldi ont été repoussés par les trois mille zouaves qui ont fait jonction

19. Par une convention du 15 septembre 1864, l'Italie s'engageait à respecter l'État pontifical, et à fixer sa capitale à Florence, berceau de la langue italienne. En contrepartie, la France promettait de de retirer ses troupes dans les deux ans. Mais si les Piémontais ne pouvaient plus bouger officiellement, ils soutenaient en sous-main le harcèlement que menaient Garibaldi et ses « chemises rouges ».

20. Le 22 octobre 1867.

21. Le 25 octobre 1867. Ces zouaves étaient sous le commandement d'un certain Luigi Rossi. Giuditta était enceinte d'un quatrième enfant. Son mari et un fils de 12 ans seront tués en même temps.

22. Le 3 novembre 1867.

avec ce qu'il reste de soldats français[23], autour du village de Mentana. C'est une belle victoire, mais les troupes pontificales déplorent une centaine de tués et de blessés.

Faute de pouvoir être au chevet d'Emmanuel, la reine va s'occuper de ses anciens compagnons d'arme[24]. « Voici ma première fille de Charité », dira Pie IX en la croisant auprès de ses soldats[25]. Plusieurs fois par semaine, elle se rend à pied dans les hôpitaux, notamment à San Spirito[26], à quelques pas du Vatican, auprès des gangrenés[27]. Ses soins, ses paroles, ses sourires guérissent. Elle rivalise dans le soulagement des blessés. Pourtant, une dame de bonnes œuvres qui l'aperçoit à cette époque se dira frappée de constater à quel point « Marie-Sophie est triste, muette, découragée [...]. Ses yeux rentrés semblent regarder incessamment le passé. » Pauvre reine...

Les zouaves, reconnaissants, lui feront envoyer au palais Farnèse un magnifique bouquet noué avec des rubans,

23. Notamment la légion d'Antibes ou légion romaine, sorte de légion au service du pape, formée de volontaires français et « autorisée » par le ministre de la Guerre de Napoléon III. La publication malencontreuse d'un compte rendu du général de Failly se réjouissant que les nouveaux « Chassepots aient fait merveille » contre les nationalistes, fera dire aux Italiens que « Mentana a tué Magenta ». Parallèlement, signe des dissensions franco-françaises, Victor Hugo fustigera ce « massacre » des patriotes, et la trahison française dans son poème « Mentana », cependant que l'École de Saint-Cyr retiendra cette « victoire » pour baptiser sa 52e promotion.

24. Notamment deux Français, Chouteau, blessé au pied par une bombe, qui vient d'être amputé, et Bergeron, blessé à la main par une balle (cf. *L'Univers* du 7 janvier 1868).

25. *La Liberté*, 23 avril 1880.

26. Des 1861, l'armée des zouaves disposent de quelques ambulances, de salles à l'Ospedale San Spirito, devenu hôpital militaire, et d'un corps de médecins et d'infirmiers permanents. Le rôle du docteur Vincenzo Vincenti, un médecin corse (1826-1893), doit être souligné. Il deviendra chirurgien en chef à l'hôpital militaire de San Spirito. Après la prise de Rome, blessé lui-même, il y demeura quelque temps pour soigner les zouaves blessés puis rejoindra Charette en France, où il sera chargé des ambulances des Volontaires de l'Ouest.

27. *La Croix* du 5 septembre 1884.

sur chacun desquels ils avaient fait inscrire le nom d'un hôpital[28].

Une tutelle familiale

Cinq mois plus tard, le 18 avril 1868, en dépit des cierges brûlés dans les églises par la jeune Wittelsbach, son amant meurt, peu après son trente-deuxième anniversaire[29].

Léon de Lavaÿsse, le frère médecin du zouave, règle les honoraires du Dr Buttura, la facture de l'hôtel cannois, quelques notes en souffrance chez un encadreur et le tailleur Camboulives, place de la Madeleine. Il fait rapatrier le corps du défunt à Paris. Un conseil de famille est aussitôt convoqué par le juge de paix du 8e arrondissement[30]. Le grand-père de Daisy, ses oncles et sa tante renoncent à leur part d'héritage au profit de l'orpheline. On statue sur le choix, les garanties de moralité et de solvabilité des prochains tuteurs. Sont désignés le vieux père d'Emmanuel – qui passe désormais le plus clair de son temps à Maxily en Côte-d'Or – et Adolphe, le frère agent de change. Comme il en a été décidé par Emmanuel, cependant, Daisy et sa gouvernante prennent la route de Lyon. Berthaut, le beau-frère du zouave, y est capitaine au 17e régiment d'artillerie. Laure, son épouse, élève leurs deux enfants, une fille et un garçon, rue de la Charité, non loin de la place Bellecour[31].

---

28. D'autres hôpitaux, plus petits, accueillaient aussi à Rome les malades et les blessés : San Onofrio, l'hôpital des Frères belges à la Plazza Pia, l'hôpital espagnol, l'hôpital des Frères Saint Jean de Dieu, l'infirmerie Santa Teresa près du Quirinal (cf. Jean Guenel, « Service de santé, morbidité et mortalité dans le régiment des zouaves pontificaux en Italie (1861-1870) », *Histoire des sciences médicales*, tome XXIX, n° 3, 1995).

29. Emmanuel de Lavaÿsse est né à Paris, le 3 avril 1836.

30. Le 20 mai 1868.

31. Hélène et Emmanuel Berthaut. La jeune Hélène mourra prématurément.

VIII
Des Parisiennes

« Il est probable que, dans les dictionnaires, on mettra comme dates culminantes le jour de la prise de Gaète et celui de la soirée Verdurin. L'éventail qu'elle [la reine de Naples] a posé pour mieux applaudir Vinteuil mérite de rester plus célèbre que celui que Mme de Metternich a brisé parce qu'on sifflait Wagner. »

La Prisonnière, Marcel Proust

« Il suffit qu'une mère voie sourire son enfant pour être convaincue de la réalité d'une félicité suprême. »

Le Génie du christianisme, François-René de Chateaubriand

Une mort au palais Farnèse

Deux ans plus tard, par une nuit d'orage, les éclairs, la pluie cinglant en rafales, au sein du palais Farnèse et son dédale de pièces obscures, une veilleuse perce les ténèbres d'une énorme chambre. Sur le lit, la forme déjà raidie d'un enfant : la fille unique des souverains de Naples, enlevée en quelques heures par un mal mystérieux. Dans la demi-obscurité, un groupe indistinct et navré regarde une femme à genoux, effondrée. C'est Marie-Sophie. Un sculpteur s'affaire pour prendre un moulage de la petite fille dont la mort a déjà déformé les traits. La mère épouvantée a un sursaut en apprenant qu'on va verser du plâtre sur les yeux. On lui fait accepter l'horrible chose, en lui promettant que les cils ne seront pas arrachés[1]. Toute la journée, elle avait gardé le petit cadavre sur ses genoux et lui avait parlé.

Après dix ans de mariage, sous la pression de l'empereur François-Joseph et de la cour pontificale, François, qui se refuse toujours à quitter Rome[2], a enfin accepté de subir une opération pour résoudre son problème physique. La reine porte son enfant. Enfin !

Dans les salons, quand les femmes se retirent, les hommes racontent, l'œil égrillard, le bon mot du moment :

« La reine et sa sœur l'impératrice d'Autriche se racontaient leurs petites misères. Il était question d'héritier, et l'impératrice regrettait que sa sœur n'en eût point.

— Tu auras un héritier, lui dit sa sœur, à la condition que tu veuilles bien accepter le cadeau que je veux te faire, et surtout que tu me jures de t'en servir.

— Je le jure, s'écria la reine.

Le cadeau était un superbe lit à deux places ! »

---

1. Marguerite Bourcet, *Un couple de tragédie. Le destin brisé du duc et de la duchesse d'Alençon*, *op. cit.*

2. François avait déclaré solennellement en 1862 qu'il ne quitterait jamais le sol italien que par la violence. Pour autant, en 1869, il reçut du roi de Prusse une lettre de Potsdam, datée du 3 juin, lui proposant la mise à disposition des appartements royaux de Berlin (cf. *Le Gaulois* du 11 juillet 1869). Le très désargenté François II aurait sérieusement envisagé cette proposition. En effet, s'il l'acceptait, le gouvernement italien s'engageait à lui verser une rente fixe qui aurait représenté l'équivalent de toutes les prétentions que l'ex-roi pouvait potentiellement faire valoir en se fondant sur le droit privé (cf. *Le Siècle* du 28 juillet 1869).

Mais laissons là ces grands esprits. Bien sûr, la joie des Napolitains est extrême, d'autant que la princesse de Piémont, belle-fille et nièce de l'usurpateur Victor-Emmanuel, est également enceinte[3]. Tous les fidèles bourboniens forment des vœux ardents pour la naissance d'un dauphin. Un garçon renforcera la légitimité dynastique de ses parents.

Des collectes sont organisées dans l'ancien royaume pour offrir à Marie-Sophie des cadeaux plus riches que ceux que les Italiens donneront à la princesse Marguerite[4]. Les grandes dames de la société napolitaine ont envoyé à leur ex-souveraine une magnifique layette bleue (ce sera un prince!). Julie et Adolphe de Rothschild ont fait livrer une caisse immense écussonnée à leurs armes qui contient un berceau, bleu également, au sommet duquel se trouvent fixées une couronne et une étoile.

« J'espère que son étoile sera meilleure que la mienne », a dit François II, en découvrant ce présent.

Pour Marie-Sophie, cette compétition entre parturientes n'est pas le principal. Bien sûr, elle n'a sans doute rien abdiqué de ses ambitions de retrouver sa couronne et les somptuosités de sa vie napolitaine. Selon moi néanmoins, cette naissance promet d'abord de la sortir de la nuit profonde dans laquelle elle est ensevelie depuis la mort d'Emmanuel. Demain, elle pourra dissiper ses coupables pensées, regarder l'avenir, goûter les joies d'une union légitime. Arrière les rêves anéantis, les amours maudites et son bonheur perdu à jamais ! Arrière le passé…

---

3. Cette grossesse est rendue officielle le 21 avril 1869 (cf. Frédéric Le Moal, *Victor-Emmanuel III*, Perrin, 2015).

4. *La Presse* du 18 novembre 1869.

Sissi a fait le voyage pour assister à sa délivrance et représenter la future marraine, l'impératrice Marie-Anne[5]. Elle a parcouru Rome dans un landau aux côtés de François II, puis elle a pris ses quartiers au palais Farnèse. Maria Cristina Pia a eu la délicatesse de naître[6] le 24 décembre, la veille de Noël, comme sa tante Élisabeth[7]. Cette dernière s'est affairée toute la nuit en simple déshabillé, dans les couloirs du palais[8]. Elle a dormi avec sa sœur pour la rasséréner. C'est elle qui, vers trois heures du matin, est allée réveiller l'obstétricien Frölich et la sage-femme bavaroise qu'elle avait mandés avant son départ de Vienne[9].

Maria Cristina Pia naît rondelette, la mine florissante.

Un baptême en grande pompe, organisé par le prince Pignatelli Denti et célébré par le cardinal Patrizi, a réuni vingt-deux princes et princesses de la famille royale, le duc d'Alençon, le duc de Parme, le grand-duc de Toscane, les ambassadeurs d'Autriche et de Bavière, quatorze cardinaux et plusieurs nobles personnages venus de Naples. C'est cette chère duchesse de San Cesario qui a eu l'honneur de tenir le nouveau-né devant les fonts baptismaux. Bien connue à Paris, où elle se rend souvent[10], elle a partagé avec la reine les fatigues et les épreuves du siège de Gaète et l'a suivie lors de sa fuite à Augsbourg[11]. De près de quarante ans son aînée, cette

---

5. Sissi représente l'épouse de l'empereur Ferdinand Ier d'Autriche, qui a convaincu son mari d'abdiquer en 1848 en faveur de son neveu François-Joseph. Cette femme est par ailleurs la sœur de la mère de François II.

6. L'enfant est née à 5 heures et demie du matin.

7. Élisabeth, impératrice d'Autriche et reine de Hongrie, est née le 24 décembre 1837.

8. Jean des Cars, *François-Joseph et Sissi. op. cit.*

9. Gigi Di Fiore, *L'Ultimo Re di Napoli…, op. cit.*

10. *La Liberté* du 5 janvier 1870.

11. Elle avait œuvré pour le retour de Marie-Sophie à Rome et s'était opposée au frère de Marie-Sophie qui militait pour une séparation des époux.

femme exerce sur Marie-Sophie une autorité toute maternelle. Pie IX, parrain de l'enfant, a fait envoyer une pelisse brodée d'or aux armes de la reine et un camée entouré de rubis.

La Providence a refusé aux Bourbons l'héritier mâle qu'elle a accordé à celui qu'ils accusent de leur spoliation. À croire qu'elle a définitivement abandonné la cause de la légitimité pour passer dans le camp de l'Unité. La bru de Victor-Emmanuel vient de donner naissance à un fils, qualifié bien amèrement pour le roi et la reine déchus, de « prince de Naples » ! Il montera un jour sur le trône d'Italie, sous le nom de Victor-Emmanuel III. Avec Maria Cristina Pia néanmoins, la vie semble vouloir renaître plus forte que les ombres.

D'autant que Naples n'est plus dans Naples ! Elle est alors toute à Rome. Tous les rangs de la Nation des Deux-Siciles semblent s'être donnés rendez-vous dans la Cité éternelle pour féliciter les heureux parents. Les trains de la gare de Termini regorgent de députations de chaque province napolitaine que le gouvernement piémontais laisse passer, faute de pouvoir endiguer cet élan populaire[12]. La naissance de la princesse est, dans l'ancien royaume, la fête d'un peuple tout entier. À Palerme, il y a une invasion de médailles et de proclamations bourboniennes. On vend publiquement des mouchoirs de soie avec le portrait des souverains déchus[13]. À Naples, le cardinal Sforza a fermé la cathédrale à la famille royale usurpatrice, et refusé de bénir le nouveau-né des Savoie[14]. Le parti légitimiste s'agite comme du temps de Gaète et répand, par centaines de mille, des proclamations invitant les populations à ne pas oublier les sentiments

12. Pierre-Sébastien Laurentie, Adrien Camusat de Riancey, Henry Camusat de Riancey, *Lettres sur Rome*, Collection XIX, 2016.

13. *La Gazette* du 12 février 1868.

14. Frédéric Le Moal, *Victor-Emmanuel III*, *op. cit.*

de fidélité « que tous les cœurs, dans les Deux-Siciles, ont certainement conservée à leur souverain légitime[15] ».

Tout en déplorant l'irréparable perte d'Emmanuel, Marie-Sophie renaît doucement à l'espérance. Sa fille l'a arrachée à son engourdissement et à son marasme. Elle va vivre enfin, elle ne va plus souffrir, elle veut y croire. Et puis quelques distractions inattendues chassent ses pensées moroses. Elle a retrouvé sa silhouette de *sportwoman,* et se réjouit de pouvoir l'exposer chez la célèbre Harriet Hosmer. Passionnée par les héroïnes masculines, cette sculptrice américaine, qui vivra plus d'une trentaine d'années à Rome, est connue pour avoir réalisé une splendide statue de la reine de Palmyre[16], une de ces conquérantes ayant brisé l'indolence servile imposée à son sexe. À présent, elle s'attaque à son nouveau modèle : Marie-Sophie ! Sa Zénobie moderne sera grandeur nature, avec des boulets de canon de Gaète gisant à ses pieds[17].

L'artiste est sous le charme de la grâce et de la beauté de la Bavaroise aux yeux violets, subjuguée par sa ressemblance avec Louis II, son cousin qui ne vit que pour l'amour de l'art. Elle n'en fait pas mystère, cette *lovely queen*[18] éveille en elle les pensées les plus sensuelles. Marie-Sophie, quant à elle, aime bien cette étrange petite personne, de la meilleure

15. *Le Gaulois* du 28 janvier 1870.

16. En 1859.

17. Cette statue qui a été intitulée *Hosmer's masterpiece, her crowning achievement,* où Marie-Sophie pose avec des boulets à ses pieds, a disparu. Nul ne sait bien si cette œuvre fut une commande de la reine ou une initiative de l'artiste ou d'un autre commanditaire. Réalisée en 1869, Harriet Hosmer l'aurait vue pour la dernière fois en 1891 à Castle Ashby, au domicile de William Compton, marquis de Northampton.

18. Harriet HOSMER, *Letters and Memories,* Cornelia Carr, 1913.

nature qui soit[19]. Dans son atelier de la via Margutta[20], elle se sent en terrain ami, loin de la fièvre des potins. Comme elle, Harriet – Hattie pour ses intimes – a perdu des êtres chers[21]. Comme elle, la sculptrice a été élevée comme un garçon, pratiquant l'aviron, le cheval, le tir et grimpant aux arbres. C'est un être autonome et libre, une femme qui refuse d'être la dupe des mœurs, des conventions et de l'ignorance qui organisent la dépendance féminine. Jadis, elle a fréquenté George Sand. Aujourd'hui, elle brille en première ligne d'une étonnante colonie d'expatriés ; des artistes et des érudits qui ont leurs habitudes au café Greco[22] : les poètes Robert et Elizabeth Browning, les écrivains Nathaniel Hawthorne, George Eliot ou Thackeray, l'auteur des *Mémoires de Barry Lyndon*, mais aussi les dames du « troupeau marmoréen[23] », une brochette de sculptrices néoclassiques américaines[24] venues à Rome pour compléter leur apprentissage. La plupart font des choses scandaleuses telles que vivre seules ou en concubinage, avoir des relations sexuelles avec d'autres femmes, modeler des corps ou encourager les hommes à poser nus devant elles. Marie-Sophie se sent plus sereine dans ce milieu interlope que parmi les rombières qui dégoisent sur son compte dans

19. Expression qu'employa à son sujet un ami d'Harriet, le peintre et sculpteur britannique Frederic Leighton.

20. L'atelier se situe au numéro 5 selon le *Guide Baedeker : « L'Italie centrale et Rome »*, volume 2 de 1869.

21. Orpheline de mère, elle a aussi perdu sa sœur.

22. *Cosmopolitan Art Journal*, vol. 3, n° 5 (dec. 1859).

23. C'est ainsi que les appelait, par dérision, l'écrivain Henry James.

24. Ce groupe comprenait des femmes comme Anne Whitney, Emma Stebbins, Edmonia Lewis, Louisa Lander, Margaret Foley, Florence Freeman et Vinnie Ream.

les paroisses, les antichambres bénites, et autres lieux saints et malsains.

Hélas, le bonheur renaissant de la jeune maman est de courte durée car la santé de sa fille se détériore rapidement. On fait appeler les meilleurs médecins au chevet de Maria Cristina Pia, y compris le bon docteur Fischer... Sans résultat ! En mars, on voit apparaître les premières ulcérations, les premières pustules sur le corps de la gracieuse enfant. Pendant toute une semaine, Marie-Sophie ne quitte plus la chambre du nouveau-né. Le jour, point de repos ; la nuit, point de sommeil. Elle reste là, dans un fauteuil, les habits froissés, le chignon dérangé, jusqu'à cet après-midi du 28 mars 1870. Ce jour-là, elle confie la surveillance de sa fille à la duchesse de San Cesario, et s'autorise une courte pause dans ses appartements, le temps de se faire recoiffer. Quand elle revient, la face chétive du petit être est livide. Maria Cristina Pia vient d'expirer.

Le bruit d'un empoisonnement se répand dans Rome. Certains journaux évoquent le choléra. À la vérité, confiée à une nurse anglaise irresponsable recommandée par Julie de Rothschild, et qui prônait bains froids et cognac pour forger le caractère, la petite n'a pas tenu trois mois.

On la place délicatement dans une bière blanche, sous les yeux de Marie-Sophie, chancelante, au bord de l'évanouissement. Le lendemain, à 20 h 30, le cercueil est muré derrière le maître-autel de l'église napolitaine de la via Giulia, à deux pas du palais. La vie de l'héroïne de Gaète est dévastée, une fois de plus.

Cette mort ébranle à jamais la relation entre les époux. François deviendra encore plus introverti et mystique, consacrant son temps presque entièrement à la prière et aux fonctions religieuses. Marie-Sophie, comme toutes les

Wittelsbach devant la douleur, ne connaîtra qu'une attitude ; elle se murera dans un silencieux désespoir. « Nous ne sommes pas de la race des heureux », dit-on à Possenhofen.

Habiter le palais Farnèse ? C'est habiter un tombeau. Il n'en est plus question. On fait décrocher les rideaux et les portières des appartements royaux, couvrir les meubles, puis battre les tapis avant que de les rouler et de les attacher, serrés, avec une corde. Une semaine après le drame, la presse annonce le départ du roi et de la reine après les fêtes de Pâques pour le palais de Schönbrunn, mis à leur disposition par l'empereur d'Autriche. Ils voyageront séparément[25].

La guerre franco-prussienne

Quatre mois plus tard, c'est la guerre franco-prussienne.

Quels que soient les sentiments francophiles du jeune roi Louis II, son royaume, la Bavière, est forcé de marcher à la remorque de sa querelleuse voisine, la Prusse. Louis, Charles-Théodore, Max-Emmanuel, les trois frères de Marie-Sophie et Sissi, rejoignent leur régiment pour marcher contre la France. Ce conflit va précipiter l'histoire. La capitulation de Sedan, la chute de Napoléon III et l'instauration d'une IIIe République indifférente au sort de Pie IX donnent toute liberté d'action au roi piémontais. Il n'y a plus de garnison française à Rome. Soixante-dix mille hommes de Victor-Emmanuel font mouvement vers l'État pontifical. Celui-ci ne peut aligner que treize mille soldats, dont trois mille zouaves. À l'aube du 20 septembre 1870, tous les étrangers et une bonne partie de l'aristocratie romaine ont

25. Marie-Sophie part le soir du 16 avril 1870. Elle prendra un bateau à Ancône. À Trieste l'attend un train impérial qui doit l'emmener à Vienne. François quittera Rome le 21 du même mois.

quitté la ville. La sculptrice Harriet Hosmer, qui ne veut à aucun prix rater ce jour historique, est restée chez elle, via del Babuino, mais elle a pris la précaution d'accrocher un drapeau américain à sa fenêtre pour éviter les pillages avant d'aller assister à la dernière messe du pape roi. Pie IX est en larmes pendant tout l'office[26]. Il vient d'ordonner à son armée de résister autant que nécessaire pour démontrer l'agression, puis de lever le drapeau blanc sur la coupole de Saint-Pierre.

L'infanterie italienne se met en marche. Les troupes entrent dans la cité par une brèche à hauteur de la Porta Pia[27]. Onze soldats du pape vont tomber avant la reddition complète.

Victor-Emmanuel arrive neuf mois plus tard pour s'établir au Quirinal dans les anciens appartements de François et de Marie-Sophie. Le 3 février 1871, Rome devient légalement la capitale du nouvel État italien. Dans cette ville où pendant mille ans n'a régné qu'un seul maître, deux souverains vont désormais coexister sur chaque rive du Tibre.

Avec les « Lois des garanties », on va assurer au pape qu'il jouira de toutes les libertés nécessaires et du respect de son autorité spirituelle. On lui octroiera même une rente en compensation de l'irréparable spoliation. Pie IX, cependant, se retranchera dans une forme d'exil intérieur. Terminées les bénédictions *Urbi et orbi* depuis la loggia extérieure de Saint-Pierre ! Par le décret *Non Expedit*[28] (« Ne convient pas »), il va bientôt demander aux catholiques de

26. Fondazione Roma/Arte Misei, *Strenna dei romanisti. Natale di Roma*, 2011. Ab U.c. MMDCCLXIV.

27. Athanase de Charette protégeait pour sa part la porte Saint-Jean-de-Latran.

28. Le décret « *Non Expedit* » a été adopté le 29 février 1868. Il faudra attendre les accords du Latran de 1929 pour voir se régulariser les relations entre la papauté et l'État italien.

ne pas participer aux élections ; un boycott qui pèsera lourd sur les premières décennies de la jeune Italie.

Quant aux derniers zouaves pontificaux, ils seront d'abord considérés comme des prisonniers de guerre, puis renvoyés dans leurs pays respectifs. Les soldats repartiront par le train, parfois sous les insultes de la populace. Les officiers français seront dirigés vers le port de Civitavecchia, où ils embarqueront sur l'Orénoque. Rien ne manquera à leur mérite, pas même les offenses de leur ennemi. Vaincus par des généraux italiens, traités de mercenaires par l'un d'eux, dont la révolution avait pu faire un duc, un sénateur, un ambassadeur du roi de Piémont, mais non un gentilhomme, ils partageront eux aussi les outrages et les humiliations infligés au Vicaire du Christ. Seule victoire, le glorieux drapeau des zouaves pontificaux, troué des balles de Mentana, ne tombera pas aux mains de l'ennemi. L'un d'eux[29] l'enroulera autour de sa poitrine, sous l'uniforme, et attendra d'être en haute mer, où ses compagnons s'en partageront cinquante lambeaux qu'ils conserveront comme relique de l'honneur sain et sauf.

Arrivés à Toulon, ils auront la désagréable surprise de croiser leurs ennemis d'hier, un groupe de Chemises rouges venues s'engager comme volontaires dans la Légion. Le gouvernement français va accepter à bras ouverts ces révolutionnaires, avec leur uniforme et leur chef – eux, des étrangers ! –, tandis qu'il va marchander aux zouaves, enfants du pays, le bonheur de le servir. Officiers comme soldats seront internés à Tarascon où ils se retrouveront, sans argent, sans bagages, dénués de tout, en attendant qu'il leur soit enfin permis de défendre le sol natal envahi par

29. Le capitaine de Fumel.

les uhlans. Pour tous ces anciens soldats du pape, en effet, c'est par un acte de foi que la France est née à Tolbiac[30]. C'est par un acte de foi qu'elle sera sauvée. C'est pourquoi, dans leur grande majorité, ils offriront leurs services à la patrie et formeront la base de la Légion des volontaires de l'Ouest qui se distinguera, dans quelques semaines, à Loigny et au Mans avec l'armée de la Loire en s'élançant derrière le valeureux Athanase de Charette et sa bannière du Sacré-Cœur, aux cris de « Vive la France ! Vive Pie IX[31] ! »

Saint-Mandé

Qu'est devenue la reine soldat ? Elle a fait de longs séjours en Bavière, mais aussi à Schönbrunn, Bad Ischl, au château de Starhemberg. François II, résigné, concède d'ailleurs à ses visiteurs :

« Je suis bien pauvre, puisque je vis des libéralités de mes belles-sœurs. »

De fait, après avoir durablement profité de l'hospitalité de Sissi et François-Joseph, le couple part chez une autre sœur Wittelsbach en Angleterre[32], à Bushy House, près de Hampton Court, au sud-ouest de Londres. La reine Victoria a mis cette demeure à disposition du duc de Nemours, le fils

30. À la suite de la bataille de Tolbiac emportée par Clovis sur les Alamans, en 496, le roi des Francs, qui avait épousé une chrétienne du nom de Clotilde, se convertit à la foi de Nicée avec ses soldats. Ce fut l'évêque de Reims, Remi, qui baptisa Clovis.

31. Alain Pichon, *Les Zouaves pontificaux*, Éditions Hérault, 2017.

32. Dans les années 1870, Marie-Sophie se rendra régulièrement au Royaume-Uni. Elle se rend sur l'île de Wight de fin septembre à début novembre 1874. Elle est à Londres en juin 1875. À la veille du 1876, elle retourne une fois encore en Angleterre, et ne rentrera qu'au début du mois de juin de la même année. Enfin, au beau milieu de l'automne 1877, elle retrouve sa sœur l'impératrice à Northampton, où ces dames vont s'adonner à la chasse au renard.

du roi Louis-Philippe, les frontières de la France lui ayant été obstinément fermées, comme à tous les princes d'Orléans[33]. Ferdinand, le plus jeune de ses garçons, qui porte le titre de duc d'Alençon, est désormais le beau-frère de Marie-Sophie. « Sopherl », la dernière des filles Wittelsbach, a épousé ce fils de France après l'échec de ses fiançailles avec Louis II de Bavière. La pauvre, en effet, devait épouser son cousin germain. Tout était prêt pour les réjouissances. Elle avait formé sa cour, installé ses appartements à la résidence de Munich, quand ce rêveur misanthrope décida de se dégager de sa promesse. Les noces avec le petit-fils de Louis-Philippe ont donc été organisées à Possenhofen dans la plus stricte intimité afin d'éviter la présence du monarque wagnérien. L'union a été bénie en présence du comte de Paris, du duc de Chartres et du prince de Joinville par… Mgr von Haneberg, l'évêque qui a baptisé Daisy !

Aux premiers temps de ce mariage, les jeunes époux ont vécu à Naples puis à Rome où ils ont reçu, au palais Farnèse, l'accueil le plus affectueux, et là se sont établis entre les deux couples des relations que les événements, le temps, la communauté de sentiments ont rendues tout à fait intimes.

Depuis la chute du Second Empire et l'abrogation des lois d'exil, Ferdinand, fervent patriote, a regagné la France, pays qu'il vénère sans le connaître puisqu'il l'a quitté à l'âge de quatre ans. Il s'est lancé corps et âme dans sa vie d'officier, au 12e régiment d'artillerie[34]. Peu lui importe si certains

---

33. Les membres de la maison d'Orléans sont bannis du territoire national par la loi du 26 mai 1848. Mais dès 1870, le Second Empire s'écroule et cette loi d'exil est abolie le 8 juin 1871.

34. Le 23 février 1883, un décret de Jules Grévy le chassera de l'armée, tout comme le duc de Chartres.

s'étonnent de voir un prince de la maison de France servir la République. Il se doit à son pays qui sort d'inénarrables douleurs. Aux désastres de la guerre étrangère, en effet, sont venues s'ajouter les ruines d'une guerre civile. La Commune a été écrasée[35], le sang français a coulé à flots.

Ferdinand, Sopherl et leurs deux enfants habitent avenue de la Dame-Blanche à Vincennes. Vers le mois de février 1872[36], le roi et la reine de Naples leur rendent visite en s'installant successivement au Grand Hôtel près de l'Opéra, sous le pseudonyme du duc et de la duchesse de Bustra; puis au Dominici, rue de Castiglione. Bientôt, François et Marie-Sophie décident de rejoindre leurs parents de manière plus permanente. Ils emménagent à Saint-Mandé dans la Villa Nève qu'ils ont louée à M. Panis, un ancien fermier d'annonces des journaux de la rue Lafayette. C'est un cottage situé 19 avenue Daumesnil, à hauteur de la rue Herbillon, dans cette partie qui longe le bois, bordée de constructions élégantes, de coquettes grilles, laissant voir des perrons arrondis. Ici, à deux cents mètres des fortifications, aucun commerce gênant, point de fabrique, ni d'usine, mais de longues et larges allées sablées et des jardins de tous les côtés. Le calme absolu des bois, à quelques pas de la grande ville, en a fait une retraite pour les gens qui craignent le bruit ou la popularité, pour avoir trop souffert de l'un ou de l'autre.

La demeure en pierre de taille n'a qu'un étage surmonté d'un petit belvédère. Cette habitation bourgeoise, plus

35. Le général Athanase de Charette a refusé que sa « légion » participe à la répression de la Commune de Paris, non par sympathie pour cette cause, mais parce qu'il n'accepte pas de se battre contre d'autres Français.

36. Ils sont installés au second étage du Grand Hôtel selon le journal *La Liberté* du 23 février 1872.

coquette que somptueuse[37], est précédée d'un petit jardin anglais avec un bassin en miniature et une manière de rocher artificiel. À l'arrière, côté rue Herbillon, l'on trouve une écurie et des remises qui abritent quatre chevaux, une voiture de voyage et une calèche de ville. L'intérieur est joliment meublé avec un salon rouge et or, une salle de billard, une salle à manger décorée de tableaux de chasse et à l'étage, outre les chambres, une bibliothèque en ébène. François y a fait exécuter de nombreux travaux. C'est d'ailleurs en raison de ces dépenses, dont le propriétaire bénéficiera un jour, que le bail de cinq ans a été consenti à des conditions avantageuses : 18 000 francs par an pour les trois premières années, puis 20 000 francs pour les deux années restantes[38].

Sous ce toit, on croise quelques fidèles, le comte de La Tour-en-Voivre[39], le premier écuyer et le secrétaire particulier du roi, la baronne de Mensi, une des dames d'honneur de la reine, miss Maschen, sa dame de compagnie. Bien sûr, il y a aussi Marietta, la piquante soubrette qui chante comme un pinson du soir au matin ; de même que le chevalier de Besia[40], le nain du monarque, un petit homme au teint jauni, ridé comme une tortue, avec un regard perçant et malicieux à la Voltaire.

En France, les nouveaux hôtes retrouvent aussi leurs amis Julie et Adolphe de Rothschild, et une partie des membres de leur famille : outre les princes d'Orléans, les comtes d'Aquila

---

37. Elle a été construite vers 1860, et a coûté 150 000 francs, y compris l'achat du terrain.

38. Cf. *La Liberté* du 12 novembre 1874.

39. Qui habitera 28 rue Tronchet, Paris 8e, tout près de l'hôtel de Vouillemont.

40. Ancien capitaine de vaisseau de la Marine napolitaine.

et de Trapani, la princesse de Salerne, la reine Christine[41], les infants et infantes d'Espagne. Notre pays n'a jamais eu tant d'Altesses Royales pour contribuables que depuis qu'il est en République[42]. Et puis, il y a leur cher Athanase de Charette qui a quitté ses champs de bataille pour un appartement cossu de l'avenue Montaigne[43]. Depuis la fin de la guerre, il s'est remis de ses blessures ; une balle avait traversé sa cuisse pendant les combats de Loigny. Adolphe Thiers lui a offert, tout comme à Garibaldi[44], le grade de général de division dans l'armée française ; les noms du *condottiere* et du soldat pontifical ont été publiés l'un à côté de l'autre dans le décret ministériel[45]. Mais l'illustre zouave a préféré rester à la disposition du pape et du comte de Chambord, prétendant au trône de France, qui a noblement préféré l'exil et ses amertumes à une couronne recouvrée au prix d'une transaction avec l'esprit révolutionnaire[46].

---

41. Marie Christine Ferdinande de Bourbon, princesse royale des Deux-Siciles (1829-1833), est la tante de François II, et la sœur du « roi Bomba ».

42. Dans les années 1870, le roi et la reine de Hanovre, le roi don François d'Assise, don Carlos et la duchesse de Madrid, la reine Christine, leurs Altesses Royales le prince d'Orange, le comte et la comtesse de Trapani, le comte et la comtesse de Caserte, ont leur domicile fixe à Paris (cf. *Le Constitutionnel* du 2 avril 1877).

43. Il habitera au 27 avenue Montaigne, puis dans les années 1885, 99 rue Galilée à Paris, 8e.

44. Durant la guerre de 1870, la Défense nationale s'est attachée à ce que les unités des anciens adversaires ne se rencontrent pas sur le champ de bataille. Giuseppe Garibaldi est à la tête de l'armée des Vosges afin d'assurer la défense de la route de Lyon contre les armées prussiennes. Il participe à la bataille de Dijon et de Châtillon-sur-Seine.

45. Cette nomination intervient le 27 janvier 1871. Cf. Jacques DE FAYE, *Histoire du général de Sonis*, Bloud et Barral, 1891.

46. Au lendemain de la chute de l'Empire, le prétendant légitimiste a rendu toute restauration impossible en refusant de renoncer au drapeau blanc de ses pères.

Depuis la défaite de Sedan, le traumatisme patriotique de la perte de l'Alsace-Lorraine et les ravages de la Commune de Paris, le héros des « Vieux Antiques » est devenu l'un des piliers du Comité du Vœu national[47]. Cette œuvre se consacre au projet de la construction de l'un des plus beaux *ex-voto* qui aient jamais été offerts à Dieu[48]. L'érection de la basilique du Sacré-Cœur de Montmartre, dite du Vœu national[49], se veut un geste d'expiation et de réparation, le signe d'une protestation éclatante contre des attentats sacrilèges commis à Rome contre les droits de l'Église, mais aussi le gage du renouveau de l'alliance du Christ avec les Francs. *Gallia poenitens et devota*! La France pénitente et dévouée, c'est ce qu'on gravera un jour sur le frontispice de ce temple. Pour tous les catholiques qui réunissent dans leur amour Dieu et la Patrie, cette future basilique, suprême appel à la miséricorde divine, doit servir de paratonnerre qui préservera la France des éclats de la foudre. D'ici là, tous les derniers dimanches du mois, Athanase de Charette[50] participe aux adorations nocturnes du Saint-Sacrement dans la chapelle provisoire juchée en haut de la butte.

Paris a tout pour plaire à Marie-Sophie. Bien sûr, c'est la ville des peintres, des savants, des poètes et des rêveurs, mais pour elle, c'est d'abord la ville des amoureux, la ville d'Emmanuel. Au premier jour, elle a dû sentir que Paris

47. Le siège du comité du vœu national sera un temps situé 47 rue des Mathurins dans l'immeuble où est morte Daisy.

48. C'est l'assemblée monarchique et religieuse élue au mois de février 1871, qui vote l'érection d'une basilique au Sacré-Cœur de Jésus par la France pénitente et dévouée.

49. Le général de Charette figure sur les mosaïques de l'abside de l'église de Montmartre, à droite de Jésus Christ.

50. Très pieux, le général de Charette était servant de messe le plus souvent possible et récitait son chapelet plusieurs fois par jour.

deviendrait sa patrie d'élection. Il y a peut-être des villes plus attirantes par la beauté des paysages et la douceur du climat, mais il n'en est aucune dont le charme soit aussi puissant. Avec ses rues larges et brillantes, ses avenues spacieuses et ses voies triomphales, nulle grande cité n'a le même rayonnement. Nulle n'exerce un prestige si absolu et irrésistible, que ses modes et ses usages s'imposent jusqu'aux extrémités du monde[51]. Et puis, Paris, c'est la ville de la liberté, « le lieu où l'on entend le mieux frissonner l'immense voilure du progrès », comme l'a écrit Victor Hugo. Ici, Marie-Sophie sait qu'elle pourra se libérer de ses chaînes et de ses ténèbres, mener une vie plus intime, plus simple. Elle ne se sentira pas sans cesse mouchardée, espionnée, traquée, par une population soupçonneuse et hostile.

Si elle a suivi sa sœur à l'est de la capitale, c'est certes parce que l'appel du bois, tout proche, la campagne verdoyante, bruissante de feuillages et d'oiseaux, enchantent la promeneuse ou la cavalière[52]. Mais il y a peut-être une autre raison. Cet endroit est alors un foyer de science militaire. L'atelier des poudres, le Fort-Neuf, les casernes, les redoutes de la Gravelle et de la Faisanderie, les vastes espaces vides en ont fait le fief des artilleurs ; des artilleurs comme le duc d'Alençon, son beau-frère, mais aussi comme Berthaut, le protecteur de Daisy.

Émile n'a pas toujours habité rue des Mathurins, loin s'en faut. Pendant la guerre franco-prussienne, il a appartenu à l'état-major particulier de l'artillerie. Saint-Mandé et Vincennes sont ses « repaires ». Bientôt, il sera nommé à La Rochelle, puis directeur d'une école militaire à Douai,

51. *La Ville lumière : anecdotes et documents historiques, ethnographiques, littéraires, artistiques, commerciaux et encyclopédiques*, Direction et administration, 1909.

52. Tous les matins, elle galope vers 9 heures du matin.

puis patron d'ateliers de construction d'armements en Normandie. Reste que lorsque Marie-Sophie arrive à Paris, il est encore affecté dans des régiments d'artillerie montée et que jusqu'à sa retraite, l'Est parisien restera le lieu de ses attaches et de bien de ses obligations. Or, Marie-Sophie a déjà certainement l'intention de se rapprocher de sa fille cachée. Elle porte au fond du cœur un deuil inextinguible : la perte d'une enfant longtemps attendue.

Une vie parallèle ?

Dans l'édition du *Petit journal* du 8 septembre 1872, je suis tombée sur un entrefilet affirmant qu'à cette époque elle a fait une chute de cheval, aux fâcheuses conséquences[53]. L'incident aurait entraîné une fausse couche ! *Le Rappel* et *La France* ont indiqué que ce grave accident, qui a eu lieu lors d'un séjour en Bavière, a privé les Bourbons d'un prince. L'enfant qu'on attendait eût été de sexe masculin !

Comme je lui connais un mari chaste comme un cénobite qui attend le paradis au fond de sa thébaïde, j'en suis venue à m'interroger sur sa vie à Paris. Y aurait-elle eu une nouvelle liaison ? Elle a trente ans, c'est une femme superbe. Comme tous les sports qui se respectent, l'adultère a ses dangers, mais cette insécurité n'est pas sans charme ni sans agrément lorsqu'on est mariée à un moine-jouvenceau.

53. C'est quasi jour pour jour, trois ans après la perte de ce garçon, que Sissi, en séjour à Sassetot-le-Mauconduit, chutera à son tour de… « Zouave », son coursier. Perfide, la comtesse Larisch voudra faire croire que, si l'impératrice est demeurée alitée durant son séjour en Seine-Maritime, c'était en raison non pas de cet accident, mais des affres d'un accouchement clandestin (« affaire Zanardi-Landi »). Il existe une troublante résonance entre les deux épisodes : une chute de cheval, un enfant perdu, un zouave, une petite fille cachée du côté de Marie-Sophie ; une chute d'un cheval nommé Zouave, et une enfant cachée « inventée » du côté de Sissi.

Elle est bien placée pour le savoir. J'ajoute que c'est tout le mal que je lui souhaite.

Comment percer le secret de sa vie intime ? J'ai cherché partout les indices d'une idylle, me transformant en rubricarde du « courrier du cœur ». Sur les conseils du conteur Franck Ferrand, j'ai interrogé Frédéric Mitterrand. Notre ancien ministre de la Culture m'a répondu fort aimablement qu'il n'avait jamais eu vent d'une liaison de la reine de Naples à Paris. J'ai frappé aux portes des plus éminents dix-neuviémistes de la Sorbonne, sans obtenir plus de résultats.

A-t-elle connu à Paris l'amour charnel, le contact de deux épidermes, quelques instants de plaisir arrachés aux heures, compliquées, de l'épouse et de la reine ? J'ai dans l'idée qu'elle a tenu les adorateurs à distance respectueuse. Après tout, il est patent, du moins pour ses sœurs, que depuis la mort de Maria Cristina Pia, elle ressent de l'indifférence pour toute chose, un certain dégoût de la vie. Le ciel lui a ouvert tant de fois les portes du bonheur, pour les refermer aussitôt. Si, en public, il est impossible de montrer plus de noblesse simple et silencieuse dans le malheur, en privé, elle mènerait une existence cahotée et fumerait jusqu'à s'abîmer les dents.

Je pense que cette femme ne s'accroche plus qu'à un espoir, celui de se rapprocher de l'enfant qu'elle a eue avec Emmanuel. Voilà ce qui lui donne le courage de se reprendre à la vie. Contrairement à sa sœur aînée, l'impératrice errante de l'Adriatique et de la mer Égée, l'instinct maternel est ancré dans ses entrailles.

Et le ciel va exaucer ses prières ! Il faut dire que les retrouvailles n'ont pas dû être compliquées à organiser. Il aura suffi de passer un billet à Mechtilde ou plus précisément « Marie ». C'est ainsi que la gouvernante bavaroise a été rebaptisée par les Berthaut, par commodité comme souvent dans les rapports ancillaires, mais aussi parce que les prénoms allemands ne résonnent plus aux oreilles françaises sans offenser une tombe ou raviver une blessure.

La petite Lavaÿsse va réapparaître dans la vie de Marie-Sophie comme un rayon de soleil dans une chambre pleine de ténèbres et dont on ouvre les volets. Après tant d'espérances évanouies, la reine soldat va enfin pouvoir serrer dans ses bras l'enfant de l'homme qu'elle a aimé. Sa fille va faire renaître en elle mille choses qu'elle croyait mortes et ensevelies. Elle savourera de nouveau le souvenir d'Emmanuel, quand ils étaient si joyeux et si épris. Elle n'aura plus un regret d'avoir aimé, malgré la douleur et le vide. Avec Daisy surtout, la belle Wittelsbach aura des heures de véritable *incognito*, des heures simplement humaines, sans doute les plus douces de sa vie.

À compter de ces retrouvailles, son enfant fera tout son bonheur, si bien qu'elle voudra partager sa félicité. Désormais, celle qu'elle appelle « cette charmante jeune fille de mes amies » sera reçue chaque année en Bavière sur les bords du lac Starnberg, le fief des Wittelsbach. Comment la nouvelle venue y sera-t-elle accueillie ? Sans doute avec une prudente réserve. Il s'est certainement trouvé des parents pour lui faire valoir que ce rapprochement n'était pas raisonnable. Cependant, quelque chose me dit qu'à la première remarque, la reine soldat a dû jeter des hauts cris et prendre son ton volontaire des mauvais jours.

Mamy m'avait raconté que Berthaut s'était souvent chargé d'accompagner Daisy à Munich. C'est d'ailleurs lors de l'un de ces nombreux séjours qu'elle se rendra avec Mechtilde chez le photographe Albert pour faire les portraits conservés par mon arrière-grand-mère Hélène.

La comtesse Larisch, en visite chez sa tante à Saint-Mandé, elle aussi se souviendra du premier après-midi passé avec sa mystérieuse cousine germaine. C'était dans la seconde partie des années 1870.

Par une journée de printemps, la reine lui annonce qu'elles vont louer un équipage pour rendre visite à « une jeune amie à elle ». Étonnamment, Marie-Sophie choisit une voiture à caisse fermée de préférence à ces cabriolets qu'on privilégie à la belle saison. Après être passées devant le cimetière du Père-Lachaise et avoir laissé derrière elles le parc des Buttes-Chaumont, elles poursuivent leur chemin vers une bourgade qui se situe en dehors de Paris. La route est longue, très longue…

Durant le voyage, la reine est silencieuse. La jeune Wallersee regarde distraitement le paysage, à peine dérangée par l'odeur de transpiration des chevaux et celle des cuirs du capitonnage. Puis, tout à coup, sa tante lui lance, laconique : « Son nom est Daisy », comme si elle guettait la réaction de sa nièce. Elle poursuit en indiquant que cette demoiselle habite chez sa tante[54]. « Son père est mort, c'était un très bon ami à moi ; j'aime beaucoup cette fille », a-t-elle ajouté, avec un léger tremblement dans la voix. « Elle va être ravie de te connaître. C'est une enfant qui vit très isolée. J'espère que tu t'en feras une bonne amie. Tu verras, elle est délicieuse, mais très timide. »

Arrivées à destination, Marie-Sophie prie le cocher de les attendre, puis se dirige vers le perron d'un pas sûr. Elle semble coutumière des lieux. La porte s'ouvre immédiatement. Une femme d'une petite cinquantaine d'années qui semble bavaroise s'incline devant elle en l'appelant

54. En effet, Daisy habite avec Laure Berthaut de Lavaÿsse, la sœur du zouave. En revanche, la comtesse Larisch se trompe en affirmant que cette dernière est endeuillée car elle viendrait de perdre son époux. À mon avis, le deuil dont il est question pourrait être celui de son frère agent de change Adolphe de Lavaÿsse, décédé le 16 juillet 1877.

avec cérémonie « Votre Majesté », et en lui baisant la main. Cette dame est coiffée avec une raie au milieu, habillée sobrement d'une robe grise, avec des liserés blancs au col et aux poignets. C'est précisément l'allure de la Mechtilde que je possède en photo ! Elle les fait entrer dans un charmant salon prolongé par une véranda. Daisy les y rejoint.

La comtesse Larisch décrit le teint diaphane, les cheveux couleur cuivre, les yeux vert foncé et la complexion délicate de cette fille, en robe d'étamine lilas, que la reine embrasse et appelle « ma chérie ». Dans la chambre de Daisy, ces demoiselles évoquent *Lohengrin*, *Tannhäuser* et tout Richard Wagner dont elles sont aussi toquées l'une que l'autre. La jeune Lavaÿsse parle parfaitement la langue de Goethe. Sur une commode, la fille d'Henriette Mendel remarque un cadre avec deux photos. La première montre un soldat souriant en uniforme de zouave ; à coup sûr, c'est le cliché des frères Alessandri que je possède. La seconde semble être du même homme, mais usé, blafard, comme s'il avait pris mille ans d'âge.

La comtesse aura d'autres occasions de faire plus ample connaissance avec sa cousine. Elle évoquera leurs séjours sur le Starnberg, au château de Garatshausen, lorsque la gracieuse Française égrenait au piano les menuets de Mozart. Puis, plus tard, la broche en diamant en forme de marguerite que Daisy lui enverra pour son mariage avec le comte Larisch, ou encore les belles journées passées ensemble au château de Mittersill, en Autriche.

Un ennemi dans la place

Vers 1875, le roi et la reine décident de s'établir au cœur de Paris, dans le 8e arrondissement. Il sera dit que leur train de maison était trop lourd financièrement à Saint-Mandé[55]. Le monde politique, en effet, est plein d'iniquités. En dépit des réclamations diplomatiques de l'Europe, Victor-Emmanuel ne veut toujours rien rétrocéder de leur fortune aux ex-souverains. Déjà, à Rome, François avait commencé à congédier certains de ses serviteurs, le désespoir dans l'âme, parce que si beaucoup l'avaient trahi, ces domestiques, du moins, avaient véritablement renoncé à tout pour le suivre. Depuis son exil, il ne tire de ressources que de la location du palais Farnèse et bataille avec le gouvernement italien pour récupérer une partie des domaines privés saisis lors de l'annexion, en particulier la dot de Marie-Sophie et celle de la reine Marie-Christine de Savoie[56]. Après vingt ans de palabres, la trésorerie de Naples lui concédera un demi-million de francs, une partie de la fortune de sa mère[57].

Quelques années après la Commune, la capitale offre encore un spectacle étonnant. Si les maisons effondrées de la rue Royale ont été restaurées, ailleurs des bâtiments sont toujours éventrés. Quant aux Tuileries réduites à néant, du guichet de l'Échelle au pavillon de Marsan, il ne reste plus de ce symbole de la monarchie qu'une sorte de monument spectral, avec des murs calcinés et des colonnes roussies. Enfin, le bruyant chantier de l'avenue de l'Opéra

55. On apprend dans *La Liberté* du 20 décembre 1875 que les souverains ont résilié la location de leur maison de Saint-Mandé. On se rappelle aussi que le loyer de Saint-Mandé consenti à François avait été minoré jusqu'en 1875 (18 000 au lieu de 20 000 francs), en raison des nombreux travaux effectués.

56. François II connaîtra véritablement la gêne de 1870 à 1884, date de la mort de l'impératrice Marie-Anne, la veuve de Ferdinand Ier d'Autriche qui se trouvait être également sa tante maternelle. À sa mort, elle partagea sa fortune entre le roi de Naples et d'autres héritiers.

57. En 1881.

connaît une activité prodigieuse. La plupart des nouveaux immeubles haussmanniens s'élèvent jusqu'au cinquième étage, mais certains ne font encore que sortir du sol.

Plus encore que dans la jeunesse d'Emmanuel de Lavaÿsse, le quadrilatère dessiné par les églises de Madeleine, le parc Monceau, l'Arc de Triomphe et les Champs-Élysées, forme la topographie d'une certaine ascension sociale. Derrière les hautains portails du faubourg Saint-Honoré se cachent des maisons pleines de meubles et de domestiques. Dans les rues, on croise de beaux attelages, des percherons pommelés, le poil luisant, bouchonnés, étrillés, le harnais verni ; bien sûr aussi, des messieurs en chapeaux haut de forme d'une parfaite civilité, et de fort jolies femmes qui cultivent les mille manières de perdre leur temps, flânant de boutique en boutique, sortant de chez la couturière pour aller chez la modiste, et de chez la modiste chez le bijoutier. Le duc d'Aumale[58], le comte Greffulhe, le duc de Gramont, la baronne Erlanger, la comtesse Potocka y ont leurs habitudes. De temps à autre, on peut apercevoir la boutonnière fleurie de Robert de Montesquiou. C'est un monde de la délectation, le Paris civilisé par excellence, celui du grand monde, des aristocrates de naissance, des barons de la finance et de quelques impératrices de la galanterie.

La reine habite désormais à cinq cents mètres du 47 rue des Mathurins, où réside Daisy, et à peine plus de l'immeuble de son ancien amant. Les souverains ont transporté leurs pénates rue Boissy-d'Anglas, entre la place de la Concorde et la future boutique Hermès, qui va bientôt ouvrir ses portes avec ses harnais somptueux, dans une ancienne boutique

58. Le duc d'Aumale habite 129 rue du Faubourg-Saint-Honoré.

d'horloger. La famille royale vit là, retirée, à l'hôtel de Vouillemont[59], dans deux grands appartements qui prennent jour par onze fenêtres.

Dans cette rue étroite, François et Marie-Sophie sont à l'abri de la ronde infernale des fiacres et du grondement des équipages de la rue Royale et de Saint-Honoré, dans une « maison » des mieux fréquentées. Selon la saison et les années, on y croise l'ex-khédive Ismall Pacha ou encore la princesse Dolgorouki, qui sera un jour popularisée au cinéma sous le prénom de Katia, la veuve morganatique du grand admirateur de Marie-Sophie, le tsar Alexandre II. Les grands de ce monde ont une prédilection pour cette adresse où l'on arrive en toute discrétion. À cette époque, les voitures de poste s'engouffrent furtivement sous la voûte du bâtiment, tournent dans la cour, et viennent s'arrêter en face d'un grand escalier.

Les riverains semblent considérer que Leurs Majestés napolitaines sont avant tout préoccupées de ne point faire parler d'elles, privilégiant avec persévérance l'ombre

---

59. Fondée en 1830 par une demoiselle Cécile Vouillemont, cette pension accueille des hôtes de marque. Ainsi, par exemple, le roi de Hollande en 1863, Mgr Mareschi le camérier secret du pape en 1872, le prince Mentschikoff en 1874, le comte de Wipffen, ambassadeur d'Autriche-Hongrie en 1876, le prince Oscar de Suède, le prince et la princesse de Mentchikoff en 1880, la princesse Dolgorouki, veuve du tsar Alexandre II en 1883, l'ex-khédive Ismall-Pacha en 1884, le comte de Valbom, ministre du Portugal en 1886, le comte de Tornielli, ambassadeur d'Italie en Espagne, et lord Lytton-Buwer, ambassadeur d'Angleterre en 1888, la princesse Lise Troubetzkoï en 1891. Giuseppe Verdi y a composé son *Don Carlos*. Paul Bourget y habitera pendant la guerre de 1914. Dans les années 1930, le Vouillemont deviendra un haut lieu culturel sous l'influence de Robert et Marie, les deux enfants littérateurs d'Albert Delle Donne, nouveau propriétaire à compter de 1919. Auront dès lors leurs habitudes au Vouillemont, Max Jacob, Jean Cocteau, Jacques et Raïssa Maritain, Felix Youssoupov, Luigi Pirandello, Paul Morand, Anna de Noailles, Luigi Pirandello, Robert Desnos, Maurice Sachs, Maurice Rostand, Léon-Paul Fargue, Alfredo Pina ou Francis Picabia.

et l'oubli. À la vérité, les époux royaux ne cherchent ni à trop se produire ni à trop se cacher. Ils passent huit mois par an dans la capitale, se montrent une fois par mois à l'Opéra. Ils séjournent souvent à Chantilly, le temple du cheval. On les aperçoit aux courses dans la tribune du duc d'Aumale, leur parent. Ils fréquentent aussi assidûment les hippodromes d'Auteuil et de Longchamp, où la reine fait courir ses chevaux sous le pseudonyme de « comte d'Isola ». L'entraîneur particulier de Sa Majesté ? M. Mac Ormick. Ses couleurs ? Casaque rouge, manches bleues, toque bleue et rouge.

La personnalité de Marie-Sophie, sa beauté, son statut d'héroïne, font d'elle *volens nolens* une des reines de ce monde oisif et richissime. Par ailleurs, elle se fait un devoir d'être présente dans toutes les manifestations patriotiques, toutes les fêtes de bienfaisance, tous les spectacles en rapport avec son ancien royaume[60].

Dans un roman à clef[61], Alphonse Daudet vient de disséquer l'effet de l'exil sur les rois déchus. Il décrit avec un réalisme cruel l'affaissement, la torpeur qui envahit les royautés vaincues qui ont gagné la France pour entrer dans la sécurité et la paix des choses mortes. Dans cet ouvrage, Marie-Sophie, qui apparaît sous le masque très transparent de la reine d'Illyrie – héroïne du siège de Raguse, demeurant à Saint-Mandé –, personnifie l'honneur monarchique, la

60. Pour les mêmes raisons, elle deviendra un jour la protectrice du célèbre sculpteur d'origine calabraise Francesco La Monaca (1882-1937). Il se rapprochera de la reine vers 1914. Elle lui passera commande de reproductions de sujets religieux et des figurines en argent, des danseurs des Ballets Diaghilev destinées au tsar et à son épouse à l'occasion de leurs noces d'argent. La guerre éclatant, cette commande sera interrompue. Il n'en reste que l'effigie de Tamara Karsavina.

61. *Les Rois en exil*, Édouard Dentu Éditeur, 1879.

dignité royale vaincue mais jamais abaissée. Elle est la seule de ce livre qui échappe à la débâcle.

Il faut dire qu'un fond d'orgueil la pousse à être la plus irréprochable des Napolitaines de Paris. La reine soldat méprise le renoncement apathique de certains rois en exil. Elle considère que les princes dépossédés ont des devoirs d'attitude à remplir. Ils doivent « jouer » la foi dans l'avenir sous peine de lèse-dignité quand bien même la raison, au fond de leur cœur, les empêche de garder la moindre illusion sur demain :

« Les papes ne sont-ils pas restés quatre-vingts ans à Avignon ? » comme aime à le rappeler son mari.

Au demeurant, je suppose qu'elle éprouve une étrange jubilation à toiser de toute sa hauteur son ennemi juré, l'inquiétant Cialdini[62]. Le général piémontais qui a eu raison de son trône à Gaète, est désormais ambassadeur du royaume d'Italie auprès de la République française. Il paraît qu'il gouverne sa chancellerie de la rue Saint-Dominique en despote, comme s'il commandait une brigade d'infanterie. À chaque fois qu'elle croise dans le monde son affreuse barbiche noire et crépue, elle revoit les murs fumants de sa vaillante forteresse et les corps démembrés de la poudrière Saint-Antoine. Une semaine après son départ de Gaète, elle avait appris que les victimes de l'explosion avaient été extraites des ruines : trois cents cadavres déformés, de tous sexes, de tous âges, trois cents corps disposés, rangés, alignés le long d'une rue[63]. Une horreur !

Cet « assassin » qui avait fait mitrailler des brancardiers, a reçu du roi félon l'odieux titre de « duc de Gaète » en récompense

62. Le général Cialdini sera ambassadeur du royaume d'Italie auprès de la République française de 1876 à sa démission en 1882.

63. Gigi Di Fiore, *Gli ultimi giorni di Gaeta. L'assedio che condannò l'Italia all'unità*, *op. cit.*

de tous ses crimes. Car ses faits d'armes ne se sont pas limités à l'agonie du royaume de Naples. À la même époque, Cialdini a versé le sang français à Castelfidardo en tombant comme une bête fauve sur la petite armée du pape qui n'avait d'autre tort que de défendre les États romains. Avant l'assaut, il aurait eu l'audace de déclarer à propos des frères d'arme d'Athanase de Charette et d'Emmanuel de Lavaÿsse[64] :

« Je vous conduis contre une bande d'ivrognes étrangers que la soif de l'or, l'ardeur du pillage ont amené dans notre pays. Combattez, anéantissez inexorablement ces sicaires vendus. »

Est-ce ainsi que l'on parle de la fleur de la jeunesse européenne ?!

À Pesaro, il aurait écrasé par le nombre huit cents hommes, mitraillé la ville pendant plus de deux heures après que le drapeau blanc eut été hissé. Et pour prouver qu'il était venu uniquement dans le but de protéger la population, il aurait envoyé une dépêche dans laquelle il ordonnait :

« Publiez que je fais fusiller tous les paysans pris les armes à la main ; j'ai commencé aujourd'hui[65]. »

Cialdini a dépouillé le souverain pontife de ses plus belles provinces des Marches et de l'Ombrie, et réduit les États pontificaux aux jardins du Vatican, ou presque. Enfin, c'est lui qui, sous couvert de lutter contre le brigandage, aurait livré aux flammes les habitants des villes napolitaines de Pontelandolfo et Casalduni. Sur place, on raconte que trente malheureuses femmes qui s'étaient réfugiées au pied d'une croix, ont été impitoyablement massacrées. Et c'est ce sauvage que Paris subit désormais comme ambassadeur du roi-larron, et elle-même

64. Jules-Paul Tardivel, *Vie du pape Pie IX : ses œuvres et ses douleurs*, J. N. Duquet, 1878.

65. Jules-Paul Tardivel, *Vie du pape Pie IX : ses œuvres et ses douleurs, op. cit.*

comme sycophante!? Car elle en est convaincue, il est aussi là pour les surveiller, elle et son mari.

Récemment, il a été victime d'un accident de la circulation à deux pas de chez elle. Les percherons de sa voiture se sont emportés dans l'avenue Gabriel. Ils ont été maîtrisés par des gardiens de la paix et plusieurs promeneurs, mais les bêtes se sont abattues, la flèche du fiacre s'est brisée, et l'ambassadeur a été projeté sur le sol, devant les jardins de l'Élysée. Un des officiers d'ordonnance du maréchal de Mac Mahon s'est empressé de le faire transporter à la présidence de la République où on lui a donné les premiers soins. Des éclats de verre l'avaient blessé à la figure, et il saignait abondamment. Il a pu néanmoins être transporté à son hôtel, à une heure avancée de la soirée.

Ainsi, il en a réchappé[66]. Dommage! L'héroïne de Gaète serait allée sans déplaisir contempler sa charogne sur la chaussée. Il faut dire que Cialdini rivalise de zèle dans l'ordre de la provocation. À plusieurs reprises, il a élu domicile à l'hôtel de Vouillemont. Ce mufle lui a même présenté ses hommages avec des airs de défi[67]. D'ici à ce qu'il subisse le châtiment de Dieu, Marie-Sophie ne laisse échapper aucune occasion de lui témoigner sa haine et son mépris. Il n'en demeure pas moins, qu'avec pareil ennemi dans Paris, elle redouble de vigilance lorsqu'elle s'éclipse pour retrouver Daisy…

Les voisines de Marcel Proust

Et de fait, elle s'astreint à une vie lisse et réglée. En apparence, elle et son mari mènent une existence de bourgeois

66. *L'Avenir républicain* du 8 septembre 1878.

67. *Le Moniteur universel* du 9 juillet 1880.

rangés. Chaque matin à sept heures, François part pour les Champs-Élysées et marche jusqu'à un café qui se trouve en dehors des fortifications, au bout de l'avenue du Bois-de-Boulogne. Aucune intempérie ne peut le faire renoncer à cette routine matinale. À neuf heures, il rentre assister à une des premières messes de la Madeleine, confondu parmi l'humble et discrète clientèle des offices du matin. Les mauvaises langues racontent qu'il cherche de plus en plus son salut dans la religion. Il serait tombé sur une page terrible de Victor Hugo, dans *Pendant l'exil*[68], où, avec une éloquence passionnée, l'auteur convainc l'ancien gouvernement de Naples d'avoir utilisé les procédés de l'Inquisition et la torture. Il y décrit le « fauteuil ardent », sorte de gril où étaient placés les suppliciés ; un autre outil broyant les membres des accusés auxquels on voulait arracher un aveu ; enfin, un cercle de fer, comprimé par une vis, qui faisait sortir et presque jaillir les yeux. Et Hugo de conclure :

« Cela se passe au pays de Tibère, et c'est un jeune homme, François II, qui a fait ces choses-là. »

Depuis, le roi mènerait une vie de saint comme d'autres entrent à la Trappe, pour faire pénitence et expier ses péchés.

Comme tous les monarques dépossédés, cela dit, il a des devoirs à remplir. Par respect du rang qu'il a occupé, comme par devoir envers ses fidèles, il lui faut jouer le rôle de roi *in partibus*. Il correspond activement avec les prélats chargés de la béatification de sa mère, Marie-Christine de Savoie[69]. Le vendredi, il reçoit les membres de la noblesse française, les zouaves pontificaux et, surtout, son cher Charette – qui milite pour sa part pour la canonisation de Louis XVI et

---

68. Victor Hugo, *Actes et paroles. Pendant l'exil*, Michel Lévy frères, 1875.

69. Mgr de Cesare, puis le père Cornalgo.

que François a élevé au rang de Grand-croix de l'ordre royal de François Ier.

Lorsqu'on obtient son audience, on suit un vieux domestique dans un escalier de bois vermoulu, portant la livrée de la maison de Bourbon, bleu de France avec boutons d'argent aux armes des Deux-Siciles. C'est un vétéran de l'armée napolitaine. Sa poitrine est couverte de médailles gagnées sur les champs de bataille. Il peut s'exprimer en français, mais il faut savoir le napolitain ou l'italien pour le comprendre. Le serviteur vous conduit dans un petit corridor sombre. Ce ne sont point là les fastes du palais de Caserte ! Dans l'antichambre, les malles s'entassent car François se considère toujours en voyage, à la veille de rentrer dans ses États après une longue villégiature. À droite est une petite pièce banale et morne, meublée seulement d'un canapé et de quelques chaises, qui communique avec le salon et le cabinet du roi. Des photographies de famille, entourées de leur cadre doré, trônent sur la cheminée et les tables. On remarque un portrait de Pie IX.

De l'autre côté du corridor est la chambre de la reine. Si vous demandez à la voir, le concierge de l'hôtel de Vouillemont vous répond : « La Reine ne reçoit pas. » Ses années romaines ont laissé leurs cicatrices. Elle fuit les mondains, leur politesse, leurs compliments trop fardés et ne trouve aucun plaisir à demeurer longtemps parmi eux. En Angleterre ou en Allemagne, elle accueille volontiers certaines amies comme Harriet Hosmer[70]. La sculptrice ira d'ailleurs jusqu'à sous-entendre mille choses sur leur

70. La sculptrice américaine passera tout une semaine en compagnie du couple royal à Garatshausen. Il faut dire qu'il lui arrive de venir à Munich pour son travail, notamment pour se rendre aux Fonderies royales de Munich. Elle retrouvera aussi les souverains déchus en Angleterre, à l'automne 1876.

relation, livrant à une correspondante au lendemain d'un séjour à Garatshausen chez sa « *lovely queen* » : « Elle a été la romance de ma vie[71] ! » Mais ici, à Paris, la reine ne voit que quelques intimes, dont Julie et Adolphe de Rothschild qui partagent les goûts sportifs de leur auguste amie, et dont les prêts discrets sont prompts à faire disparaître les gênes passagères des souverains déchus[72].

Elle organise ses journées à l'allemande, déjeune tôt et lit le *Journal des débats*, puis *Le Figaro* ; d'après elle, le seul journal au monde capable de lui offrir des nouvelles des mariages, décès et lieux de villégiature de sa parentèle fournie. De temps à autre, on la voit au bras de son époux sous la colonnade de la rue de Rivoli ou rue de Bourgogne, derrière le palais Bourbon. Le couple se promène à pied. François, avec sa moustache noire, son nez bourbonien, et son léger dandinement à l'italienne, reste un homme dont la distinction n'a rien de royal, et la plupart de ceux qui le rencontrent ne se doutent guère qu'ils croisent celui qui fut le dernier roi absolu d'Europe avec le tsar. La silhouette svelte et élevée de la reine, au contraire, reste toujours admirable. Si les hommes lui ont ôté sa couronne, la nature lui a laissé sa majesté imposante. La mise austère, quoique d'une élégance unique, tranche singulièrement sur les falbalas à la mode. Elle est tout habillée de noir, mais d'une toilette d'un goût exquis en crépon avec de larges bandes de satin mat, des gants mousquetaires et une capote en jais noir. Elle arbore pour seul bijou une broche en fer à cheval. Un jour,

---

71. Harriet Hosmer, *Letters and Memories*, London, John Lane at the Bodley Head, 1913.

72. Si Marie-Sophie donnait quelques dîners, elle n'en acceptait aucun. Elle ne faisait exception à cette règle qu'en faveur du baron et de la baronne de Rothschild, dans leur splendide hôtel du 47 avenue de Monceau, Paris 8e.

Luchino Visconti pressentira Greta Garbo pour l'incarner au cinéma[73]. Comme la star suédoise, Marie-Sophie est une étoile inaccessible, une de ces femmes faites pour être observées de loin. Pour l'heure, cela dit, les Parisiens la comparent surtout à Rose Caron, la grande soprano du répertoire wagnérien.

Les beaux jours venus, on peut la voir, toujours aux mêmes heures[74], monter à cheval au coin de l'avenue Gabriel. Ses chevaux, *Gaète*, *Palerme* et *Parthénope*, sont abrités dans une écurie de la rue Matignon. Elle prend les Champs-Élysées, le long de la procession des calèches, tillburys et autres victorias qui paradent sur la grande allée. Elle s'en va faire le tour du bois de Boulogne, suivie par Juno, son lévrier danois. Tous les deux jours, elle passe deux heures au Manège de l'Étrier qui lui est réservé. Elle y dresse *Narciso* dont la grand-mère a gagné le prix de Diane, et rend visite à ses autres chevaux de course. C'est – paraît-il – un beau spectacle que de voir un animal rétif dompté par sa main fine et gracieuse. Elle en remontrerait aux meilleurs écuyers de l'école de Saumur.

Sa journée terminée, elle rentre en amazone, et un valet l'attend sur la place de la Concorde, au bout de la rue Boissy-d'Anglas, pour tenir son cheval. En fin de parcours, au bas des Champs-Élysées, elle passe devant le bastion des marchandes de sucres d'orge, qui est aussi celui des bonnes anglaises, suisses ou allemandes qui s'asseyent avec des pliants ou s'emparent des bancs afin d'installer des paniers de goûters. C'est un rite presque tribal pour la progéniture du 8e arrondissement. Une volée de bambins, en pèlerine bordée de rubans de velours, y profite du bon air. Certains tournent leur cerceau avec une

---

73. Outre Visconti, Harold Pinter travaillera avec Joseph Losey une adaptation de *La Recherche*. La Callas devait interpréter la reine de Naples.

74. À 8 heures, puis à 14 heures.

baguette, d'autres leur toupie avec un fouet en peau d'anguille, sous la maussade surveillance de leur chaperon.

Parmi ces enfants, il y a un garçon au teint pâle et aux yeux bistrés, le jeune Proust, qui connaîtra bientôt[75], à cet endroit même, son premier déchirement amoureux avec Marie de Bernardaky – le modèle de sa Gilberte Swann. Marcel fréquente la paroisse de la Madeleine et son abbé Le Rebours, comme François II[76]. Il habite 9 boulevard Malesherbes, en droite ligne et à égale distance entre Daisy et les souverains. Le matin, pour se rendre au cours Cape-Carpentier, rue Laborde, puis au lycée Condorcet, rue du Havre, il passe le long de la Chapelle expiatoire[77], sous les fenêtres de la fille de la reine. Il est certain que Marcel et Daisy se sont croisés, entrevus, distancés dans le quartier, ici ou ailleurs, devant la colonne Morris du boulevard Malesherbes, chez le pâtissier Ladurée ou encore à la pharmacie Leclerc, à l'angle de la rue Vignon. Et comme la jeunesse ignore le cérémonial des présentations officielles et compassées, on peut imaginer que ces deux-là se sont observés, souri, et pourquoi pas même salués.

Par ailleurs, tous les soirs, après ses classes, Marcel prend la rue Boissy-d'Anglas devant l'hôtel de Vouillemont pour aller sur les Champs-Élysées rejoindre ses camarades du lycée. Parmi eux, Jean de Tinan, le petit-neveu de l'amiral Le Barbier de Tinan, qui avait secouru la souveraine sur *La Mouette* au lendemain de la capitulation de Gaète. Toute son enfance, toute sa jeunesse, l'écrivain va croiser Marie-Sophie, cette reine de légende et de ballade, cette figure

75. L'été 1886, quelques mois après la mort de Daisy.

76. À l'image du baron de Mackau, de la comtesse de Pourtalès, du marquis de Massa, du prince de Sagan, de la comtesse Greffulhe et de la marquise de Contades.

77. Chapelle que fréquentent les Bourbons et le général de Charette, tous les 21 janvier.

étrange et poétique, à peine effleurée par le temps, qui incarne à ses yeux une des formes les plus charmantes de la grâce et de la majesté. Adulte, ce peintre des derniers feux d'un monde destiné à disparaître chérira les Guermantes et les Guépard bien plus que les Verdurin et autres Sedàra[78]. Il témoignera à l'ex-souveraine un respect religieux, et prendra sa défense avec une vivacité d'amoureux. Dans *La Recherche du temps perdu*, il fera d'elle la cousine de Palamède, son baron de Charlus. Ce dernier dira de l'héroïne de Gaète :

« Il n'y a qu'une seule reine de Naples, qui est sublime, celle-là, et n'a pas de voiture. Mais de son omnibus elle anéantit tous les équipages et on se mettrait à genoux dans la poussière en la voyant passer. »

Prétendument fils d'une duchesse de Bavière, ce personnage aux talents multiples et aux passions inavouables, toujours inquiet, ne sachant où se poser entre féminin et masculin, cet homme de haute époque inspiré de Robert de Montesquiou mais que Marcel Proust a d'abord pétri de sa propre substance, sera sauvé de sa déchéance chez les Verdurin par le geste magnanime et vengeur de la reine de Naples. En entendant insulter le baron, elle tendra son bras à l'offensé et l'emmènera, toisant du regard la téméraire bourgeoise qui avait osé s'en prendre à son parent :

« "Vous n'avez pas l'air bien, mon cher cousin, dit-elle à M. de Charlus. Appuyez-vous sur mon bras. Soyez sûr qu'il vous soutiendra toujours. Il est assez solide pour cela." Puis levant fièrement les yeux devant elle (en face de qui, me raconta Ski, se trouvaient alors Mme Verdurin et Morel) :

78. Dans *Le Guépard* de Giuseppe Tomasi di Lampedusa, Don Calogero Sedàra, père d'Angelica, est le riche parvenu, maire de Donnafugata.

"Vous savez qu'autrefois à Gaète il a déjà tenu en respect la canaille. Il saura vous servir de rempart." »

Comme l'écrivain, la reine fréquente la ville d'Houlgate[79] qui formera un jour, avec celle de Cabourg, le Balbec des *Jeunes filles en fleurs*[80]. Le goût des bains de mer est devenu à peu près général, et comme beaucoup de Parisiens, elle s'échappe de la capitale dès que les chaleurs commencent à sévir. Houlgate est la plage aristocratique par excellence. On y croise des ombrelles et des canotiers, une rangée de fauteuils en osier où les mamans, à l'abri du soleil, admirent les châteaux de sable que la présomption de l'enfance aime à opposer à l'invincible puissance des marées. Tous les matins à huit heures, M. Zust-Laurent, le directeur du Grand Hôtel, fait avancer la cabine de bain roulante de la reine soldat, et les chevaux conduisent Sa Majesté vers la vague bleue pour son bain quotidien. L'après-midi, quand elle n'est pas à l'hippodrome de Cabourg, elle court au galop des heures entières à travers ces chemins verdoyants et ombragés. Pendant ce temps, le roi s'égare à pied dans la campagne, en causant avec le comte de La Tour-en-Voivre. Désireux de solitude, il se tient à l'écart de toutes les réunions et remercie les baigneurs de respecter sa liberté. Pour autant, on l'a vu accepter de parrainer, avec son épouse, la barque d'un modeste pêcheur. Lors de la bénédiction du pauvre esquif, le roi est arrivé tête nue, Marie-Sophie vêtue d'un costume bleu roi, avec un chapeau garni de plumes noires,

79. Notamment entre 1880 et 1884.

80. Marcel Proust a connu Cabourg vers dix ans avec sa grand-mère, et Houlgate, à trois kilomètres de là, vers 13 ans avec ses parents. Autant dire qu'il a fréquenté ces stations exactement les mêmes années que la reine soldat. Adulte, entre 1907 et 1914, il continuera de fréquenter Houlgate puisqu'il viendra régulièrement chez un fleuriste de cette ville, M. Lerossignol.

et les souverains se sont mêlés avec une grâce touchante à la population. François parle avec une grande aisance la langue française, Marie-Sophie également, mais avec une légère nuance étrangère et une voix joliment voilée.

Une mère comblée

Derrière l'apparente monotonie de cette existence, la belle Wittelsbach est prise dans le tourbillon de sa double vie car si la reine, l'épouse et la femme n'ont pas trouvé le bonheur, la mère, elle, est comblée. Elle s'offre des joies clandestines, voit Daisy dans les interstices de sa vie ordonnée, en évitant probablement les endroits où le *high-life* parisien aime à se faire voir. Mechtilde et Marietta, les deux Bavaroises, sont probablement à la manœuvre pour organiser ces moments de bonheur volés. Et il n'est certainement pas de petites ruses qu'elles n'emploient pour réduire les intervalles entre deux rendez-vous.

De 1880 à 1884, Marie-Sophie privilégie ses bains de mer sur les côtes normandes. Coïncidence ? De 1880 à 1884, le protecteur de Daisy dirige dans cette région la construction d'artillerie[81]. Le cheval sur lequel la reine passe ses journées est certes une récréation, mais qui sait, c'est peut-être aussi son moyen de locomotion pour retrouver sa fille dans l'arrière-pays ou à proximité ? J'ai retrouvé à Garrevaques une photo de Daisy prise par Walerian M. Ostroga à Trouville, c'est-à-dire à seulement quinze kilomètres de l'hôtel où séjourne la reine. Ce Polonais, anarchiste notoire,

81. Le colonel Berthaut dirigeait les ateliers de construction d'artillerie de Vernon. La reine pouvait fort bien faire une halte en train en partant ou en revenant d'Houlgate. Alternativement, Mechtilde et Daisy pouvaient facilement se rendre quelques jours en bord de mer.

proche de Bakounine, couvrait en effet ses activités clandestines sous l'honorable profession de photographe... Quand Émile Berthaut quittera la Normandie, Marie-Sophie délaissera Houlgate pour se rendre exclusivement sur la Côte d'Opale au Pavillon impérial de Boulogne-sur-Mer.

Grâce à Marie-Louise von Wallersee Larisch, nous savons aussi que la reine voit sa fille dans un pavillon de campagne, en dehors de Paris[82]. Il s'agit probablement de la maison du Vésinet. Après la mort d'Emmanuel, Daisy et les Berthaut ont conservé ce petit coin de fraîcheur et de verdure que l'on atteint aisément depuis la gare Saint-Lazare[83]. Cette bourgade possède un hippodrome. Surtout, elle est à une demi-heure à cheval du bois de Boulogne où se rend quotidiennement la reine à la belle saison. Peut-être Marie-Sophie retrouve-t-elle Daisy dans ce manège qui lui est réservé? Cette mère qui ne rêve que de jument, de poulain et de vie au grand galop, aura sans doute désiré transmettre à son enfant son goût pour la cavalcade[84].

La jeune fille étant *persona grata* à Munich et sur les rives du lac Starnberg, on peut, sans crainte de se tromper, supposer qu'elle a aussi croisé à Paris ou ailleurs ses tantes Wittelsbach, c'est-à-dire Spatz, Sopherl, la duchesse d'Alençon,

---

82. Si ce pavillon n'est pas l'ancienne propriété d'Emmanuel de Lavaÿsse au Vésinet, alors il se pourrait que cette maison soit à Argenteuil. En mai 1894, en effet, la presse fera grand bruit de la mort d'un homme de dix-sept ans, Henri Fouquet, jeune journalier qui s'était introduit par mégarde dans la propriété d'un officier en retraite nommé Berthaut qui habitait seul avec une domestique. L'adresse de ce pavillon était avenue de Chanzy à Argenteuil. Cf. le *Journal des débats politiques et littéraires* du 23 mai 1894 et *Le Cri du Peuple* du 3 juin 1894.

83. La dernière traite de la maison d'Emmanuel de Lavaÿsse a été payée quatre ans après sa mort par le propre père du zouave.

84. Accessoirement, à cette époque, il y a un hippodrome et des courses de chevaux dans le parc du Vésinet.

et pourquoi pas la « comtesse de Hohenembs », alias Sissi, qui séjourne parfois au Dominici, et plus souvent encore, au Bristol, sur le faubourg Saint-Honoré, dans les vastes appartements qu'habite habituellement le prince de Galles. À Paris, l'impératrice se fait toujours discrète : quelques emplettes, des marches avec Marie-Sophie dans le jardin des Tuileries. Souvent, ces dames vont en voiture jusqu'à l'avenue Marbeuf, où se trouvent logés les chevaux d'Élisabeth. Elles font de longues promenades au bois, puis rentrent souper en famille, chez l'une ou l'autre.

Enfin, peut-être Daisy a-t-elle accompagné Leurs Majestés napolitaines dans la modeste gargote ouverte par un des anciens sujets de François II, où ce dernier se fait servir la *zuppa di vongole*, le macaroni accommodé aux *pomodori* et autres mets nationaux, pour lesquels il a une prédilection[85]. Rien de la relation entre la mère et la fille n'était caché au roi, m'avait affirmé ma grand-mère. Les rapports de François II avec Daisy sont empreints à la fois de bonté et de réserve silencieuse. Il se montre d'une grande affabilité avec Émile Berthaut. Le souverain témoigne d'un constant souci de bien faire et d'être agréable à son épouse. À sa manière, il l'a sans doute toujours aimée, même si c'est d'un amour bêta, indolore, platonique. Avec les années, la reine déchue s'est acclimatée à sa personnalité digne et douloureuse. Les conjoints voyagent souvent séparément, mais ne cessent de se retrouver à Paris ou ailleurs. Ils ont surmonté bien des peines et mille petites dissensions pour former un couple morne mais paisible. L'accommodement résigné de Marie-Sophie, l'accaparement de François par ses

85. Il s'agit vraisemblablement du restaurant de Paolo Broggi, *À la ville de Naples*, situé 24 rue Laffitte ou du *Galliani*, situé aux 10-12 du passage des Panoramas.

obligations, la force invétérée des habitudes leur assurent désormais une existence sans passion et sans orage.

Le mystère du zouave d'Ademollo

Pendant toutes ces années, Marie-Sophie reste sur ses gardes au point d'apparaître à beaucoup obstinément repliée sur elle-même. Elle semble méfiante, prête à se barricader dès qu'elle sent s'approcher des indiscrets ou des bavards. Jamais elle ne leur cherche querelle. Elle se laisse juste flairer par eux, sans les honorer d'un regard. Peut-être redoute-t-elle de se trahir avec la première personne qui mettrait un peu de soin à découvrir son secret ? Par-dessus tout, elle doit craindre de devenir la proie d'un maître-chanteur. Ses appréhensions sont fondées…

Toute la presse a parlé du suicide d'une mystérieuse « comtesse S.[86] ». Avant sa mort, cette Parisienne racontait sur elle-même des histoires renversantes comme, par exemple, celle-ci : qu'elle avait été poursuivie pendant longtemps par des nervis à la solde de l'ex-reine de Naples, laquelle voulait lui reprendre une correspondance compromettante[87]. Mais on croit savoir que cette femme a souvent vécu dans la fable et la fantaisie, et que son geste serait à mettre sur le seul compte de sa déconfiture au lendemain du scandale de Panama.

L'affaire du tableau paraît autrement sérieuse. Après Munich, Augsbourg, Rome, Ariccia, Naples, puis Gaète, comme une fièvre voyageuse s'est emparée de moi, je suis passée à Milan, au musée du Palazzo Moriggia, consacré

---

86. D'après l'état civil parisien, derrière cette « comtesse S. » qui habitait 3 rue de Gambiges à Paris, se cacherait la veuve d'un certain Stanislas Surrault de Sireuilh, née Léo de Walfort-Quesnel, en Belgique.

87. *Le Gaulois* du 23 février 1892.

à l'unité italienne. Et voilà qu'en déambulant dans les salles, je suis tombée en arrêt devant une fresque gigantesque. Craignant d'avoir la berlue, j'en ai fait une photo. Je l'ai envoyée, sans commentaire, à ma cousine de Garrevaques, qui m'a rappelée sur-le-champ. J'ai hélé en renfort le gardien de l'exposition pour lui montrer le cliché que je possédais d'Emmanuel en uniforme de zouave. Lui-même a interpellé à son tour une responsable « maison ». Nous avons été bientôt quatre à nous interroger, bouche bée, devant la fresque, pour aboutir à la même question : Emmanuel aurait-il servi de modèle au peintre officiel du roi usurpateur ?

Carlo Ademollo, un artiste sans grand renom, après avoir été soldat dans les rangs piémontais, avait été choisi par le gouvernement pour illustrer les grands épisodes du *Risorgimento.* Jadis, Victor-Emmanuel se déplaçait parfois avec lui, si bien qu'il était considéré par tous comme le « peintre de bataille » du roi.

La toile sous mes yeux est un bel échantillon de propagande. Elle retrace un événement mémorable du *Risorgimento,* déjà évoqué : le fameux massacre par un peloton de ces zouaves – abhorrés ! – de cette femme enceinte, Giuditta Arquati, devenue martyre de l'unité italienne et symbole de la lutte pour la « libération » de Rome ; un bain de sang qui a eu lieu dans une filature trois jours avant l'attentat contre la caserne Serristori.

La scène reproduite par Ademollo présente plus de vingt-cinq personnages et parmi eux, un zouave que l'on repère entre tous. Il est non seulement le plus « travaillé », le plus abouti des protagonistes, mais surtout le seul représenté de face. Un bel homme ! Ce volontaire est pour ainsi dire la copie conforme d'Emmanuel, mais avec le cheveu plus clair et un bandeau sur l'œil, ce qui lui donne des allures, plus flatteuses encore, d'aventurier ou de pirate. Voilà un an que j'épluche toutes les vieilles collections de photos des volontaires pontificaux, nulle part, je n'ai vu de zouave dont la ressemblance soit aussi troublante.

L'épisode immortalisé par l'artiste s'est déroulé en 1867, bien longtemps après le départ de notre cousin des troupes vaticanesques, à l'époque où il se soignait à Cannes. Quant à l'œuvre elle-même, elle a été peinte plus tard encore, en 1880[88]. Reste que Carlo Ademollo, qui était à la solde du roi de la jeune Italie unifiée, pourrait avoir tenté de reproduire le visage de feu l'amant de la reine. Par parenthèse, dans toutes les biographies qui sont consacrées à cet artiste, il est indiqué qu'il a toujours mis un soin jaloux à reproduire des hommes et des femmes ayant bel et bien existé. Qui sait? Le portrait d'Emmanuel réalisé par les frères Alessandri a pu tomber entre ses mains.

Le choix d'Ademollo ne peut pas être un hasard. Le gouvernement italien ou un certain ambassadeur et mouchard « titré » du nom de Cialdini auraient-ils voulu adresser une mise en garde à la reine de Naples ou aux tenants d'une restauration napolitaine? Cela y ressemble fort. Marie-Sophie est certes parisienne depuis dix ans lorsque le peintre donne le dernier coup de pinceau à cette toile. Reste que dans le *Mezzogiorno*, après vingt ans d'unitarisme, une partie des ruraux reste fidèle aux Bourbons. Les préfets envoyés dans le Midi sont subis comme des occupants, et l'italien vécu comme une langue coloniale (l'écrasante majorité des habitants de la péninsule parle des langues locales ou des dialectes). Des protestations violentes ont éclaté contre la conscription et le *macinato,* l'impôt

88. La même année, il peint *La breccia di Porta Pia*, la brèche de la Porta Pia qui commémore la prise de Rome par les troupes de Victor-Emmanuel en 1870.

confiscatoire sur la mouture des céréales qui doit être payé aux meuniers. On accuse la maison de Savoie de réduire le peuple sicilien à la dernière misère, d'avoir confisqué les biens privés de François II et le Trésor public, sans profit pour le pays; de même que les biens de mainmorte des couvents qui, du temps des Bourbons, faisaient de larges aumônes. Un journal de Naples a été saisi pour avoir publié une adresse au roi François II, signée de onze mille personnes réclamant son retour[89]. Oui ! Dans le Sud, on se souvient du manifeste du roi François à Gaète : « Nous nous relèverons ensemble de nos infortunes [...], les usurpations ne sont pas éternelles. » Oui ! L'unité est encore fragile, et pour la jeune Italie, les « bourboniens » demeurent une menace.

La reine soldat a raison de rester sur ses gardes car cette toile d'Ademollo a tous les airs d'un avertissement.

89. C'est le *Crociato*, le journal catholique de Naples, qui a été saisi pour avoir publié cette adresse au roi François II réclamant son retour (cf. *L'Univers* du 28 janvier 1881). Le journal *La Discussione* de Naples sera poursuivi pour sa part, pour avoir publié un article où la rédaction présentait ses vœux à S. M. le roi François à l'occasion de l'anniversaire de sa naissance (cf. *L'Univers* du 11 octobre 1886).

IX
Des adieux

« Je sais une fenêtre où on voit après un premier, un second et même un troisième plan fait des toits amoncelés de plusieurs rues, une cloche violette, parfois rougeâtre, parfois aussi, dans les plus nobles "épreuves" qu'en tire l'atmosphère, d'un noir décanté de cendres, laquelle n'est autre que le dôme Saint-Augustin et qui donne à cette vue de Paris le caractère de certaines vues de Rome par Piranesi. »

Du côté de chez Swann, Marcel Proust

« Je la vois, ombre frêle et blanche, pendue à mon bras, s'avancer. Sur mon épaule, elle se penche, comme un lys par la faux blessé. La toux déchire sa poitrine, sa voix dans la douleur s'éteint. Son front triste et charmant s'incline, cherchant un appui sur sa main. »

Poème en souvenir de Daisy, Émile Berthaut

Hélène, la cousine chérie

Plus Daisy va prendre de la place dans la vie de Marie-Sophie, plus on va être vigilants sur ses fréquentations. Elle ne doit pas être exposée à l'embarras, si d'aucuns tentaient de percer le mystère de sa naissance ou de ses étranges allées et venues entre la France et la Bavière. Il importe de la cacher comme un trésor fragile et précieux, de la tenir à bonne distance d'une certaine société parisienne, qui fréquente les mêmes salons, les mêmes réceptions, les mêmes paroisses, et dans laquelle on fait et défait mille réputations en une saison ; un univers dans lequel un visage nouveau est une surprise qui stimule la curiosité, excite les investigations et fait naître les commentaires. L'opinion de la reine est que moins il y aura de gens dans le secret, mieux iront les choses. La vie de Daisy n'a donc pour témoins que quelques indispensables. Parmi eux, mes aïeux.

Ils appartiennent au cercle le plus intime des Lavaÿsse. Ils sont les parents de cœur et d'esprit, les amis de toujours. Ils évoluent dans un monde à part, celui du protestantisme ; un monde singulier, dans lequel toutes les familles ont goûté à la clandestinité. Pour toutes ces raisons, on les a initiés dès l'origine au mystère de Daisy. Quel meilleur endroit qu'un nid d'hérétiques pour cacher la très catholique fille de Sa Majesté la reine et d'un soldat du pape ?

Il y a là tout un essaim de « parpaillots » qui naviguent entre Paris et le Lauraguais : les descendants de Mme Terson de Palleville, la sœur du père d'Emmanuel ; mon aïeul, le vieux colonel Sol de Marquein ; son épouse Pauline de Bouffard-Madiane, fille d'un ancien émigré du régiment de Condé. Les contemporains du zouave sont ces deux cousins : le bouillonnant Adrien Sol de Marquein et sa sœur Mathilde qui a épousé Henry de Gineste-Najac, leur proche parent de Garrevaques. En France, c'est bien simple, depuis l'avènement de la Réforme, tous ces calvinistes se marient les uns avec les autres. Cette minorité n'est qu'une vaste coterie familiale.

Depuis le premier jour, Mathilde et Henry ont été pour le beau-frère d'Emmanuel des parents sûrs et aimables. Émile Berthaut les a adoptés aux premiers jours de son mariage avec Laure de Lavaÿsse, quand il était en garnison à Toulouse[1]. D'origine modeste – son père, Jean, était greffier dans un tribunal de commerce en Côte-d'Or –, l'officier bourguignon trouve que ces protestants n'ont pas la morgue d'une certaine noblesse et d'une certaine bourgeoisie catholiques qui s'amusent à froisser toutes les vanités.

Henry, mon arrière-arrière-grand-père, est le pur entrepreneur protestant, tel que le décrira bientôt Max Weber. C'est un organisateur, entrepreneur et travailleur né, le plus enthousiaste des amoureux du progrès, un éclectique qui aime tâter de tout : architecture, beaux-arts, agronomie, chimie, etc. Il consacre une partie de l'année à sa distillerie d'avant-garde dans le Lauraguais, qui fournit de l'alcool aux frères Get pour leur liqueur à base d'huile de menthe. Il parcourt l'Europe en quête de nouvelles innovations, traverse la Méditerranée pour gérer les propriétés qu'il tient du colonel Sol de Marquein, son beau-père. À son retour, il rejoint sa tribu et la vie mondaine à Paris, avant que d'emmener les siens en voyage, deux mois durant en Italie.

L'enfant cachée a été comme adoptée par les Gineste. Elle a perdu sa tante bienfaitrice, Laure. Elle n'a pas de cousins germains, ou si peu. La fille des Berthaut est morte. Il ne reste à Émile qu'un garçon. Les frères du zouave sont décédés sans postérité, n'était-ce Eugène qui a eu une

1. Il habitait alors 32 boulevard d'Arcole à Toulouse.

petite Gabrielle[2]. Élevée dans une relative solitude, Daisy voit les Gineste très souvent. À Paris, ils habitent avenue d'Antin (aujourd'hui avenue Franklin D. Roosevelt), près du Rond-Point des Champs-Élysées. Tous les dimanches, ils se rendent au culte au temple du Saint-Esprit, à deux cents mètres de chez elle. Mais, ce qu'elle adore par-dessus tout, ce sont ses longs séjours à Garrevaques.

Garrevaques, c'est la maison de l'aïeul des authentiques « petites filles modèles[3] », rendues célèbres par leur grand-mère, la comtesse de Ségur. L'antique demeure attire Daisy comme une cassette pleine de trésors, oubliée là, sur l'herbe, par quelque vieille fée. Le château a perdu une tour avec la Révolution, mais ces lieux chargés de choses vécues lui remuent l'âme. Ici, on a connu et aimé son père. Ici, c'est la liberté, c'est la vie champêtre et villageoise. On ne s'assoit pas comme à Paris. On a d'autres gestes, une autre façon de boire, de manger, de marcher, de respirer, de dormir. Il est vrai que nulle ne se prête aussi complaisamment que la campagne aux jeux et aux joies des enfants. Et puis il y a cette atmosphère familiale, cet entrain, cette gaîté…

Théophile, le cocher, va les chercher, elle et Mechtilde, à la gare de Revel, puis rentre avec son lent petit train jusqu'au château. Elles sont accueillies par l'aboiement joyeux du

2. Son père, le frère d'Emmanuel, a vécu longtemps en Algérie où il s'occupait de chemins de fer. À sa mort, la petite Gabrielle a été essentiellement élevée en Côte-d'Or, puis dans la famille de sa mère, les Borne de Martinécourt. Gabrielle avait un grand frère, Charles Marie Roger de Lavaÿsse, qui va mourir le 7 novembre 1881 chez les Berthaut à Vernon, à l'âge de 22 ans.

3. Le baron de Garrevaques était le trisaïeul de Camille et Madeleine d'Ayguesvives de Malaret, les modèles des *Petites filles modèles*, paru en 1858. Les deux sœurs séjournaient régulièrement au château de Verfeil dans leur famille paternelle. Elles sont enterrées à trente kilomètres de Garrevaques, dans le cimetière de la commune, de même que leur frère Louis-Napoléon, filleul de Napoléon III et de l'impératrice Eugénie, baptisé aux Tuileries.

gros chien de garde à la chaîne et tous les cousins, Hélène, Lucy, Caroline et bébé Félix, mais en particulier l'aînée, mon arrière-grand-mère, qui a l'âge de Maria Cristina Pia, cette demi-sœur qu'elle n'a jamais connue.

Daisy suit Hélène avec un intérêt presque maternel. Ensemble, elles vont voir tuer les oies, puis elles passent voir rôtir les volailles à la broche. Maria la cuisinière s'affaire à confectionner ses festins à épuiser Pantagruel en personne : du foie gras à gogo ; des cuissots de chevreuil, sauce venaison ; des côtelettes à la Villeroy ; des cœurs d'artichaut au champagne ; de la purée de châtaigne de Mazamet ; des glaces Monte-Carlo, sans oublier la traditionnelle tarte à l'allemande.

Les deux cousines s'amusent à chanter en patois avec Franklin le jardinier ou avec les paysannes des métairies qui viennent à tour de rôle faire la lessive au château. Elles plaisantent avec les marbriers, les terrassiers qui s'affairent de toute part. Régulièrement, en effet, le comte met sa propriété en chantier. Garrevaques est au milieu des plâtres, des gravats et des échafaudages. Elles voient défiler Corvetto, l'architecte « parpaillot » ; Bühler, le maître d'œuvre de la nouvelle politique des espaces verts d'Haussmann ; Leroy, le génie français de l'horticulture, sans compter tous les contremaîtres de la distillerie. Daisy aime cette ruche joyeuse dans laquelle bourdonnent les personnages les plus divers.

Chaque jour, ces demoiselles parcourent le parc à dos d'âne ou font de longues promenades à pied, en chassant les morilles et en comptant les petits derrières effarés des lapins qui plongent dans les bois, à droite et à gauche, à chacun de leurs pas. Elles saluent au loin les vaches qui regardent par-dessus une barrière de paille, dévorent des fruits frais cueillis à l'arbuste ou à l'espalier, puis rentrent le long de la rivière où cancanent des canards pacifiques.

À leur retour, les deux cousines retrouvent Mathilde, la maîtresse de maison, au milieu de ses chats avec lesquels la comtesse cause volontiers. On en croise partout, étendus, silencieux et songeurs dans les salons, comme dans les jardins. Ils sont les véritables maîtres de la maison. C'est bientôt l'heure bénie de la peinture. La mère d'Hélène, artiste dans l'âme, dont mille objets variés occupent les pinceaux, surveille les progrès des filles. Daisy est très douée, et en digne descendante des Châteaubourg, elle s'obstine à peindre des fleurs, au format « miniature[4] », comme ses aïeux !

Le testament de Daisy

Est-ce Daisy qui a contaminé la petite sœur d'Hélène ? C'est probable. Henry ira jusqu'à Londres pour essayer de sauver sa fille. Peine perdue, Caroline, la troisième enfant des Gineste, va s'éteindre, après d'atroces souffrances, dans sa quinzième année, quatre mois après sa cousine Lavaÿsse.

Et Daisy, depuis combien d'années souffre-t-elle de la tuberculose ? Est-ce Emmanuel, son père, qui l'a contaminée ? Probablement. C'est en Bavière, vers la fin des années 1870, que la comtesse Larisch se souvient avoir remarqué les premières toux suspectes de sa cousine germaine. On sait aussi que vers 1884, Daisy va lui rendre visite au château de Mittersill, près de Salzbourg. Fatiguée, la jeune Parisienne passera le plus clair de son temps sur sa chaise longue, pelotonnée sous un plaid, sans se plaindre, jamais, car elle a hérité du caractère volontaire de sa mère. À bout de forces, elle quittera l'Autriche avec Mechtilde pour rejoindre

4. C'est ce que nous apprend la comtesse Larisch dans ses Mémoires.

San Remo, au nord de l'Italie, la station pour tuberculeux plébiscitée par la clientèle allemande.

Sur ses dernières photos, elle est ravissante mais d'une minceur et d'une délicatesse extrêmes. Par ailleurs, dès octobre 1884, une bonne année avant sa mort, elle se sait déjà sérieusement atteinte puisqu'à 22 ans, elle juge opportun de rédiger son testament :

« En raison des décès successifs arrivés dans ma famille, et pouvant moi-même être enlevée par une mort subite, j'arrête ainsi qu'il suit mes dispositions testamentaires. J'institue mon cousin germain, Emmanuel Berthaut[5], mon légataire universel, il aura la charge de donner quarante mille francs à Mlle Mechtilde Köhl, ma gouvernante, en reconnaissance de ses soins et de son dévouement, et dix mille francs à ma cousine germaine, Mlle Gabrielle de Lavaÿsse. Mon oncle, le colonel d'artillerie Émile Berthaut, aura pendant sa vie l'usufruit de la fortune[6] que je laisserais après ma mort à son fils, sauf les deux legs précédents. Fait et écrit de ma main à Vernon, le 1er octobre 1884. »

---

5. Fils du colonel Berthaut, Emmanuel Jean Achille était né le 28 décembre 1864 à Toulouse. Au moment de la mort de Daisy, il est en garnison à Vincennes, brigadier au 13e régiment d'artillerie. À la mort d'Émile en 1897, il est toujours parisien et habite 1 rue d'Aguesseau, Paris 8e. Il mourra célibataire le 22 septembre 1935 à Saint-Jean-de-l'Osne. Sa sœur cadette Anne Laure Hélène était née le 18 juin 1866 à Lyon, et morte avant Daisy le 27 janvier 1884 à Vernon chez son père qui dirigeait alors l'atelier de construction militaire de l'avenue des Capucins.

6. Selon les déclarations de succession n° 822 du 28 juin 1886 et n° 1174 du 19 septembre 1888, à sa mort, la fortune de Daisy s'établissait comme suit : elle était propriétaire en totalité ou en indivision de la maison du Vésinet et d'une maison située 86 rue du Faubourg-Saint-Honoré, à quatre cents mètres de l'hôtel de Vouillemont. Elle touchait une rente annuelle de 9 000 francs, était détentrice d'actions de la compagnie Mokta El Hadid qui exploitait des mines de fer en Algérie, d'actions de la compagnie d'assurances Le Soleil. Elle avait par ailleurs quelques autres valeurs à la Caisse des dépôts et consignations. Cf. Documents DQ 8 1797 et DQ8 1827 des Archives de Paris.

Mlle Köhl, telle est donc l'identité de Mechtilde, la Bavaroise dépêchée par les Wittelsbach pour veiller sur l'enfant de la famille.

J'ai retrouvé ses dernières volontés dans les archives de Me Ernest Poletnich, le notaire du faubourg Saint-Honoré, mais le document le plus poignant, c'est ma grand-mère qui l'a conservé. Il s'agit d'un message de Daisy à Hélène, une lettre déchirante qui fait frémir car elle laisse paraître les affres de sa maladie. On sent une écriture tremblante que la volonté essaie de rendre ferme. Au gré des phrases, les mots écrits par la malade dégringolent, se déforment, et les lignes avec. En septembre 1885, trois mois avant sa mort, elle entame sa longue agonie :

> « Ma chère Hélène,
> Quoique très fatiguée, je tiens à vous remercier de votre gracieux envoi. Vous ne pouvez vous figurer le plaisir qu'il m'a fait. J'ai passé toute ma journée à disposer toutes ces jolies fleurs et ma chambre en est tout égayée. Mais ce qui surtout m'a rendue bien heureuse, c'est l'annonce que vous passeriez l'hiver à Paris, et que vous y seriez peut-être pour Noël. Depuis ce moment, il me semble que je suis moins malade. Votre chère présence à tous me remettra tout à fait. À bientôt donc, ma chère Hélène. Embrassez pour moi ma tante, Lucie, Caroline et bébé. Je vous embrasse de tout cœur. Que ma tante se rassure, nous lui garderons son panier.
>
> Daisy
>
> N.B. : Vous pouvez juger d'après mon écriture combien ma main tremble… »

Hélène conservera cette lettre, toute sa vie…

Triste épiphanie

Trois mois plus tard[7], les ex-souverains de Naples rentrent à Paris par l'express d'Orient[8], après un séjour à Munich. Les Parisiens viennent de faire assaut de bons dîners et de toilettes pour Noël. Les magasins rivalisent encore d'élégance et de fantaisie pour les fêtes du Nouvel An. Les victuailles, normalement encloses dans les arrière-boutiques, débordent sur les trottoirs. Les vitrines des confiseurs offrent aux yeux des chalands des nougats, des marrons glacés et quelques bouteilles de liqueur, choisies avec discernement. Les libraires exposent des piles de *Mathias Sandorf*, le dernier Jules Verne qui s'arrache pour les étrennes. Pourtant, la capitale est triste et sombre, le thermomètre au mercure est descendu à deux degrés. Le ciel bas a l'air de toucher le sol boueux des rues. De la neige à demi fondue salit la ville. Le vent fait se courber les passants engoncés dans leurs fourrures ou le col de leur pardessus.

Une semaine après l'arrivée de Leurs Majestés, une longue file d'équipages stationne devant l'hôtel de Vouillemont. Selon le journal *Le Matin*, Sa Majesté François II et la reine de Naples « ont reçu avec une affabilité exquise de nombreux visiteurs ». Dans quatre jours, Daisy va mourir. J'imagine Marie-Sophie accueillir ses hôtes avec le faste ébréché qui est alors celui des souverains de Naples, les yeux fixes et le sourire figé, immobile, comme étrangère à tout, seule sous le poids de sa douleur. Ce soir-là, certainement, sa pâleur raconte son drame secret.

---

7. François et Marie-Sophie s'installent vers le 16 décembre à l'hôtel de Vouillemont (cf. *Le Gaulois* et *Le Figaro* du 16 décembre 1885).

8. Ce train fameux ne prendra le nom d'orient-express qu'en 1891.

Depuis un quart de siècle, elle s'est armée d'un invincible esprit de sacrifice. En s'asseyant sur un trône, elle ne s'est plus appartenu à elle-même, mais à cette maudite histoire qui a guetté sa vie. Elle a fait violence à ses goûts, à ses désirs, à ses aspirations secrètes. Les joies à la portée de toutes les autres femmes lui ont été interdites. Ce rôle perpétuel à remplir, cette destinée artificielle à subir. La rampe, toujours la rampe, voilà quel a été son lot

Le destin s'acharne. À cinq cents mètres, Daisy agonise. « Porter beau », ne rien changer à son existence, se tenir loin de sa chère mourante, quand elle voudrait être près d'elle, et ne la quitter ni le jour ni la nuit. Quel sévice pour un cœur de mère !

À vingt ans, elle a été obligée de renoncer à sa fille. À présent, elle en a quarante-cinq, personne ne lui dictera sa conduite. Le soir même, et tous ceux qui suivront, elle va remonter à pied la rue Boissy-d'Anglas, à la lumière de becs de gaz falots, traverser le boulevard Malesherbes, sous les fenêtres du jeune Proust, longer la rue Pasquier, jusqu'à la Chapelle expiatoire. Là, elle va rester au chevet de Daisy, lui parler de son père, de leur folle passion, avant de lui souffler les derniers mots d'amour maternel et de confiance qui peuvent se dire, ici-bas. C'est elle qui va l'accompagner jusqu'au trépas.

Le 6 janvier 1886, à 9 heures du matin, épuisée de fatigue, Mathilde, Marie, Sophie, Henriette, Élisabeth, Louise de Lavaÿsse-Châteaubourg rend son dernier soupir, dans les bras de sa mère.

La reine l'embrasse une dernière fois, priant le ciel de toute son âme de revoir un jour son enfant chérie dans la gloire de Dieu, dès qu'elle-même aura quitté cette terre d'exil et de souffrance. Puis elle quitte l'immeuble de Berthaut, reprend la rue Pasquier. Ce n'est plus la fière statue, célébrée par Proust, qui marche vers l'hôtel de Vouillemont, c'est le spectre pathétique et désespéré d'une mère qui n'a su sauver aucun de ses trois enfants, pas plus ses filles, que son garçon perdu à la suite d'une chute de cheval.

Pauvre Daisy! La mort vient de la frapper à la fleur de l'âge. La destinée a abreuvé sa vie de chagrins et de larmes, et, dès le berceau, fermé devant elle bien des sources du bonheur. Pour autant, sa courte vie a été comblée d'amour. Tant d'enfants nés hors mariage connaissent un destin atroce. À peine sont-ils nés qu'on s'en débarrasse comme une portée inutile de petits chats. Daisy, elle, a été la consolation et l'espoir d'Emmanuel, l'ange qui a embelli l'existence de Marie-Sophie. Les Berthaut, les Gineste l'ont accueillie, aimée et chérie comme leur propre enfant. Quant à Mechtilde Köhl, la gouvernante bavaroise, elle l'a accompagnée avec un inlassable dévouement. Cette mort couronne une vie toute de courage et de deuils, mais une vie qui, jusqu'à la tombe, aura été remplie de sollicitude et de tendresse.

Des funérailles

Émile Berthaut n'est pas à Paris. Depuis qu'il est en retraite, il est souvent dans son pays natal, à Saint-Jean-de-Losne, en Côte-d'Or. Les formalités officielles ne pouvant être effectuées par une domestique, qui plus est étrangère, le lendemain de la mort de Daisy, c'est Henry de Gineste-Najac et son beau-frère Adrien Sol de Marquein qui prennent le chemin de la mairie, rue d'Anjou-Saint-Honoré, puis de l'église Saint-Augustin. Malheureusement, le père Xavier Lefebvre, le curé de la paroisse, m'apprendra que les registres couvrant cette période ont disparu.

Les obsèques ont lieu le 8 janvier, derrière le chœur, dans la chapelle de la Sainte Vierge. Au pied des autels, des mains amies ont déjà déposé des couronnes pour une cérémonie, programmée le lendemain. L'ancien aumônier des Tuileries s'apprête à accueillir toute la société bonapartiste pour le service anniversaire de Napoléon III, mort treize ans plus tôt.

Adrien, Henry, Mathilde et Hélène, une maigre poignée de protestants se pressent sur les bancs pour assister à l'office, dans une église vide de fidèles. L'organiste commence à jouer d'une façon hésitante et lointaine. Tous se retournent pour regarder l'arrivée de la bière, recouverte d'un drap noir et portée à bras d'hommes. À cet instant, ils aperçoivent la reine de Naples et des Deux-Siciles, dans un recueillement profond. Elle s'est glissée comme une ombre derrière l'une des rares colonnes. Il y a un contraste singulier, douloureux, tragique entre la modestie de ces obsèques et la présence de cette souveraine, du moins pour les adultes, Henry, Mathilde et Adrien qui connaissent son secret, et sont soudain saisis par la compassion.

Dehors, en ce vendredi 8 janvier, les rues avoisinantes sont comme vidées de leur vie et de leur substance. Tout ce que Paris compte de grands de ce monde a bravé le froid et convergé en silence vers l'avenue Marceau. Une foule immense en habits de deuil que l'église Saint-Pierre-de-Chaillot a pu à peine contenir s'est rendue à midi au service pour le repos de l'âme du fils du plus célèbre des zouaves pontificaux, le baron Athanase de Charette. Son garçon vient de mourir à l'âge de vingt et un ans des suites d'une fièvre typhoïde contractée au régiment de dragons à Tours. Tous les vétérans se souvenaient du petit. Deux semaines après sa naissance à Rome, en pleine joie, en plein bonheur, sa mère[9], soudainement affaiblie, l'avait laissé orphelin[10].

Le général a reçu trois mille lettres de condoléances. Tous les rangs de la société, tous ceux qui aiment l'Église et la patrie ont voulu manifester leur soutien à l'énergique soldat du pape et au héros de la guerre de 1870. Tous les noms de la France étaient là. Le nonce de Léon XIII aussi. Tous ceux des anciens zouaves qui ont pu se rendre à Paris sont venus. Pour les autres, on a organisé des messes en province. L'armée est arrivée en masse, les généraux de Galiffet, de Brié, de Rochebouët et bien d'autres officiers ont voulu témoigner de leur sympathie pour le déchirement du cœur d'un père. À l'issue du service funèbre, le défilé, devant le général, a duré plus d'une heure.

Qui peut le croire ? Ni l'héroïne de Gaète ni son mari n'étaient présents pour entourer leur fidèle Charette. Pourtant, le gotha les sait parisiens. La presse a relevé leur absence, et informé ses lecteurs qu'ils s'étaient fait représenter par les ducs de Nemours, d'Alençon, et le comte de La Tour-en-Voivre. Les seuls autres grands absents étaient M. le comte de Paris et Madame, rentrés la veille dans leur château d'Eu. Mais sur place, ils n'ont pas manqué – et ils l'ont fait savoir ! – de commander un service pour le fils de l'illustre militaire.

Où sont passés les souverains des Deux-Siciles ? *Le Figaro*[11] nous apprend, en première page, qu'en ce jour où la tempête a chassé les promeneurs, où les fiacres sont arrêtés,

9. Juste avant qu'elle n'expire, Athanase de Charette, son époux, lui avait fait embrasser son sabre. Cf. *Adéodat et Emmanuel Dufournel, officiers aux zouaves pontificaux*, Desclée de Brouwer et Cie, 1898.

10. Le 22 janvier 1865.

11. *Le Figaro* du 9 janvier 1886.

les omnibus, dételés au milieu de la chaussée, il n'y a plus, dans tout le boulevard Malesherbes, qu'un seul passant, dont les flocons de neige ont blanchi les vêtements sombres et le chapeau rond. Passant paisible, qui chemine les mains dans ses poches, et qui est suivi d'un magnifique lévrier noir superbement habillé. Le nom du promeneur ? Le roi de Naples !

Il est quatorze heures.

Ce que ce journal ne précise pas, c'est que sur le boulevard Malesherbes, François de Bourbon marche, à coup sûr, à hauteur de l'église Saint-Augustin, où il attend la reine, qui n'a pu s'empêcher d'aller dire un dernier adieu à sa fille.

Après les obsèques, j'imagine les deux souverains déchus rentrer à pas lents ; la reine, hagarde, pantelante, les yeux rougis, ressassant le verset de l'évangile selon saint Luc sur Marie face au Sauveur, cloué sur sa croix[12]. Elle aussi a enduré le supplice de son enfant et senti « un glaive transpercer son âme ».

Hélas, pas le temps de regarder son chagrin en face ! Dans une semaine, François donne son traditionnel dîner d'apparat du 16 janvier. Il va fêter ses cinquante ans. Marie-Sophie devra ramener sur ses lèvres amaigries un semblant de sourire, jouer à être le guide le plus aimable et le plus sûr dans l'accomplissement de cette tâche si délicate et si importante que constitue l'art de recevoir. La rampe, toujours la rampe[13]…

Dehors, Paris est maintenant sous un épais manteau de neige. Les tramways font jeter du sel et rétablir leur circulation, à grands frais. Les balayeuses mécaniques grincent

---

12. C'est la comtesse Larisch qui fait mention spécifiquement de ce verset.

13. L'édition du *Gaulois* du 16 janvier 1886 nous apprend néanmoins qu'une fois n'est pas coutume, cette année, l'anniversaire du roi à l'hôtel de Vouillemont sera célébré par une réception « d'un caractère tout à fait intime ».

dans les rues avoisinantes. Le ciel est gris, le froid glacial, les trottoirs transformés en patinoires. Dans quelques heures, les lycéens de Condorcet, dont le jeune Marcel Proust, défileront sous les fenêtres des souverains pour rejoindre les Champs-Élysées, voir tomber les flocons et courir les traîneaux.

Pour la reine, dorénavant, ce quartier de la Madeleine ne sera plus qu'un nid désert…

X
La vengeance

« Elle portait dans l'oppression de sa vie actuelle les cicatrices de sa déception désormais presque historique. »
Le Guépard, Giuseppe Tomasi di Lampedusa

« Pour se venger elle ferait peut-être, tel soir, à tel endroit, telle chose. »
Le Côté de Guermantes, Marcel Proust

L'accablement

Marie-Sophie survit près de quarante ans à sa fille. L'implacable fatalité va parachever son œuvre. La sœur de l'impératrice d'Autriche et de la duchesse d'Alençon, la cousine de Louis II de Bavière, la tante de l'archiduc Rodolphe, va voir mourir l'une sous le poignard de l'anarchiste Luigi Lucheni[1], l'autre dans les flammes du Bazar de

1. Peu de temps avant son assassinat, Sissi devait se rendre avec la reine de Naples et le duc d'Alençon à Paris chez le célèbre peintre Aimé Morot afin de voir le portrait de la duchesse, morte au *Bazar de la Charité*, que le maître venait d'achever, mais elle dut renoncer à cette visite, ayant été obligée de partir précipitamment dans le Midi, à la suite de violentes douleurs névralgiques.

la Charité, le troisième dans le lac de Starnberg, et le dernier dans un pavillon de chasse à Mayerling.

La mort de la duchesse d'Alençon dans le brasier de la rue Jean-Goujon, en particulier, produira sur elle une impression indicible.

Le 4 mai 1897, l'immense auvent en planches et poutrelles qui accueillait dans son quartier la plus huppée des kermesses parisiennes, s'était soudainement transformé en fournaise. Le feu avait pris à quatre heures de l'après-midi, c'est-à-dire au moment où l'affluence était la plus considérable et la plus brillante. En moins de trois minutes, des flammes parties d'un appareil de cinématographe avaient jailli et gagné les frises des décors, courant dans les toiles peintes avec la rapidité de la foudre et mettant le feu à tout le bâtiment. En proie à l'affolement, hommes, femmes et enfants, s'étaient rués vers la sortie, en poussant des hurlements de damnés, se bousculant, tombant en tas les uns sur les autres, et formant ainsi d'infranchissables barricades aux malheureux restés derrière[2]. Très vite, les structures s'étaient effondrées sur les visiteurs et les dames patronnesses, et parmi ces dernières, sur la sœur de Marie-Sophie qui présidait le comptoir des Noviciats dominicains. Tel un capitaine qui prend la dernière chaloupe, la duchesse d'Alençon s'était sacrifiée pour aider les plus jeunes à s'extraire du bûcher.

« D'abord nos invitées ! [...] Le devoir avant tout ! » s'était-elle écriée.

Une heure plus tard, le Bazar de la Charité n'offrait plus que le spectacle terrifiant d'amoncellements épars de corps boursoufflés, décharnés, repliés sur eux-mêmes et noircis.

2. Jules Huret, *La Catastrophe du Bazar de la Charité*, 4 mai 1897.

Marie-Sophie, dont les écuries étaient à cinq cents mètres, s'était précipitée avec Spatz, la comtesse de Trani, chez Sophie, 32 avenue de Friedland[3]. Elles avaient fait les cent pas dans le vestibule, en proie à une morne désolation. Aux nombreuses dames de l'aristocratie qui venaient aux informations, elles s'étaient bornées à répondre par ces mots attristés :

« Nous ne savons rien ! »

À onze heures du soir, enfin, un prêtre était arrivé avec les nouvelles si impatiemment attendues. On leur avait donné l'assurance que leur sœur était sauvée ; elle devait se trouver parmi les blessés. À quel endroit exactement ? La police l'ignorait. Les Wittelsbach étaient parties précipitamment en voiture pour revenir une heure plus tard, désespérées. Le lendemain, le corps de la duchesse, quoique presque entièrement carbonisé, avait été reconnu par son dentiste au Palais de l'industrie[4]. Il savait qu'une de ses dents était aurifiée et qu'une molaire lui manquait. Les scènes de reconnaissance des corps avaient été narrées par les journalistes avec une précision effrayante. Ainsi, par exemple, les mâchoires brûlées ne se laissant plus ouvrir, les légistes avaient-ils été contraints d'ouvrir de larges entailles dans les joues grillées pour examiner les dentitions. Un cauchemar ! Les descriptions macabres s'étaient étalées dans la presse, tout comme la comptabilité des tibias, des kilogrammes de chairs et d'intestins calcinés[5].

---

3. Au milieu des années 1880, elle habitait 9 avenue Kleber, Paris 8e.

4. Le décès de la duchesse d'Alençon ne sera déclaré à la mairie du 8e arrondissement de Paris qu'une semaine après la catastrophe, le 11 mai 1897.

5. Michel Winock, « L'incendie du *Bazar de la Charité* », *L'Histoire* n° 2, juin 1978.

Le nombre des victimes avait été considérable : cent vingt-six morts et plus de deux cents blessés, principalement des femmes. Jamais, depuis que le monde est monde, jamais on n'avait encore expédié de Paris, en une seule journée, autant de télégrammes qu'il en fut passé le 5 mai, c'est-à-dire le lendemain de la tragédie. On avait compté ce jour-là quatre-vingt-dix-huit mille messages privés et deux cent cinquante-deux mille mots de dépêches de presse. Tout le Paris de la bienfaisance était endeuillé. Partout dans le 8e arrondissement, rue de Berri, rue de Bassano, avenue Montaigne, rue de Boissy-d'Anglas, rue de la Ville-l'Évêque, rue Royale, place Vendôme, faubourg Saint-Honoré… oui, partout, le drame s'était soudain abattu sur des demeures somptueuses qui étaient le refuge ordinaire du luxe et de ses joies. Autour de l'hôtel de Vouillemont, on avait assisté au va-et-vient des corps, au ballet des corbillards revêtus de fleurs, au cortège des voitures de deuil, aux tintements lugubres des glas. Les riverains étaient glacés d'effroi, terrorisés. Pour la célébration d'obsèques de la duchesse d'Alençon, en l'église Saint-Philippe-du-Roule, la paranoïa avait atteint son comble. La circulation avait été bloquée. L'intérieur de l'église ayant été entièrement tendue de draperies noires, des mesures spéciales contre l'incendie avaient été prises. Les pompiers en tenue de service étaient restés d'un bout à l'autre de l'édifice en sentinelles, prêts à intervenir avec pompes et tuyaux.

Le mois suivant, on a vu Marie-Sophie rester en prière plus d'une heure rue Jean-Goujon[6]. Il n'en demeure pas moins qu'à présent, elle doit être soulagée d'avoir quitté ce quartier maudit.

---

6. *Le Moniteur universel* du 10 juin 1897.

Sa douloureuse destinée s'écoule désormais 126 boulevard Maillot à Neuilly, dans l'hôtel particulier de feu le duc d'Hamilton, pair d'Écosse, admirateur d'Harriet Hosmer[7], mais surtout un grand sportsman du Jockey Club dont, jadis, les couleurs triomphaient sur les hippodromes. Ici, en bordure de la ville, c'est le calme et la tranquillité, elle sera loin du barnum qui s'annonce dans le 8e arrondissement en perspective de l'Exposition universelle de 1900.

Lorsque lady Douglas Hamilton, l'unique héritière de cette demeure, lui annonce qu'elle veut vendre, la reine décide de se faire construire une villa très sobre, au n° 94, en face des futaies du Jardin d'acclimatation[8]. Elle se plaît à appeler cette nouvelle maison son « palais de Naples[9] ».

La plupart du temps, dans ses jardins embaumés, elle n'est dérangée que par Dorée et Toussaint Louverture, les chats angoras de son voisin Maurice Barrès[10] qui adorent promener leur grâce dédaigneuse sur ses plates-bandes, ou par les mélodies adoucies et voilées de Gabriel Fauré ou Claude Debussy, lorsque le dandy et modèle du « baron de Charlus », Robert de Montesquiou[11], donne des concerts dans le pavillon mitoyen. Cela dit, comme ces deux illustres voisins

---

7. *Cosmopolitan Art Journal*, vol. 3, n° 5 (dec. 1859), p. 214-217.

8. Parcelle n° 63, section AI du cadastre rénové de 1938 de la ville de Neuilly-sur-Seine.

9. À compter de 1911, elle se contentera de cinq domestiques : Lisa Ferry (née en 1881), Joséphine Lancia (1876) et Cretano Massala (1881). Le concierge bavarois est Jorg Hofmann (né en 1873 à Munich) qui est là avec son épouse Ursula (née en 1873 à Rottach en Bavière) et leur petit Georg (né en 1904 à Munich) : cf. Archives des Hauts-de-Seine/recensement de la ville de Neuilly-sur-Seine de 1911/ page 281.

10. De 1896 à sa mort en 1923, Maurice Barrès a habité 100 boulevard Maillot, à Neuilly.

11. Robert de Montesquiou-Fezensac habite le Pavillon des Muses, 96 boulevard Maillot à Neuilly.

reçoivent la cour et la ville, il arrive que la tranquillité des lieux soit perturbée par la pétarade d'une Panhard ou d'une De Dion-Bouton. Marcel Proust, Reynaldo Hahn, Sarah Bernhardt, le marquis de Clermont-Tonnerre, le prince et la princesse de Radolin, mais aussi Ida Rubinstein, Jean Cocteau ou encore François Mauriac, passeront tous devant les clôtures de cette reine d'un charme triste et délicat. La curiosité qu'elle leur inspire se fait toujours respectueuse car l'ombre de son prestige est toujours aussi imposante.

C'est le matin qu'on peut le plus facilement l'apercevoir. Les habitués du bois de Boulogne croisent parfois cette noble et respectable dame, couronnée d'un rouleau de cheveux grisonnants, à la fine silhouette et aux modes d'autrefois, se promenant avec des lévriers. Sur le passage de l'héroïne de Gaète, si grande dans son malheur qu'elle semble être encore sur son trône, on entend des murmures d'admiration. Cette femme accablée de deuils et de revers semble avoir trouvé une consolation dans le respect et l'estime universelle pour une des infortunes les plus dignement supportées qu'on ait jamais connues. Elle a perdu Emmanuel, le grand amour de sa vie, ses parents, son mari, ses trois enfants et quatre de ses frères et sœurs. Sissi, en effet, a été assassinée seize mois après l'incendie du Bazar de la Charité ! Elle a vu la tourmente emporter son royaume et, avec lui, sa fortune, mais aussi cette société incomparable de l'ancien temps. Tout le monde la pense modestement et tristement repliée sur elle-même. C'est mal la connaître.

Marie-Sophie est une femme de combat qui ne dépose jamais les armes, une force de la nature comme « Jean Bart », le lion du Jardin des plantes – autre roi exilé ! – auquel elle rend souvent visite[12]. Quarante ans après la chute de Gaète, elle brûle encore pour la cause napolitaine d'un zèle que ni les blessures ni l'âge n'ont amoindri. En 1882, elle a enterré Garibaldi s'agaçant certainement des dithyrambes d'un Victor Hugo qui avait pleuré le « Diable rouge » en s'exclamant :

« L'Italie n'est pas en deuil, ni la France, mais l'humanité ! »

Dix ans plus tard, c'est son ennemi Cialdini qui a succombé, solitaire, à Livourne. On dit qu'un prêtre a été introduit à son insu par son neveu, mais qu'il n'a eu aucun repentir avant de paraître devant Dieu ; pas un regret sur ses crimes dans le *Mezzogiorno* !

La misère italienne

Depuis la mort de Victor-Emmanuel en 1878, c'est son fils Humbert Ier qui règne en maître sur les Deux-Siciles[13]. Mais pour la reine exilée, l'orgueilleuse Italie, née d'un coup de force scandaleux, cache sous son manteau une plaie qui ronge peu à peu le corps de la nation : la misère méridionale ! Depuis l'Unification, tout l'argent du budget s'en va au Nord. À lui, les routes, les canaux, les chemins de fer, les écoles, les grandes constructions. Le Nord est riche, opulent. Le *Mezzogiorno* s'enlise dans la pauvreté et l'ignorance. Jadis, François II avait peut-être tardé à offrir à ses sujets une constitution, mais il avait assuré aux humbles une protection toute paternelle.

12. Journal *Le Soleil* du 20 avril 1910.

13. En 1878, François II n'avait pas manqué de publier une protestation contre l'avènement d'Humbert Ier pour la partie concernant l'ex-royaume de Naples (cf. *Le Gaulois* du 29 janvier 1878).

Longtemps, Marie-Sophie en avait voulu à ce peuple qui savait si bien jeter ses plaintes à Dieu, mais n'avait eu qu'ingratitude pour ceux qui entendaient lui prodiguer des soins. Cette rancœur a disparu. À présent, elle est en complète empathie avec ses anciens sujets, avec cette terre maudite, cette terre privée des fruits et des moissons de l'avenir, cette terre inféconde comme elle. Et il lui est insupportable d'imaginer son peuple sans travail et sans pain, et ces milliers de pauvres diables qui, pour ne pas mourir de faim, s'en vont en Amérique ou ailleurs grossir les rangs de l'esclavage moderne.

Des exploiteurs de la misère italienne? Marie-Sophie en combat, et de la pire espèce. C'est elle qui va donner son retentissement à l'affaire de l'abominable Vozza. C'est à Saint-Denis, aux portes de Paris, que ce chiffonnier génois et sa famille[14], inaccessibles à la pitié humaine, exercent leur criminelle industrie. Ils ont ramené de la péninsule une wagonnée de garçonnets, loués pour deux ans par des parents crédules et sans le sou[15]. Ces Thénardier ont produit à Legras, le maître verrier et directeur des cristalleries de Saint-Denis[16], de faux états civils pour faire admettre à l'atelier ces enfants qui, pour la plupart, n'ont pas les treize ans requis par la réglementation du travail[17].

Dans cette usine qui compte plus de huit cents ouvriers, ils sont tenus de fournir jusqu'à dix heures de labeur

14. Maria, sa femme, Domenico et Honoré, ses fils.

15. La plupart de ces enfants étaient originaires de Fontana Liri et de Roccasecca.

16. Situées du 85 au 97 avenue de Paris (actuelle avenue du Président-Wilson).

17. L'âge de ces enfants variait de 11 à 18 ans. La loi française du 2 novembre 1892 posait que les enfants ne pouvaient être employés dans les usines avant l'âge de 13 ans révolus. Les entrepreneurs la contournaient en exigeant des parents de la victime un extrait de naissance d'un frère plus âgé.

quotidien, comme apprentis[18]. Une chair à profit, dont les Vozza usent et abusent tout à leur aise. Ils touchent mille francs par mois pour leurs pensionnaires. Sur cette somme, que dépensent-ils ? Rien ! Ils les logent dans un taudis fétide sans lumière et sans air sur un terrain vague, un chenil plus qu'une chambre à coucher, entretenu dans un état de puanteur et de malpropreté repoussant. Dans ce réduit crasseux, trois lits de fer ou plutôt trois grabats, couverts de fumier, leur servent de couche. Pour les nourrir, les Vozza les envoient ramasser des détritus sur le marché de l'avenue de Paris. Ces martyrs affamés, hâves, décharnés, dévorent des trognons de choux, des cosses de haricots, tout ce que le ruisseau conduit à l'égout. Leurs tortionnaires ne craignent pas de les vouer à la maladie et à la mort, à force de privations, de souffrances et de mauvais traitements, et les regardent dépérir avec une sérénité et un cynisme complets. Trois d'entre eux vont mourir[19].

Quand cette affaire est portée à la connaissance de l'opinion, c'est un cri d'horreur unanime. Mais c'est la reine soldat qui va porter plainte, déclencher l'enquête du commissaire Rebondin et prendre sous sa protection toute la population ouvrière qui vit à l'ombre de la basilique Saint-Denis[20]. La souffrance de ces enfants atteints de tuberculose a réveillé en elle des souvenirs déchirants. Frappée au cœur par l'agonie de ses filles, elle a été révulsée à l'idée de ces petits corps, privés d'air, qu'on a laissé languir dans l'atmosphère

18. Leur travail consiste à prendre le verre liquide et à le porter du four à l'ouvrier.

19. Les trois petites victimes sont Antonio Capuano, Benoît Scappalici et Félix Prioli (ou Fraioli, selon les journaux).

20. Elle fera durablement des dons à un hospice de la Plaine-Saint-Denis, accueillant des petits Italiens. Cf. Giovanni Ansalado, « Intervista alla Regina Maria Sofia », *Corriere della Sera*, novembre 1924.

suffocante des verreries Legras. Avec quelques dames de la communauté napolitaine, elle prend la tête du combat contre cette société qui, pour ménager les intérêts de l'industrie, n'hésite pas à arracher l'enfant du foyer familial et à sacrifier au Minotaure d'innombrables vies humaines. Des perquisitions sont bientôt conduites à la Plaine-Saint-Denis, qui amènent des constatations navrantes sur les conditions dans lesquelles on exploite l'enfance ouvrière et, en particulier, l'enfance importée d'Italie. Ce scandale des verreries Legras inspirera cinq ans plus tard *Il Racconto del piccolo vetraio* (« L'histoire du petit verrier ») d'Olimpia De Gaspari[21], qui jouera dans la mémoire collective italienne le même rôle que notre *Sans famille* d'Hector Malot. D'ici là, d'après le recensement de la ville de Neuilly-sur-Seine de 1901, parmi la quinzaine de domestiques au service de Sa Majesté, on comptera désormais un petit Luigi Caporousso, âgé de quatorze ans[22]. S'agit-il d'une petite victime sauvée des rets du bourreau Vozza ? Possible ! Auquel cas, si ce garçon rêvait à quelque bonne fée du temps où il dépérissait sur son terrain vague, son imagination enfantine ne l'avait certainement pas emporté sous les lambris de la reine de Naples, où il a dû faire ses premiers pas tout ébaubi et perdu.

La France est alors envahie par des milliers de petits Italiens. Le gros de cette armée d'esclaves est livré par les provinces de Caserte et de la Basilicate. Déjà, du temps où elle résidait rue Boissy-d'Anglas, la reine en croisait souvent

21. Publiée en 1903, cette œuvre sera par ailleurs adaptée au cinéma par Giorgio Capitani avec Massimo Serato, en 1955.

22. On sait que lorsque les époux Vozza sont arrêtés, il reste douze petits rescapés. En 1901, la reine soldat qui habite encore le 126 boulevard Maillot à Neuilly-sur-Seine, est notamment servie par Luigi Caporousso, âgé de 14 ans. C'est le plus jeune et le seul mineur de ses employés.

sous la colonnade de la rue de Rivoli. Il y avait là une horde de garnements qui, sous le prétexte de jouer de la musique, sollicitait la charité des passants en leur offrant une fleur fanée, ramassée sur quelque tas d'ordures. Ils partaient le matin de leur repaire de Maubert, on leur donnait soixante-quinze centimes pour tout salaire et une goutte de vin avant de partir. Le soir, la reine les voyait regagner leur bouge, comptant leurs sous, l'œil inquiet, s'il en manquait, et, au contraire, allègres et joyeux si le compte y était, car ces pauvres petits étaient battus s'ils ne rapportaient pas la somme exigée. Marie-Sophie a toujours eu la bourse largement ouverte pour tous ces malheureux.

Bien sûr, elle n'oublie pas les nécessiteux dans son pays. Là-bas en Italie, elle a fondé des ateliers et des ouvroirs, et à Paris, elle est devenue la patronne d'un magasin dirigé par l'une de ses suivantes, Emilia Boccardo[23]. Cette petite boutique blanche est située 3 rue Saint-Roch, non loin du futur *Angelina* que le confiseur fétiche de Sissi s'apprête à ouvrir en face du jardin des Tuileries[24]. Par

---

23. Emilia Domenica Boccardo est née à Palerme le 29 novembre 1876. Elle est la fille du colonel Boccardo et de Vittoria Ristrucci, tous deux décédés. Elle s'est mariée à Paris le 22 janvier 1910, à la mairie du 1er arrondissement, puis à l'église Saint-Roch à Arturo Maria Marcellino Gaspare Lamberto Battistella, né le 24 septembre 1870 à Codroipo (Italie). Avant ce mariage, Emilia avait été la maîtresse de l'aumônier de la reine, Bruno Tedeschi, lequel lui a fait deux enfants. Furieux des amours entre Emilia et Arturo, le prélat accusera les deux amoureux d'avoir cambriolé son appartement à Neuilly. Il sera condamné à six mois de prison sans sursis et 25 000 francs de dommages et intérêt pour dénonciation calomnieuse. Cf. Le journal du 7 octobre 1910.

24. Anton Rumpelmayer (1832-1914), confiseur autrichien connu sous le nom d'Antoine Rumpelmayer, a travaillé à Menton, Cannes, Nice et Aix-les-Bains, où Sissi a connu ses productions et lui a conféré le titre de Hofzuckerbäcker (« Confiseur à la Cour »). En 1903, il ouvre un magasin au 226 rue de Rivoli à Paris qui prendra le nom *Angelina* – prénom de la veuve de son fils René –, et deviendra le lieu de rencontre de la haute société parisienne.

parenthèse, c'est dans ce salon de thé que Marie-Sophie croisera bientôt Gabriele d'Annunzio, et le remerciera pour l'hommage qu'il lui avait rendu dans ses *Vierges aux rochers*[25].

D'ici là, rue Saint-Roch, aux *Ouvrages calabrais*, la reine écoule des coussins agrémentés de broderies, des dentelles au fuseau, des layettes, des chemins de table qu'elle fait exécuter sur des modèles envoyés de Paris par les femmes de son ancien pays. Les catastrophes naturelles qui s'y sont succédé[26] lui ont donné l'idée charitable de créer une industrie susceptible d'assurer du travail à ces pauvresses. Les bénéfices leur sont intégralement affectés – du moins officiellement ! Et, chaque jour, Marie-Sophie vient s'enquérir du succès de la vente. Elle dispose elle-même, avec une habileté royale, l'étalage de fines dentelles, voulant mettre tous les atouts dans le jeu de ses protégées. Elle a même mis en vente un coussin de pied brodé par ses soins sur le thème de la résurrection[27] qui a été primé au Concours des arts de la femme[28]. Si par hasard, une cliente entre dans la boutique quand

25. Le livre *Les Vierges aux rochers* (*Le Vergini delle rocce*) de Gabriele d'Annunzio paraît en 1895, et il est traduit en français en 1897 chez Calmann-Lévy. Le romancier est en villégiature à l'hôtel Meurice lorsqu'il croise la reine de Naples au salon de thé *Angelina*.

26. En 1883, un terrible tremblement de terre a lieu à Ischia, dans la baie de Naples. Parmi les victimes, il y a bien des membres de l'aristocratie romaine et napolitaine qui étaient allés prendre les eaux dans la station thermale de Casamicciola. En apprenant la nouvelle, Marie-Sophie est tombée de tout son long, face contre terre (cf. *Le Figaro* du 8 août 1883). Enfin, un autre séisme, cette fois-ci en Calabre, fera 5 000 morts en 1905.

27. *Le Gaulois* du 23 mai 1906.

28. Ce concours est organisé par le journal *Le Gaulois* (cf. *Le Gaulois* du 12 juillet 1906) au Palais de Glace, l'actuel théâtre du Rond-Point des Champs-Élysées, avenue Franklin D. Roosevelt à Paris.

elle y est, Sa Majesté se dissimule dans la salle à manger ou, assise à l'écart, joue l'acheteuse et regarde, sans mot dire, le marché se conclure. Parfois, elle fait distribuer aux acheteurs des bouquets de violettes aux couleurs des Deux-Siciles[29]. Les dames d'honneur ont l'ordre de lui parler en public sans aucun signe de respect spécial qui puisse la faire reconnaître. Seul son portrait trône au-dessus de la caisse, entre deux drapeaux napolitains, inoffensive manifestation politique...

La situation de son peuple nourrit son ressentiment. Elle pense avec amertume à tous ceux qui s'en étaient donné à cœur joie pour disposer de sa couronne, et en premier lieu à Victor-Emmanuel. En quelques jours d'orage, il avait souillé la monarchie et déchaîné les passions populaires contre un pouvoir légitime. Il l'avait chassée, piétinée et laissée proscrire. Il avait fait main basse sur ses biens avec la soif et la fureur d'un révolutionnaire. Le même qui s'était intitulé l'élu du suffrage unanime, le même qui avait prétendu fonder l'unité sur l'assentiment n'avait usé, pour ses nouveaux sujets, que de lois exceptionnelles, de mesures arbitraires et de persécutions. Pour Marie-Sophie, les « Napolitains » avaient subi cette révolution ; et chaque jour la leur fait détester davantage. Les écrivains les premiers – les Verga ou De Roberto[30] – prenaient leurs distances avec cette Italie accouchée des complots de politiciens. Oui ! Cet État unifié, athée, rapace, s'était répandu comme le choléra, avait décapité les peuples, et les avait rangés

---

29. *La Liberté* du 9 juillet 1906.

30. Dans *Les Vice-Rois*, paru en 1894, Federico De Roberto suggère que l'unification nationale a permis le maintien au pouvoir des représentants les moins vertueux de l'ancien système. Quant à Giovanni Verga, il décrit lui aussi les désillusions post-unitaires dans *I Malavoglia,* son roman le plus connu paru en 1881.

de gré ou de force sous le même roi et le même drapeau. Dans cette œuvre d'unification, contraire au génie et aux traditions de l'Italie, il avait transformé Naples, au passé illustre, en chef-lieu de préfecture. Ses sbires avaient tout envahi, menant l'ancien royaume des Bourbons à leur guise et à la ruine. À présent, les émeutes de la faim y grondaient tous les jours. De toute part se réveillaient des aspirations autonomistes. Fallait-il s'en étonner, lorsque la misère est si grande, lorsque la monarchie, qui devrait être le lien naturel, manque à sa destinée ?

Pour la reine déchue, Victor-Emmanuel et son fils Humbert Ier sont allés trop loin dans leurs ravages et ont rendu tout pardon impossible. Dans un pays laissé à la dérive, qui sait ?, les Bourbons, si décriés jadis, pourraient reprendre la faveur. Ce ne serait pas la première fois qu'apparaîtrait en ces régions un souverain auquel on ne songeait guère quelques mois auparavant. Au reste, en 1894, il y avait eu beaucoup d'émotion à Naples lorsqu'on avait appris l'agonie inattendue de « Franceschiello », à Arco dans le Tyrol, trois semaines avant son cinquante-neuvième anniversaire[31]. Celui qui avait été ou avait paru faible sur le trône, ce pauvre roi, ce pauvre jeune homme qui n'avait pas eu un an de bonheur, était mort entouré des sympathies de ses anciens sujets qui, après l'avoir vilipendé, semblaient le regretter. Lui au moins avait aimé son peuple ! Hélas, sa piété l'avait incité par avance à une sorte de résignation fataliste. Il avait préféré l'exil perpétuel à l'usage d'une quelconque puissance pour châtier les séditieux et les parjures. Son seul tort était d'avoir été trop humain, trop pacifique, trop vertueux.

31. À La mort de François II à Arco, Marie-Sophie était parisienne. Elle venait de rentrer à l'hôtel de Vouillemont où elle attendait le retour imminent de son époux. (*Le Gaulois* du 3 décembre 1894.)

Ce malheureux était né pour commander des anges et non des hommes. Reste qu'il avait traversé le monde, les trahisons, les intrigues et les morts (celle de sa fille, mais aussi celle de huit de ses demi-frères et sœurs) sans avoir une seule fois abdiqué sa dignité ou oublié son rang.

Sa veuve Marie-Sophie est d'un héroïsme moins éthéré. Cela dit, elle caresse moins des rêves de restauration que de vengeance. Oui ! De vengeance contre ceux qui « affament » son peuple et qui lui ont fait verser tant de larmes secrètes. Elle ne s'en vante guère de peur de déchirer les plus glorieuses pages de son passé. Lorsqu'on l'interroge sur les rois piémontais, elle se contente de répondre que c'est la justice immanente qui rendra son arrêt :

« La façon dont ils nous ont traités est de mauvais augure. Un jour, les Savoie seront peut-être à leur tour en proie aux souffrances de l'exil. »

Sous ces propos respectables, elle cache ses sentiments intimes, car cette Justice divine, l'héroïne de Gaète a toujours eu l'intention de lui prêter sa main. Et ce désir n'a sans doute jamais été aussi puissant qu'aujourd'hui. Quand on n'espère plus de bonheur pour soi, alors on peut se donner pour tâche le bonheur d'autrui. Elle veut que son ancien royaume soit libéré de ses chaînes, elle veut que les crimes des Savoie soient châtiés. Et pour la reine soldat, l'heure a sonné, elle va enfin participer à cette œuvre réparatrice.

L'attentat de Monza

29 juillet 1900. L'assassin se trouve à moins d'un mètre cinquante du roi d'Italie. L'acte est accompli si rapidement que l'aide de camp n'a même pas le temps de se lever. Deux carabiniers se précipitent sur le terroriste, le terrassent et lui

passent les menottes, tandis que d'autres accourent pour leur prêter main-forte et soustraire le criminel à la fureur populaire.

Humbert Ier, le fils de feu Victor-Emmanuel, était arrivé depuis quarante-huit heures à Monza pour chercher le repos. Il avait assisté, dans la soirée, à la distribution des prix d'un concours de gymnastique[32], à Palestro. À 10 h 45 du soir, il sortait de la salle d'exhibition et montait dans sa voiture. Au moment où la portière se refermait, un homme se précipitait vers lui, et tirait plusieurs coups de revolver.

Le roi est blessé ! On l'a vu se renverser en arrière, dans les bras de son premier aide de camp. Trois balles l'ont atteint, dont une dans la région du cœur. Tandis que le cocher fouette les chevaux, le comte Avogardo et le général Ponzo Vaglia étendent le souverain sur la banquette en lui tenant la tête. Une partie de l'assistance suit en courant la voiture du monarque, qui se dirige à grande allure vers la villa royale. Mais tout secours est inutile, son visage s'est déjà couvert d'une pâleur cadavérique. Le fils de l'usurpateur expire dans un dernier gémissement.

Rien ne peut traduire la stupeur, la désolation, la colère de la population de Monza, d'ordinaire si calme et si heureuse. Une partie stationne aux abords du palais, dont les corps de garde viennent d'être renforcés. L'autre est massée devant la prison Santo Stefano, criant : « À mort ! À mort ! » Une compagnie d'infanterie retient à grand-peine le peuple indigné. Dans les heures qui suivent l'attentat, toutes les municipalités, même les plus humbles bourgades, se pavoisent de deuil. Dans chaque ville de garnison, des salves de cent coups de canon sont tirées. Dès le lendemain,

32. Organisé par la société *Forti e liberi*.

les journaux sont dévalisés dans les kiosques, et l'on surprend des pleurs. Une énorme émotion règne à Rome. Sur la place du Quirinal, des milliers de personnes stationnent et commentent le tragique événement. Les portes du palais sont closes. L'appartement privé du roi aurait été mis sous scellés. Au Panthéon, des ouvriers s'affairent déjà pour édifier un catafalque sous la coupole.

L'homme, arraché à la foule et conduit à la prison, a déclaré s'appeler Angelo Brecsi. Il est ouvrier tisseur en soie. Il arrive d'Amérique où il a séjourné à Patterson, un foyer d'anarchistes. Il a affirmé n'avoir point de complices et n'avoir agi que par haine de l'institution monarchique, et pour venger les victimes de la révolte de Milan. Le 6 mai 1898 en effet, des troubles avaient éclaté dans cette ville contre la hausse du prix du pain, durant lesquels les troupes avaient tiré sur la foule, faisant 80 morts et 450 blessés, dont de nombreuses personnes âgées, femmes et enfants. Néanmoins, à Monza, la police continue activement de rechercher un jeune homme blond qui accompagnait le meurtrier. On est persuadé que le soir du crime, ce compagnon, également armé, attendait le roi à une des deux sorties. Un revolver a été trouvé dans l'herbe du parc où se tenait l'événement. Une dépêche venue de New York prétend qu'un ancien député italien, qui demeure à Patterson, déclare savoir qu'un complot existait pour assassiner Humbert. Pour ce dernier, c'est dans le bureau du journal anarchiste américain *Les Questions sociales* que la conjuration a été tramée. Tout le monde en est sûr, l'attaque de Monza n'est pas le geste isolé d'un exalté. Il s'agit d'une action concertée, comme il s'en commet partout depuis l'avènement de la nouvelle ère de l'anarchisme, celle des bombes et de la stratégie dite de la « propagande par le fait ». Bresci a frappé comme Acciarito avait déjà essayé de le faire[33], comme Caserio a tué Sadi Carnot, comme Angiolillo a assassiné le ministre espagnol Cánovas ; et comme Lucheni a poignardé l'impératrice d'Autriche. Ce nouveau régicide n'est que l'énième bras armé des Louise Michel, des Kropotkine et autres Malatesta qui appellent partout dans le monde à « la révolte permanente par la parole, par l'écrit, par le poignard, le fusil et la dynamite[34] »...

La fatalité a voulu que le roi Humbert soit seul pour mourir, éloigné de tous ses proches. Le jour de l'attentat, son épouse la reine Marguerite est dans les Alpes en villégiature. Le prince de Naples, son fils unique et l'héritier du trône, a entrepris en pleine quiétude et en plein bonheur avec sa femme, la fille du prince de Monténégro, un voyage en Orient. L'horrible nouvelle va le surprendre pendant une paisible croisière, en mer Ionienne. Une dépêche a été télégraphiée au Pirée, près d'Athènes, mais il en est déjà parti pour une destination inconnue. Un torpilleur serait allé au-devant de lui, et on espère qu'il aura au plus vite connaissance de la catastrophe.

Au même moment à Paris, les badauds et les curieux de l'Exposition universelle affluent vers le pavillon italien, non loin des Invalides. La nouvelle s'est propagée comme une traînée de poudre dans cette fausse cathédrale couverte d'ogives et de statues, inspirée du palais des doges et de la basilique de Saint-Marc.

J'imagine Marie-Sophie à Neuilly qui vient de se réveiller au chant des oiseaux et découvre ses journaux. En lisant les unes sur l'assassinat du roi d'Italie, son

33. En avril 1897, le roi d'Italie avait déjà été victime d'une tentative d'attentat anarchiste.

34. Citation de Pierre Kropotkine dans l'édition du *Révolté* du 25 décembre 1881.

regard se perd à travers ses fenêtres vers les profondeurs du ciel ; sa physionomie se durcit. Elle se remémore l'hiver 1869, lorsque les dames napolitaines qui pariaient sur la naissance d'un garçon, lui avaient envoyé une layette bleue qui devait parer le dernier baigneur des Bourbons. Contre toute attente, sa fille Maria Cristina Pia était née. Seule sa rivale, Marguerite de Savoie, avait su offrir un dauphin à ses partisans. Cet héritier a aujourd'hui 30 ans. Dans quelques heures, des émissaires vont accoster son navire. L'ex-souveraine a-t-elle laissé osciller son cœur ? La joie peut être traversée par un éclair de pitié pénible. Je pense qu'elle n'a pas longtemps écouté ses scrupules. C'est sur son yacht, le *Yela*, que le jeune Victor-Emmanuel III va découvrir qu'il est orphelin et qu'il est roi. C'est sur *La Mouette*, il y a quarante ans, qu'elle-même a vu tomber sa couronne. Chacun son tour ! Ce petit prince s'est prélassé dans le palais napolitain que son grand-père a volé aux Bourbons. On peut être ambitieux de coucher dans le lit des autres, mais on ne doit pas espérer d'y dormir tranquille.

On ignore si, en ce 30 juillet 1900, le silence profond du boulevard Maillot à Neuilly n'a pas été troublé par l'éclat d'un bouchon de champagne. Ce que l'on peut soupçonner en revanche, c'est que Marie-Sophie, en partance pour Boulogne-sur-Mer, a guetté des nouvelles d'un mystérieux inconnu.

La Reine des anarchistes

Cet homme d'une trentaine d'années était à Monza le jour de l'attentat. Il est parvenu à traverser la frontière dans la nuit du 29 au 30 juillet. C'est du moins ce qui est consigné sur la note confidentielle de la Sûreté générale à Paris. Ce service du ministère de l'Intérieur le surnomme le « Dr A. I.[35] ». Angelo Insogna est un proche de l'ex-reine de Naples, une figure du légitimisme « bourbonnien ». On ignore ses moyens d'existence. Il donne à croire à sa famille qu'il est employé de la souveraine, dont il a gagné la confiance lorsqu'il a rédigé la biographie de François II[36], mais il écrit à son épouse tantôt de Naples, tantôt de Bruxelles ou de Monaco, tantôt de Paris. On croit savoir qu'il a dirigé un journal aux États-Unis. Cet étrange Insogna est l'homme du rapprochement avec les anarchistes. Il est en relation avec leurs principaux dirigeants[37].

Marie-Sophie s'est résolue à une alliance contre nature, une ruse de guerre pour porter un coup décisif à son adversaire. Impressionnée par l'audace des libertaires, elle méditait depuis longtemps de se servir d'eux. La vieille reine est en effet moins désireuse de venger sa sœur, l'impératrice d'Autriche, que de se venger elle-même. Par un raffinement de la loi du talion, elle veut à son tour être la femme du renversement d'un pouvoir régulier.

C'est elle qui a secouru et même hébergé divers anarchistes, dont Errico Malatesta qu'elle aurait fait évader en 1899 ; un homme diabolique, un expert de la mélinite et de la nitroglycérine qui représente alors la force d'unité des diverses mouvances de l'anarchisme italien. C'est elle qui aurait inspiré, facilité et financé le complot de Monza. C'est du moins la conviction de Giovanni Giolitti, ministre italien de

35. Note de la Sûreté générale intitulée « L'ex-reine de Naples et les anarchistes italiens », 1913. Référence F/7/13068, archives nationales (Pierrefitte).

36. Angelo Insogna, *François II de Naples*, Delhomme et Briguet, 1897.

37. Notamment Malatesta, Malato et Ciancabilla.

l'Intérieur au moment de l'assassinat, comme de Benedetto Croce, philosophe et futur fondateur du Parti libéral italien.

C'est elle enfin qui aurait aidé par tout moyen la horde de *condottieri* qui sillonnent l'Italie en semant l'épouvante, espérant qu'une action d'éclat créerait l'étincelle et enflammerait l'Italie par un soulèvement populaire. Emportée sur les ailes du grand rêve napolitain qui la hante, elle aurait d'ailleurs été la proie de plusieurs aigrefins. Un ingénieur lui aurait soutiré cent vingt mille francs pour des automobiles-mitrailleuses qui devaient prétendument appuyer le mouvement révolutionnaire à Milan[38]. Quant à Bruno Tedeschi, son ancien aumônier aux mœurs peu ecclésiastiques[39], il aurait détourné les fonds qu'elle destinait à la création d'un journal bourbonien à Naples. Disgracié par sa maîtresse, ce prêtre défroqué décrira la reine comme un concentré de Machiavel, Catherine II ou Mazarin, une sorte de « mosaïque morale, dans laquelle les teintes brusques sont tempérées et adoucies par l'auréole de Jeanne d'Arc et par la charité de Saint-Vincent-de-Paul ».

En 1900, cette cavalière émérite qui semble avoir jusque-là consacré ses entiers émoluments à *Vert-Dragon*, *Calembour*, *Paphos*, *Wilna*, *Touraine*, *Potinière*, *Rose-Rose*, *Balayeuse*, *Little Monster*, *Pranza*, *Maxime* et *Concierge*[40], cette passionnée de courses, connue depuis des lustres dans la corporation des propriétaires de chevaux, annonce

38. *Gil Blas* du 31 janvier 1913.

39. Il avait eu deux enfants illégitimes avec Emilia Boccardo, la responsable de la boutique des Ouvrages calabrais.

40. Les jockeys successifs de Marie-Sophie ont été MM. Frost, Luke, Lane, Gooch, Ware, Crickmère, Childs et Brookbanks.

soudainement la mise en vente de son élevage[41]. Pour se justifier, elle dira gaiement à un de ses familiers :

« Quand on a perdu sa couronne, il est inutile de perdre des courses par surcroît[42]. »

Reste que la liquidation soudaine de son écurie n'a sans doute qu'un seul et unique but : le nerf de la guerre ! L'héroïne de Gaète cherche probablement quelque argent frais pour le succès de ses insurrections

Les lieux conspiratifs ? Le commerce de son brave compatriote Stanislas Romanini qui exerce, à deux pas de chez elle, la pacifique profession d'épicier. Deux fois par semaine, ce Toscan[43] livre Sa Majesté[44]. Et les domestiques de la reine[45] se ravitaillent tous en pâtes et en vin italien dans son échoppe. Situé au n° 2 de la rue du Général-Henrion-Berthier, ce

---

41. *Le Gaulois* du 24 octobre 1900.

42. *Le Gaulois* du 26 juillet 1901.

43. S. Romanini est originaire de Chiusi. Il serait arrivé en France en 1898 et serait le compagnon d'une certaine Maria Ciolina, propriétaire du magasin de vins (cf. Enrico Tuccinardi et Salvatore Mazzariello, *Architettura di una chimera. Rivoluzione e complotti in una lettera dell'anarchico Malatesta reinterpretata alla luce di inediti documenti d'archivio*, Universitas Studiorum, 2014).

44. Enrico Tuccinardi et Salvatore Mazzariello, *Architettura di una chimera. Rivoluzione e complotti in una lettera dell'anarchico Malatesta reinterpretata alla luce di inediti documenti d'archivio, op. cit.*

45. En 1901, on compte parmi les domestiques de la reine soldat, Josie Merck (36 ans), Luigi Caporousso (14 ans), Catherine Abboti (29 ans), Régis Clodio (23 ans), Martin Oliver (39 ans), Benjamin Douglas (35 ans), Luigi Palumbo (29 ans), Antonio Oliviero (31 ans), Luigi Tagliaferro (22 ans), Giovanni Tagliaferro (62 ans), Émilie Krisack (60 ans) et Joseph Krisack (71 ans), tous deux Augsbourgeois, semble-t-il, Olga Stojakowicth (25 ans) et Thérèse Schorer qui vient de Munich (52 ans). Dix ans plus tard, les domestiques sont Lisa Ferry (née en 1881), Joséphine Lancia (1876) et Cretano Massala (1881). Le concierge bavarois est Jorg Hofmann (né en 1873 à Munich) qui est là avec son épouse Ursula (née en 1873 à Rottach en Bavière) et leur petit Georg (né en 1904 à Munich) : cf. Archives des Hauts de Seine/recensement de la ville de Neuilly sur Seine de 1911/p. 281.

commerce est devenu l'antichambre des agents bourboniens et de leurs alliés de circonstance.

La seconde adresse ? Celle des *Ouvrages calabrais*, rue Saint-Roch. La police va découvrir que les recettes de cette boutique qui bénéficie de la publicité des périodiques les plus huppés, sont détournées pour alimenter la propagande anarchiste. Carlotta, la vendeuse, est la fille d'un dangereux activiste.

Le troisième et dernier repaire est la propre villa de la souveraine. Son vaste parc qui s'achève rue Charles-Laffitte, offre une entrée de service idéale pour des visites clandestines. On y a vu défiler des hommes qu'on n'a guère l'habitude de rencontrer dans les antichambres des cours d'Europe. Certains journaux prétendent qu'un certain soir d'été de l'année 1900, quelques jours après l'assassinat du roi Humbert, des agents de police ont cerné la maison et s'y sont livrés à une perquisition en règle. Trop tard ! Les oiseaux anarchistes, avertis à temps, s'étaient envolés.

Bientôt, en dépit de l'intervention de députés socialistes auprès du président du Conseil Waldeck-Rousseau[46], l'épicier Romanini perdra son commerce et sera expulsé[47]. *L'Aurore*[48] pourra vitupérer contre le gouvernement qui a dépassé les bornes du « réactionnarisme » et bâclé une accusation « tintammaresque » contre ce brave marchand qui n'a d'autre tort que d'être socialiste, le préfet de police maintiendra sa mesure d'expulsion. On obtiendra par ailleurs, par voie diplomatique, que tant l'empereur d'Autriche que le gouvernement de la République française

46. Le XIXe siècle du 10 septembre 1901.

47. Une mesure du préfet de police lui enjoindra de quitter le territoire avant le 7 juin 1901.

48. *L'Aurore* du 5 juin 1901.

demandent expressément à Marie-Sophie de se tenir tranquille. Quelques années plus tard, après une réception donnée à l'ambassade d'Allemagne en l'honneur de Marie-Sophie par le prince de Radolin, le comte Tornielli, nouvel ambassadeur d'Italie à Paris, ne cachera pas son indignation à son collègue allemand et au comte Ortenburg, ministre de Bavière à Paris :

« Vous venez d'honorer une femme qui a comploté avec les anarchistes ! »

À la fin des années trente, Charles Malato, journaliste à *L'Aurore*, fils de communards et anarchiste patenté, qui avait toujours démenti avoir eu des accointances avec la reine, reviendra sur ses affirmations. Six mois avant sa mort, à l'âge de quatre-vingts ans, il concédera avoir fréquenté le boulevard Maillot. Dans le journal *Le Peuple*[49], il décrira avec force détails la maison de Marie-Sophie, le jardin dessiné devant l'habitation ; le grand salon du rez-de-chaussée, avec sa décoration toute napolitaine et ses cornes de bœuf au mur, contre le mauvais œil. Il évoquera ses déjeuners avec Marie-Sophie et l'illustre Malatesta lorsque, ensemble, ils conspiraient en dégustant des macaronis. La reine, qui se présentait comme une vibrante dreyfusarde[50] et taxait souvent ses convives anarchistes de « modérantisme », lui aurait dit un jour qu'elle ne prétendait à rien pour elle-même. Elle se considérait vieille et irrémédiablement destituée. Elle n'avait pas d'enfant, elle ne se reconnaissait aucun droit. Sa seule ambition était d'être la marraine… d'une république :

---

49. Charles MALATO, « Mémoires d'un libertaire. De Paris au néant par le Crématorium », *Le Peuple* du 19 mars 1938.

50. *Ibid.*, *Le Peuple* du 18 mars 1938.

« Je veux que ceux qui m'ont détrônée soient expulsés à leur tour. Quand, à la fin du siège de Gaète, j'ai vu les Piémontais déployer leur drapeau sur la tour d'Orlando, j'ai senti dans mon cœur quelque chose qui m'a fait me promettre que je ne mourrais pas avant de m'être vengée. Cette maison de Savoie qui, lorsque je suis arrivée en Italie, jeune, confiante, m'a enveloppée de ses intrigues et de ses mensonges, je ne lui pardonne pas[51]. »

À aucun moment, elle ne dira à ses camarades révolutionnaires que son geste avait peut-être aussi un rapport avec un vrai gentilhomme, qui avait eu autrefois la folie de l'adorer d'un amour insensé ; un homme qui avait tout sacrifié pour elle. Le seul moyen d'enlever au souvenir d'Emmanuel de Lavaÿsse toute amertume et de le rendre à jamais cher et sacré, était sans doute d'offrir à son amant défunt tout ce qu'elle lui devait de revanche et de dédommagement. Elle n'avait pas eu le temps de lui montrer à quel point elle l'avait aimé dans la vie, elle lui prouvait dans la mort, en se vengeant de ceux qui, jadis, les avaient foulés aux pieds et abreuvés d'outrages. Elle gardait une blessure à vif des photos infâmes qui avaient dévoilé et sali leur amour.

Le temps fait peu sur la vengeance des femmes, car chez elles la mémoire, attachée au service du cœur, ne perd aucun souvenir.

---

51. *Ibid.*, *Le Peuple* du 20 mars 1938.

Épilogue

« Nous fûmes les Guépards, les Lions ; ceux qui nous remplaceront seront les chacals et des hyènes… Et tous, Guépards, chacals et moutons, nous continuerons à nous considérer comme le sel de la Terre. »

Le Guépard, Giuseppe Tomasi di Lampedusa

Au lendemain de l'attentat de Sarajevo perpétré le 28 juin 1914 contre l'héritier présomptif de François-Joseph[1], les autorités françaises n'oseront pas inquiéter cette citoyenne italienne de soixante-treize ans. Durant la Première Guerre mondiale, Marie-Sophie vivra essentiellement en Suisse, au pied du Jura. Elle prendra le parti de la double monarchie de son beau-frère, mais on la verra porter assistance à des civils internés en Belgique comme à des prisonniers napolitains enfermés dans l'école de guerre de Munich.

Après l'Armistice, elle connaîtra des revers de fortune, une partie de la succession de François II ayant été investie dans des fonds autrichiens. Quelques mois avant la mort de son voisin Maurice Barrès, elle vendra sa villa de Neuilly,

1. Cet héritier est le neveu de Marie-Sophie. François-Ferdinand (1863-assassiné en 1914), en effet, est le fils de la demi-sœur de François II de Bourbon, Marie Annonciade Isabelle Philomène Sabazie des Deux-Siciles (1843-1871), qui a épousé le frère de l'empereur François-Joseph.

quittera la France qu'elle aimait tant avec un profond désespoir, ne cessant d'écrire à ses fidèles son ardent désir de revenir dans la capitale une dernière fois.

À compter de 1923, la veuve de son frère Charles-Théodore l'accueillera à Munich, dans l'aile droite[2] de l'ancien palais de son père, où elle vivra entourée de vieux serviteurs et du secrétaire sicilien qui l'avait servie pendant plus de vingt ans[3] ; et non loin de Spatz, la duchesse de Trani, sa dernière sœur en vie, qui s'était installée à l'hôtel *Vier Jahrezeiten* sur la Maximilianstraße. Tous les mois d'octobre, pour son anniversaire, ses derniers fidèles lui enverront de Naples un colis avec des macaronis, du fromage de Caserte et des bocaux de tomates San Marzano. Son ancienne capitale était devenue un port d'émigration et d'exportation pour les marchandises destinées au Levant et aux colonies d'émigrés italiens du Nouveau Monde. Ce n'était plus la Naples d'antan, celle des rêveurs et des amants qui avait inspiré le « *Vedi Napoli e poi muori* » (« Voir Naples et mourir »). La fumée de ses usines obscurcissait son ciel limpide, les navires et la fourmilière humaine qui encombraient ses docks pleins de cargaisons troublaient désormais la splendeur de la belle Parthénope…

1923, date de son retour outre-Rhin, restera dans les mémoires allemandes « l'année inhumaine », avec une République de Weimar impuissante, une inflation vertigineuse et l'arrêt de la résistance passive dans la Ruhr occupée qui va déchaîner un tollé dans les milieux nationalistes, et donner le signal d'une véritable sécession en Bavière. Le 9 novembre vers midi, à hauteur de la Feldherrnhalle

2. L'aile gauche du bâtiment avait été vendue à la Deutsche Bank.

3. Il s'agit d'un certain Barcellona, originaire de Catane.

– à mi-chemin entre la résidence de Marie-Sophie et le palace de Mathilde –, la police fauchera les premiers rangs de putschistes surgis de la Bürgerbräukeller. Pris dans la nasse, un orateur de brasserie à croix gammée se transfigurera dix ans plus tard en Führer, et fera du fief des Wittelsbach la capitale du nazisme[4].

D'ici là, tous les jours à cinq heures de l'après-midi, les deux sœurs prendront le thé en faisant la lecture de la presse en commentant la fin du glorieux empire des Habsbourg, le passage des Chemises rouges de Garibaldi aux Chemises noires de Mussolini. Leur monde, lui aussi, avait disparu comme un décor de théâtre qu'on abat. La fragilité des royaumes, l'inconstance de la fortune, l'écroulement perpétuel des choses... Tout cela n'était pas une nouveauté pour ces vieilles dames. Lorsqu'elles penseront à leur jeunesse, elles n'entendront plus que la rumeur d'un monde englouti...

Dans une interview accordée au *Corriere della Sera*, peu de temps avant sa mort, dans la nuit du 18 au 19 janvier 1925, à l'âge de quatre-vingt-trois ans, la reine déchue du royaume de Naples et des Deux-Siciles, qui toute sa vie aura cherché le bonheur, se souviendra de son enfance à Possenhofen, de ses sœurs et de son existence, avec ces mots :

« Sur les cinq d'entre nous, j'ai eu la plus grande prédisposition à profiter de la vie[5] ! »

La presse du monde entier rendra hommage à la reine soldat. Le *New York Times* consacrera une pleine page à cette « sœur de la miséricorde[6] ». Elle sera d'abord enterrée auprès de ses parents, dans la tombe familiale du château

---

4. « *Der Hauptstadt der Bewegung* », la capitale du mouvement.

5. Giovanni ANSALADO, « Intervista alla Regina Maria Sofia », art. cit.

6. Stuart M. EMERY, *Maria Sophia of Naples. Recalls the Siège of Gaeta and Garibaldi's exploits*, february 1, 1925 (page 7).

Tegernsee, puis en 1938, auprès de son époux, via Giulia à Rome, à deux cents mètres du palais Farnèse, en l'église du Saint-Esprit des Napolitains. Il faudra attendre le 10 avril 1984 pour que leurs dépouilles soient rapatriées, avec celle de leur fille Maria Cristina Pia, dans la basilique de Santa-Chiara de Naples, la nécropole des Bourbon-Siciles.

Mathilde, comtesse de Trani, la dernière des huit frères et sœurs Wittelsbach, claudicante et quasi aveugle, s'éteindra cinq mois après sa sœur en juin 1925.

Un mois plus tard, Giuseppe Tomasi di Lampedusa, l'auteur du *Guépard*, séjournera pour la première fois à Paris, et déposera ses malles à l'hôtel de Vouillemont, la pension des souverains déchus. Peu après, c'est Luchino Visconti qui viendra à son tour humer l'atmosphère proustienne[7] de l'établissement de la rue Boissy-d'Anglas[8].

Divorcée, la comtesse Larisch épousera en 1897 Othon Brucks, l'un des plus célèbres interprètes de Wagner de l'Opéra de Munich. Veuve, ruinée, elle s'engagera ensuite comme domestique jusqu'au jour où elle sera découverte par un journaliste américain qui l'emmènera aux États-Unis. Elle y convolera avec un certain Meyer, riche fermier. L'homme étant violent, ce troisième mariage tournera court. La mort viendra la prendre à l'âge de quatre-vingt-deux ans dans un asile de vieillards d'Augsbourg, la ville où Daisy était née[9]. Onze ans après la disparition de sa tante et quatre ans avant de mourir elle-même, en mal d'argent, elle

7. L'hôtel de Vouillemont sera immortalisé par Marcel Proust dans *Du côté de chez Swann* : « C'est écrit de l'hôtel Vouillemont? Qu'y peut-elle être allée faire! Avec qui? Que s'y est-il passé? »

8. Ivo Blom, *Reframing Luchino Visconti. Film and Art*, Sidestone Press, 2018.

9. La comtesse est revenue à Augsbourg en 1929 et a résidé dans un premier temps au n° 17 de la Arnulfstraße dans le quartier de Pfersee.

publiera le livre dans lequel elle dévoilait l'existence de cette enfant, fille d'un certain comte belge nommé « Armand de Lavayss ».

Plus âgée, la gouvernante de Daisy la devancera dans la mort. Le 17 février 1886, celle qui avait accompagné l'enfant cachée, avec persévérance et affection, passera chez Me Poletnich pour toucher sa part d'héritage. Son goût n'étant pas de courir après les luxes de ce monde, elle choisira de terminer ses jours dans un décor qui exhale un parfum d'honnêteté, le bonheur domestique et l'ambition modeste. Mechtilde Joséphine Köhl, née à Munich le 10 mars 1839, fille des défunts Louis Köhl et Valburga Späth, ne rentrera pas sur les bords de l'Isar en Bavière. Elle finira ses jours sur les rives de la Saône. Elle s'éteindra le 15 mai 1909, à l'âge de soixante-dix ans, à Saint-Jean-de-Losne, dans la maison d'Émile Berthaut[10]. Elle emportera ses secrets au ciel et ne dira jamais combien d'années les amants maudits ont poursuivi, à distance, leur colloque amoureux.

Le 9 octobre 1911, le général de Charette qui avait vécu *pro Deo et pro Patria*[11], rendra à son tour sa belle âme au Seigneur, conscient d'avoir perdu son combat. Le pape ne récupérera jamais ses États. La Gueuse et ses luttes électorales continueront d'entraîner les Français dans une mêlée furieuse. Et, dans une immense apostasie, ses concitoyens, comme, du reste, les Européens, s'affranchiront inexorablement de cette foi universelle qui vénérait le « prêtre » et le roi comme les deux seuls mandataires de Dieu pour le gouvernement du monde. Le héros des « Vieux Antiques »

10. Douze ans après le colonel d'artillerie Émile Berthaut.

11. Pour Dieu et la Patrie.

sera honoré comme une grande figure du légitimisme et du catholicisme. Sa silhouette en tenue de zouave sera reproduite sur l'abside de la basilique du Sacré-Cœur de Montmartre, comme sur les vitraux de plusieurs églises de France[12].

Huit ans après la mort de Daisy, le 14 juin 1894, Hélène se mariera au château de Garrevaques. Avant qu'elle ne prononce le « oui » solennel, Henry de Gineste-Najac, son père, considérant que sa fille n'était plus une enfant, lui apprendra la véritable identité de la mère de la jeune Lavaÿsse. Mon arrière-grand-mère conservera toute sa vie non seulement la dernière lettre de Daisy, mais aussi le poème que l'oncle Berthaut lui dédiera. Et elle ira fidèlement fleurir la tombe de sa cousine chérie, jusqu'à sa propre mort en 1921.

Deux ans avant son trépas, par un étonnant hasard de l'histoire, sa fille, Odette Kaltenbach, mon « Plésiosaure », croisera pour la dernière fois un membre de la famille Wittelsbach. En 1919, une poignée d'officiels européens sera rapatriée des États-Unis vers l'Europe sur un bâtiment de marine américain, le *George Washington*, les compagnies maritimes n'assurant plus aucune liaison transatlantique en raison d'une grève des dockers. À bord, Élisabeth, la reine des Belges, de retour de sa visite d'État en Amérique avec Albert Ier et le jeune prince Léopold, prendra sous son aile la plus jeune des voyageuses, ma grand-mère, la fille d'Hélène alors âgée de dix-huit ans[13]. Au cours des dix jours de traversée, cette souveraine – qui était la cousine germaine

12. Notamment les églises de Saint-Philbert-de-Grand-Lieu, Saint-Étienne-de-Mer-Morte, Saint-Gervais-de-Vendée et Sainte-Madeleine à Angers.

13. Ma grand-mère faisait partie de la délégation française venue à West Point pour remercier le grand Allié.

de Daisy et la nièce préférée de Marie-Sophie[14] – ne se doutera jamais qu'elle et sa protégée étaient détentrices du même secret de famille. Rentrée à Paris, Mamy conservera religieusement les feuilles d'un ananas que Sa Majesté lui avait offert à Ponta Delgada, lors d'une escale aux Açores. Un peu en souvenir de cette bienfaitrice, mais surtout par amour pour sa mère malade qui devait bientôt s'éteindre à Garrevaques, elle veillera à son tour sur la tombe de la jeune Lavaÿsse.

« Chaque année nous nous rendions, avec mon père, à la chapelle des Lavaÿsse », m'avait-elle affirmé, comme si ce pèlerinage avait nécessité un déplacement spécifique.

Hélène ayant été inhumée à Montparnasse, tout près du Dôme et de la Coupole où ma grand-mère noyait son chagrin d'orpheline dans sa vie d'artiste et de noctambule, j'en déduisis que la dernière demeure de Daisy se situait dans une des deux autres nécropoles de la capitale, au Père-Lachaise ou à « Montmartre ». La reine de Naples savait lequel des deux, mais elle n'était plus là pour me renseigner. Jadis, on avait dû croiser la grande dame au pieux rendez-vous de la Toussaint, portant une couronne d'immortelles ou un modeste bouquet.

Alors, sans trop savoir pourquoi, je pris le chemin du Père-Lachaise. Peut-être était-ce là que j'avais envie de trouver celle que je cherchais depuis le début de mon enquête. Ce cimetière était l'un des plus beaux du monde et je me plaisais à imaginer Daisy coudoyer dans la mort son voisin Marcel Proust.

Au bureau de la Conservation, une dame charmante fit une recherche sur son ordinateur avec le patronyme

14. Élisabeth, duchesse en Bavière (1876-1965), reine des Belges, était la fille de son frère Charles-Théodore.

« Lavaÿsse ». Rien n'en sortit. Ma requête l'ayant intriguée, elle partit avec zèle dénicher de vieux registres en lambeaux et à l'encre passée. Depuis un peu plus d'un siècle, les vrillettes, ces insectes xylophages, en avaient fait leur garde-manger. Elles avaient dévoré certains volumes qui étaient réduits à l'état de dentelle. Dieu merci, celui de l'année 1886 était sain et sauf. Sur les colonnes du mois de janvier, j'aperçus avec émotion les petites lettres tordues qui grimaçaient le nom de « Lavaÿsse ». Les référencements et numérotations de ces antiques répertoires étant obsolètes, il fallut encore opérer une savante conversion pour parvenir à localiser la sépulture dans les quarante-quatre hectares qui nous entouraient.

La nouvelle adresse de la fille de la reine de Naples était située chemin d'Ornano. En fait de voisinage, Daisy reposait non loin du cœur de Marie Walewska, évoquant une autre romance, un autre soir de carnaval, et un autre enfant naturel, celui de Napoléon Ier.

Avant de me diriger jusqu'à sa tombe, je sortis du cimetière pour acheter des roses blanches, avenue de Ménilmontant. Puis je repris les sentiers de ce Paris qui abrite une partie du génie de la France. J'avais l'impression que Mamy marchait à mes côtés, triomphante ! À nous deux, nous allions peut-être éviter à la fille de la dernière reine des Deux-Siciles de finir à la benne ou dans un ossuaire, en protégeant son dernier asile des procédures de reprise qui menacent si souvent les concessions abandonnées.

En haut d'une allée étroite, silencieuse, enveloppée comme d'oubli, j'aperçus une chapelle pimpante. Sur le mince édifice, point de sottes vanités, point de titres pompeux, point d'orgueilleuses inscriptions, rien qu'un nom de famille. Il était fermé par un portillon en fer, évidé d'une étoile, par laquelle j'entrevis des plaques mortuaires en comblanchien, scellées sur les parois intérieures.

Ils étaient là, nos chers cousins : Charles, le père Lavaÿsse, dont les aïeux avaient eu à souffrir de la Saint-Barthélemy et de l'affaire Calas ; Joséphine de La Celle de Châteaubourg, l'orpheline de Saint-Pétersbourg, dont la mère avait péri dans un naufrage ; Édouard, l'agent de change, subrogé tuteur de l'enfant ; Laure, l'épouse du brave Berthaut ; Léon, le médecin qui avait fermé les yeux du zouave à Cannes avec le docteur Buttura...

Emmanuel aussi était là, le grand amour de Marie-Sophie, qui s'évadait avec elle à cheval, à travers la campagne romaine, le visiteur du palais Farnèse, l'amoureux éploré qui avait sacrifié ce qui lui restait de poumons pour la retrouver à Augsbourg, en Bavière.

Enfin, en me hissant sur la pointe des pieds, je vis, tout à fait à droite, la plaque d'une certaine « Mathilde de Lavaÿsse, née à Munich, décédée le 6 janvier 1886 ». Mathilde ! C'était donc son prénom pour tous ceux qui ne l'appelaient pas Daisy. Elle le tenait de Spatz, la comtesse de Trani, la messagère de ces amours maudites.

Pauvre reine soldat ! Combien de fois était-elle venue se recueillir près de cette chapelle devant les os blanchis et légers de sa fille et de son amant ?

À présent, le scandale, le bruit de la presse, les affres de la maladie, tout cela n'existe plus. Marie-Sophie n'a plus rien à craindre, ni pour le zouave ni pour Daisy. Ici à Paris, au Père-Lachaise, ils sont et ils demeurent et jouissent du repos que l'éternité accorde aux cœurs qui ont aimé.

« Poème en souvenir de Daisy »

Poème conservé par Hélène de Gineste et écrit par Émile Berthaut le 29 avril 1886, jour du Vendredi saint, quatre mois après la mort de Daisy.

Le joueur d'orgue dans la rue,
Fait entendre son gai refrain.
Il est l'heure, l'heure attendue,
Où de la fenêtre connue,
L'obole que jetait sa main,
Pâle et plus blanche que la cire,
Arrivait avec un sourire,
Doux comme un souffle du matin.

L'obole est là mais non l'enfant si chère.
Plus haut, plus haut, joueur, lève les yeux.
Qu'à tes refrains succède la prière.
Le doux sourire et l'enfant sont aux cieux.

Pour becqueter sur la fenêtre,
Le repas qu'elle avait servi,
Sitôt qu'ils la voyaient paraître,
Les oiseaux venaient à l'envi.
Dans sa chambre toute fleurie,
L'un d'eux parfois s'aventurait,

Et sur son épaule amaigrie,
Avec confiance se posait.

Le mil est là mais non l'enfant aimée.
Elle est bien loin ; et pour la retrouver,
Du bec, en vain, vous frappez la croisée.
C'est jusqu'au ciel, oiseaux, qu'il faut aller.

Je la vois, ombre frêle et blanche,
Pendue à mon bras s'avancer.
Sur mon épaule, elle se penche,
Comme un lys par la faux, blessé,
La toux déchire sa poitrine,
Sa voix dans la douleur s'éteint,
Son front triste et charmant s'incline,
Cherchant un appui sur sa main.

Bientôt son âme au ciel était rendue,
Ange qu'un ange attendait plein d'espoir[1],
Volant vers nous au-dessus de la mer,
Hier ensemble, il m'a semblé les voir.

Joie et bonheur nous venaient d'elles
Quoi ! Toutes deux… et pour jamais !
Chaque matin des mains fidèles,
De fleurs entourent leurs portraits.
Leur pauvre chien, l'âme inquiète,
Est auprès de moi qui gémis ;

1. Allusion à sa propre fille Anne Laure Hélène Berthaut, née le 18 juin 1866 à Lyon, et morte deux ans avant Daisy, le 27 janvier 1884 à Vernon.

Il va, revient dans la chambrette,
Puis s'étend, triste, au bout du lit.

La vie hélas ! vous paraissait bien belle,
Couple charmant qu'un sourire accueillait,
Vers l'avenir volant de la même aile,
Le même sort bientôt vous attendait.

Ma Daisy, vous me manquez bien à moi aussi. Oh ! Si je pouvais une seule fois vous embrasser ! Je ne vous ai donné que deux baisers avant votre départ ma mienne. Il me tardait tant de vous voir. J'avais rêvé de mourir en vous embrassant et c'est moi qui vous ai accompagnée à votre tombe. Oh ! Si Dieu avait voulu que je m'ensevelisse avec vous pour ne plus rien voir, ne plus rien entendre que vous, ma Daisy. Dieu ne l'a pas voulu. Ma Daisy, j'ai des devoirs à remplir avant de vous embrasser ; priez-le de me donner la force, l'énergie ; avec vous, il me semble que j'aurais pu tout faire et sans vous c'est si dur ! Ma Daisy vous avez eu la force. Apprenez-moi à faire mon devoir et à dire : « L'Éternel l'a donnée, l'Éternel l'a reprise, le nom de l'Éternel est béni[2]. »

2. Extrait de l'Ancien Testament : Job 1,21.

Quelques repères généalogiques

Marie-Sophie et la tribu des Wittelsbach

1. Louis (1831-1920) renonce à ses droits dynastiques pour épouser la comédienne Henriette Mendel, faite baronne von Wallersee. Il ouvre sa porte au zouave à Augsbourg. Par ailleurs, il est le père de la comtesse von Walersee Larisch qui révèle l'existence de Daisy dans les années 1930.

2. Hélène, dite « Néné » (1834-1890), après avoir été choisie vainement pour devenir impératrice d'Autriche, épouse le prince de la maison Tour et Taxis. Durant la fuite de la reine soldat à Augsbourg, elle tente de convaincre sa sœur de rentrer à Rome.

3. Élisabeth, dite Sissi (1837-1898), épouse François-Joseph Ier, empereur d'Autriche. Elle et son mari ont soutenu l'idée du mariage de la reine soldat avec l'hériter des Deux-Siciles. En 1862, l'impératrice multiplie les déplacements pour convaincre sa cadette, cloîtrée dans son couvent à Augsbourg, de rejoindre son mari.

4. Charles Théodore, dit Gackel (1839-1909), épouse Sophie de Saxe, puis l'infante Maria Josepha du Portugal, laquelle accueille la reine soldat à Munich les dernières années de sa vie. Ophtalmologiste de renom, il est le père d'Élisabeth, la nièce préférée de la reine soldat, et future

reine des Belges (1909), qui part en visite officielle aux États-Unis au lendemain de la Première Guerre mondiale.

5. Marie-Sophie, la reine soldat (1841-1925), épouse François II, roi des Deux-Siciles.

6. Mathilde, dite Spatz (1843-1925), épouse Louis (Luigi) des Deux-Siciles, comte de Trani (demi-frère de François II, roi des Deux-Siciles). Elle est le témoin de la naissance de l'idylle entre la reine soldat et le zouave, lors de leur séjour à Rome, et la messagère secrète entre les deux amants.

7. Sophie, dite Sopherl (1847-1897), après l'échec de ses fiançailles avec le roi Louis II de Bavière, épouse Ferdinand d'Orléans, duc d'Alençon, le petit-fils du roi Louis Philippe et de Marie-Amélie, la grand-tante de François II. Le couple est proche des souverains déchus des Deux-Siciles durant toutes les années de leur exil à Paris. La reine soldat est parisienne lorsque Sopherl meurt dans l'incendie du Bazar de la Charité en 1897, rue Jean-Goujon dans le 8e arrondissement.

8. Maximilien Emmanuel, dit Mapperl (1849-1893), épouse Amélie de Saxe-Cobourg-Kohary, la petite fille de Louis-Philippe.

Des trois frères de La Celle de Châteaubourg, miniaturistes sous la Révolution, au zouave Emmanuel de Lavaÿsse Châteaubourg

Ces trois peintres sont issus d'une fratrie de sept enfants originaire d'Ille-et-Vilaine en Bretagne.

1. L'aîné, Paul de La Celle de Châteaubourg (1852-1816), est l'époux de Bénigne de Chateaubriand, la sœur de l'auteur du *Génie du christianisme.* Il s'exile à Saint-Pétersbourg en même temps que son cadet Emmanuel. Ces deux émigrés

obtiendront à François-René de Chateaubriand ses lettres de recommandation pour intégrer le régiment de Condé.

2. Le second, Charles de La Celle de Châteaubourg (1758-1837), protégé par Lazare Hoche durant la Révolution, est le père de Francisque, qui épousera sa cousine Pauline (décédée en 1816), puis Caroline Allotte de la Fuÿe (sœur de la mère de Jules Verne). Francisque accueillera souvent chez lui Emmanuel pour qui il est le dernier représentant d'une forme de civilisation perdue.

3. Le troisième, Emmanuel-Félicité-Malo de La Celle de Châteaubourg (1770-1806), mort à Saint-Pétersbourg, est marié à Eugénie Bichier des Roches, qui disparaîtra dans un naufrage en 1800. Ils auront trois enfants : Édouard, Pauline (qui épousera son cousin Francisque, le fils de Charles de La Celle de Châteaubourg) et Joséphine, née à Berlin pendant l'Émigration, qui se marie à Charles de Lavaÿsse. Joséphine et Charles sont les parents d'Emmanuel Félix de Lavaÿsse-Châteaubourg, le père de Daisy, qu'il a eue avec Marie-Sophie en Bavière.

Crédits photographiques du cahier hors texte

Les illustrations appartiennent à la collection privée de l'auteur (DR), excepté pour les documents suivants : © Archives Château de Garrevaques : Emmanuel de Lavaÿsse-Châteaubourg ; Léon de Lavaÿsse, p. 5. Garrevaques ; Henry de Gineste ; Caroline, Hélène et Lycy de Gineste ; Odette Kaltenbach, p. 7. – © Archives Kaltenbach : portrait de Mechtilde, p. 4 ; Daisy, en haut et en bas à droite ; Hélène de Gineste, p. 6. – © Archives de Cannes cote 16Fi115 : Dr Charles-Antoine Buttura, p. 5. – © PWB-Alamy Banque d'Images : François II, p. 1. – © Art collection 2-Alamy Banque d'Images : Carlo Ademollo, *L'eccidio delle Famiglia Tavani Arquati*, p. 5. – © Franz Neumayer, via Wikimedia Commons : La comtesse de Trani, p. 2. – © Joachim Specht, via Wikimedia Commons : Mgr Haneberg, p. 2.

Table

Remerciements

À Rome, Christian Masset, ambassadeur de France; Claire Raulin, ministre-conseillère de l'ambassade de France; Jean-Charles Scocard, chef du département sécurité du palais Farnèse; Anne Krotoff-Guberti, secrétaire générale adjointe de l'Institut français de Rome; Dr Marco Grilli, secrétaire de la préfecture des Archives secrètes du Vatican; Dr Raffaele Pittella et Vincenzo De Meo des archives d'État de Rome.

À Naples, Gigi Di Fiore.

À Gaète, Monica Marzullo de l'association « *Pro Loco Gaeta* », Lorenzo Marandola, administrateur du Centro Guide Turistiche et Linda Contreras.

À Ariccia, Suzanne Giradin.

À Milan et à Cannes, Merrick Cattet.

À Munich, le Dr Claudia Klauss et le professeur Volker Klauss; le Dr Benita Berning, notaire des archives de l'archidiocèse de Munich et de Freising; M. Martin Baar de la paroisse Saint-Bonifaz.

À Augsbourg, sœur Benedikta Hintersberger (« *Priorin* ») et sœur Éléonore Weiss du couvent des Dominicaines de Sainte-Ursule.

À Bruxelles, l'abbé Luc Terlinden et Claude-Anne Schreiden de la paroisse de Saint-Boniface.

À Paris, Frédéric Mitterrand, ancien ministre de la Culture et de la Communication ; Alberto Toscano ; Éric Mension-Rigau, professeur d'histoire sociale et culturelle à l'université Paris-Sorbonne ; Fabrice d'Almeida, professeur d'histoire contemporaine à l'université Panthéon-Assas ; Éric Anceau et Adrien Goetz, maîtres de conférences à l'université Paris-Sorbonne ; Bruno Nougayrède ; Agnès Vidalie ; Joelle Veron-Durand ; Valérie Dumeige ; Dominique Missika ; les pères Bruno Horaist de la paroisse de la Madeleine et Xavier Lefebvre de la paroisse Saint-Augustin ; le personnel des centres des archives diplomatiques du ministère des Affaires étrangères, des Archives nationales (Paris et Pierreffitte), et des archives de Paris ; Mounira Muscillo et Guillaume Vinard.

À Garrevaques, Kinou, Caroline et Pierre-Alexandre.

Et partout ailleurs, Clémentine et Marjolaine Portier-Kaltenbach.

Achevé d'imprimer par
Nouvelle Imprimerie Laballery,
en février 2021
N° d'imprimeur : 102532

Dépôt légal : février 2021

Imprimé en France